*La double confidence*

# DU MÊME AUTEUR

*Aux Éditions Julliard*
LE REMPART DES BÉGUINES, roman.
LA CHAMBRE ROUGE, roman.
CORDÉLIA, nouvelles.
LES MENSONGES, roman (Prix des Librairies, 1957).
L'EMPIRE CÉLESTE, roman (Prix Femina, 1958).
LES PERSONNAGES, roman.
LETTRE À MOI-MÊME.
MARIE MANCINI, LE PREMIER AMOUR DE LOUIS XIV (Prix Monaco, 1965).
J'AURAIS VOULU JOUER DE L'ACCORDÉON, essai.

*Aux Éditions Bernard Grasset*
LES SIGNES ET LES PRODIGES, roman.
TROIS ÂGES DE LA NUIT, histoires de sorcellerie.
LA MAISON DE PAPIER, roman.
LE JEU DU SOUTERRAIN, roman.
ALLEGRA, roman.
DICKIE-ROI, roman.
UN CHAGRIN D'AMOUR ET D'AILLEURS, roman.

*Aux Éditions Gallimard*
LE CLIN D'ŒIL DE L'ANGE, nouvelles.
LE RIRE DE LAURA, roman.

*Aux Éditions Flammarion*
JEANNE GUYON, biographie.
LA TRISTESSE DU CERF-VOLANT, roman.
ADRIANA SPOSA, roman.
DIVINE, roman.
LES LARMES, roman.

*Aux Éditions Flammarion/Plon*
LA MAISON DONT LE CHIEN EST FOU, roman.

*Aux Éditions Plon*
SEPT DÉMONS DANS LA VILLE, roman.

# FRANÇOISE MALLET-JORIS
*de l'Académie Goncourt*

# La double confidence

PLON

© Plon, 2000.
ISBN : 2-259-19419-2

« Je ne conçois rien à ces biographies que l'on veut faire comme des contrats, et vous ?... Qu'ai-je de biographie, moi qui vis dans une armoire ? »

Marceline à Mélanie Waldor,
novembre 1835.

I

*Soixante ans devant une machine*

C'était dans Anvers-la-Magnifique, en mai 1939, dans le jardin assez petit d'une imposante maison fin de siècle. Je cueillais des lilas, avec ma mère et ma sœur. Quelqu'un sortit de la maison et cria que c'était la guerre.

Tout de suite après, ce fut l'Exode. Il se traduisit pour nous par un certain effarement, et l'interdiction d'emmener nos poupées. Nous les dissimulâmes dans nos sous-vêtements. J'avais neuf ans, ma sœur quatre ans et demi. Les poupées étaient en étoffe, elles étaient noires, on ne sait pourquoi. Peut-être en avions-nous d'autres et préférions-nous celles-là.

Papa fut fait prisonnier à Dunkerque. Puis relâché. Combien de temps après, je ne sais pas. Je n'ai pas le sens chronologique. La guerre des enfants commença pour ma sœur et moi — la guerre vue par des enfants qui n'ont pas à subir un grand malheur particulier, l'attente, le ravitaillement difficile, une grisaille des jours, des chuchotements, des secrets. L'éternel « Pas devant les enfants... » se chargeait d'horreurs devinées. Quand nos parents avaient quelque chose à se dire que nous ne pouvions pas entendre, ils ne se le disaient plus en anglais, comme avant.

J'eus « ma chambre à moi » à un moment de cette longue période de brume. Elle était haut perchée, un grenier aménagé. Les fenêtres étaient de vraies fenêtres et donnaient sur la cime d'un tilleul imposant. J'étais assise devant une table dont le rebord me gênait un peu, avec du papier et des crayons ; j'eus même, à un moment, une vieille machine à écrire. Et, plus d'un demi-siècle après, je suis assise devant une table qui me gêne un peu à cause de ses pieds mal placés, devant ce papier et une machine à écrire. Seul le tilleul a disparu, et c'est la seule chose que je regrette de mon enfance.

Ah ! la qualité du silence, peut-être, mais l'absence de projets fait se rejoindre dix ans et soixante-dix.

Cette enfant, cette jeune fille qui tapait avec deux doigts et apprenait à *s'absenter*, elle est devenue pour moi sinon une étrangère, du moins une silhouette détachée de son ombre, et presque un personnage. « Comme elle me ressemble » me dis-je parfois. Mais ici, mais là, nous différons. Disons que nous restons, malgré tout, de la même famille.

Maman me dit un jour — et même elle l'écrivit : « Aujourd'hui nous nous entendons à merveille, nous avons quantité de points communs, de choses à nous dire, mais n'empêche que pour moi, cette petite fille qui chantait si gaiement quand, avant la guerre, je l'emmenais à la montagne, cette petite fille n'existe plus, est morte. » Cette phrase me fit de la peine. J'aurais voulu qu'elle me *reconnût*. Mais peut-être fallait-il (Maman m'aima sans problèmes jusqu'à l'adolescence, puis de nouveau très tard, quand elle fut devenue en quelque sorte mon enfant : entre les deux, buisson d'épines), fallait-il qu'elle me perdît pour, beaucoup plus tard, me retrouver ? Et peut-être fallait-il que de cette enfant je me sois douloureusement détachée pour pouvoir, aujourd'hui, moi-même la reconnaître, cette enfant naturelle, bâtarde, dont on rougit tant qu'on ne l'a pas laissée se produire au jour ?

Je reconnais la machine (aujourd'hui elle est électrique, j'ai mis longtemps à m'y résoudre, sur le conseil de Michel T.), le silence, et l'angoisse donc ! Je me suis enchaînée à cette angoisse-là toute jeune, on pourrait presque dire toute petite, pour échapper aux autres. Je ne savais pas que c'était, et pour toujours, la pire.

Ce que je ne reconnais plus tout à fait, c'est l'acte d'écrire et, pour tout dire, la fonction de l'écriture. Je ne parle que pour moi, bien que je me sois aussi interrogée sur Aurore, Gabrielle, Virginia, Simone, et bien d'autres. D'autres femmes. Sans avoir jamais été féministe à tous crins, il me semble tout de même avoir rencontré des joies, des difficultés spécifiques de femme. Et c'est pourquoi leur parcours m'intéresse.

Sauvage et peu sociable avec les vivants, j'entretiens avec les morts un rapport privilégié, presque intime. Le sentiment qu'eux, au moins, ne me blesseront pas. Ce qui est parfois une illusion, comme on verra.

Je me suis fait, très tôt, un arbre généalogique. Mieux : une Légende dorée des écrivains que j'aime. Et, comme dans la Légende dorée, une seule bonne action suffit parfois à sauver une âme perdue (je vois toujours s'envoler vers le ciel la vieille femme avare qui, une fois dans sa vie, a donné à un mendiant, outre un quignon de pain, le superflu : un oignon. Et c'est cramponnée à la queue de cet oignon qu'elle s'élève vers le ciel, halée par les anges), une page, un vers, un tout petit personnage qui passe, suffisent souvent à me créer avec son auteur ce lien de parenté qui fait qu'on le défendra, quoi qu'il fasse.

Mais Marceline, c'est autre chose. Marceline Desbordes-Valmore (1786-1859), poète romantique qui annonça Lamartine, Flamande (de la Flandre française) et se proclamant telle, mère de six enfants dont un seul lui survécut, amoureuse de l'amour mais aussi de la justice, de l'harmonie, Marceline ajoute à toutes ces parentés que je ressens une énigme, presque un défi.

Je l'ai toujours lue, toujours aimée. Et pourtant, dans

13

ce long chemin qui mène de dix à soixante-dix ans, dans ce long travail plein de reprises (métaphore féminine) ou de repentirs (métaphore picturale), si, souvent, je me suis interrogée, si j'ai trouvé un certain réconfort dans l'idée que telle ou telle a connu les mêmes problèmes — et quelque enseignement à apprendre la façon dont elles les avaient résolus —, avec Marceline non. Marceline reste une énigme. Marceline, si je l'utilise comme pierre de touche, si je lui demande : rester assise devant une machine (ou devant une plume, un crayon, peu importe) toute une vie, est-ce que cela se justifie ? Marceline ne répond pas. Ces questions, elle ne se les est pas posées. Ces difficultés, elle ne s'en est pas aperçue. Ces contradictions, elle les a trouvées naturelles ; elle les a traversées comme une martyre au milieu des flammes, en croyant qu'elle marchait sur les eaux, et sans s'en étonner.

Est-ce là ce qu'Aragon aimait en elle ? Ce naturel, cette aisance à vivre qu'il atteignait sans peine par l'écriture et si difficilement dans sa démarche, la fausse assurance de son trébuchement ? Et Baudelaire ? Et Barbey ?

Pour moi, je m'en émerveille, et m'en irrite, et m'en émerveille à nouveau. Le parallélisme de cette vie et de cette œuvre, de ce ruisseau épousant les voltes du chemin qu'il borde, va au-delà d'une décision, d'une disposition, c'est un don, c'est une grâce. Ce pourquoi on n'en peut tirer la moindre leçon. Dieu merci ! On ne peut, comme de la vie des saints (fussent-ils des saints de l'écriture, comme en lui-même enfin le temps a changé Flaubert), y trouver aide et conseils. Seulement l'émerveillement devant l'arbitraire de la Grâce, l'ahurissement devant le rétablissement de l'acrobate, et encore on présuppose l'étude de cette légèreté chez le danseur —, légèreté donnée à cette femme de surcroît, car elle fut aussi secourable et bonne, assoiffée de justice, et susceptible de passion.

Tant de dons gratuits appelaient une vie qui eût la pureté de la gratuité : elle vécut, aima et souffrit ainsi.

On en est parfois agacé, exaspéré, comme on l'est par certaines négligences de l'œuvre. On se dit qu'il aurait suffi de relire, de chercher. Un raisonnable biographe a blâmé, sans doute justement, sa façon de gérer son budget (qu'aurait-il dit du mien !). À un moment où elle était plus gênée que de coutume, elle envoya pourtant à l'une de ses amies un flacon de parfum. Cela, dit-il, n'était pas nécessaire. Mais cela lui était nécessaire à elle. Et le parfum de Marie sur les pieds du Sauveur ? Et la gratuité ?

Je ne sais pas si j'aurais fait cela, le parfum. Oh ! pas par économie. Je crois que je n'y aurais pas pensé. À envoyer une aide, oui, jusqu'à la limite de mes moyens. Mais le parfum... la nécessité du parfum... Suis-je si persuadée de la nécessité même de l'écriture ?

J'interroge Marceline, je la scrute ; on pourrait presque dire que je la torture. Ou est-ce elle ?

*Légende familiale*

Il y a bien longtemps, au temps des géants, des héros et des ogres, pendant cette Révolution française, ogresse parfois bienfaisante, un conventionnel d'Arras, Joseph Le Bon, arrivait à Douai, précédé d'une réputation sanglante, méritée ou non, mais qui s'était répandue. C'était ce que Barbey d'Aurevilly devait appeler plus tard, en donnant à cette expression toute sa force maléfique, un « prêtre marié ». Est-ce de là qu'il tirait ce fâcheux renom ? Venait-il réellement, comme le dit la légende, « secouer » cette ville endormie où l'on n'avait encore décapité que des statues de saints, et abattu que des pans d'églises et de vitraux ?

Toujours est-il qu'il se dirigea vers le bureau des passeports qui se trouvait vide, sauf une femme qui attendait. Cette femme était là pour quelque formalité d'époque :

c'était peut-être une ouvrière, une fileuse, il y en avait tant qui ne se prenaient pas pour des Parques ! Ce n'était pourtant pas n'importe quelle femme, c'était une grand-tante ou une petite cousine (le lien de famille n'est pas clairement spécifié dans le texte dont je tire cette histoire) de Marceline. Le Bon tenait son passeport ouvert, et la femme qui se nommait Thérésa put y lire le nom abhorré. Ils attendirent de conserve un bon moment. Puis cette femme, inspirée par l'urgence, soulevée d'une peur généreuse — car elle craignait pour la ville entière et non pour elle —, s'écria : « Comment un homme comme Joseph Le Bon ose-t-il venir seul à Douai ? La ville peut-être où on le déteste le plus ! Et vous portez le même nom ! Avez-vous vu, en passant sur la Place d'Armes, une guillotine dressée ? Eh bien, il n'y a pas eu encore de guillotiné ici, mais celle-là, c'est pour Joseph Le Bon. » Je ne garantis pas l'exactitude des termes, ni si elle parla plus avant. Toujours est-il que, l'employé qu'il attendait n'arrivant pas, l'homme quitta Douai et, semble-t-il, n'y revint pas.

Cinquante ans après, Marceline raconte cet épisode de la légende familiale. Mais Thérésa a-t-elle existé ? Ou est-elle la projection inconsciente d'une certaine idée de la femme telle que la souhaitait Marceline : courageuse, responsable du sort des autres, et discrètement révoltée contre le pouvoir du temps ?

Une légende familiale n'est jamais dépourvue de signification. Elle n'a pas la fausse exactitude de la chronologie, mais elle en dit plus long. Sur le climat, les préjugés, les rapports de la famille. C'est une construction pleine d'ajouts, de fusion de plusieurs personnages en un seul, parfois d'anecdotes venues d'ailleurs, qui, par un phénomène de glissement, semble s'adapter à notre saga propre. Ainsi, dans un livre où elle raconte son *Enfance gantoise,* ma mère raconte la découverte de la miniaturisation qu'elle a faite toute petite et qui lui a donné le sens poétique de la relativité des choses, en jouant dans une petite épicerie qu'on lui avait donnée pour Noël.

En relisant ce passage, c'est moi que je revois, et plus précisément une photo de moi à sept ans, dans une épicerie à ma taille (la même, à laquelle on aurait donné un coup de peinture ? Ou achat volontaire, par ma mère, d'un cadeau qui lui rappelait son enfance ? Ou simple hasard — mais le hasard n'est pas simple). Me voyant jouer, ma mère superposait-elle son image à la mienne, marquant ainsi son désir d'une ressemblance, d'une suite (et n'ai-je pas, en effet, pris sa suite dans bien des domaines ?), ou, de la relativité des choses passant à la relativité des êtres, lui paraissait-il peu important que le souvenir qui n'était qu'une base à sa réflexion vînt d'elle ou de moi ? L'épicerie « première » avait-elle même existé ? Me l'avait-elle achetée parce qu'elle-même l'avait désirée, seulement désirée, enfant, rêvé sur ce désir de posséder la reproduction des choses « en petit » ?

Sans la photo, sans le livre resté si vivant de ma mère * — je le tiens pour un chef-d'œuvre —, ne douterais-je pas aujourd'hui de l'existence de l'épicerie « seconde » passée à mes filles que j'ai vues jouer, elles aussi, avec de petits « ménages » comportant de minuscules petits pains, des tartelettes grandes comme l'ongle, des petits fruits en plâtre.

Et quand Maman dépeint avec une sorte d'envoûtement les « cimetières de mouches » que se serait amusé à édifier mon fils aîné Daniel, enfant, et dont ni lui ni moi ne nous souvenons, est-ce simplement parce que ce jeu n'avait pas, pour nous, la signification rituelle, funèbre et envoûtante qu'il avait pour Maman ? Ou bien n'aurait-il esquissé ce jeu qu'une seule fois, ma mère l'aurait-elle retenu, à la faveur d'un glissement qui rassemblerait le souvenir fugitif d'un moment de la vie de Daniel, et celui d'un passage de Colette que Maman avait sûrement lu, et où elle décrit l'un de ses frères édifiant un cimetière-jouet reproduisant avec un soin minutieux les pierres

* *Le Journal de l'Analogiste*, Grasset.

17

tombales, les épitaphes, et jusqu'aux couronnes de perles qui en formaient l'ornement ?

Rencontre, dans le livre, le récit, le souvenir d'un autre, d'un détail qui nous appartient. Conteur de notre propre histoire que nous fabriquons à mesure, nous lui donnons ses couleurs, son sens, parfois au moyen de ce qui pourrait s'apparenter à l'art du collage. Qu'importe, si le sens en est bien celui qui correspond à notre vision, qui modèle notre vie ? Nous nous servons bien des mots des autres pour la conter.

Thérésa, donc — j'y reviens —, est une émanation de Marceline. L'un des visages de cette femme toute simple, mais sûrement moins résignée qu'on ne le croirait. Une sorte d'idéal, une projection de ce qu'était, dans un héroïsme plus quotidien, sa grand-mère, de ce qu'elle aurait voulu être, peut-être, au-delà de son courage modeste qui ne se démentit jamais. Ainsi vois-je sortir d'un rideau de brume, comme on entre en scène, Grand-Mère Choléra.


## La mémoire étonnée

Est-ce un récit qu'on m'a fait, qu'on a fait à quelqu'un d'autre ? Une lecture ? Cela je ne le crois pas, car j'étais toute petite et ne savais pas lire quand une grande vieille femme décharnée a pénétré dans mon domaine intérieur et n'en est plus sortie. Un portrait de mon arrière-grand-mère, peint par mon grand-père maternel, assez sévère et que je n'ai jamais pu regarder sans malaise ? Mais, à six ou sept ans, je ne me souviens pas de l'avoir remarqué. Une reproduction peut-être de la *Dulle Griet* de Brueghel ? Je ne trouve rien dans les souvenirs de Maman (nullement exhaustifs, il faut le dire) qui me confirme l'existence d'une aïeule, « au temps du choléra », qui, un matin, s'éveillant frissonnante et saisie de coliques, se convainquit que la terrible maladie était là. Aussitôt elle s'élance (je devrais écrire : elle se serait élancée, mais comment voulez-vous ? Je la VOIS !), elle s'élance donc, s'arme de chiffons et d'encaustique et, une cruche d'eau à son côté, sans cesse remplie, sans cesse vidée (une soif intense est aussi un indice du choléra), elle entreprend de cirer ses escaliers, que j'imagine démesurés. Elle frotte, transpire, boit ; elle boit, frotte, transpire, ne s'interrompant que pour aller, dans la cour toute proche, soulager son flux de ventre. Les malaises s'espacent, la soif s'atténue.

Après combien d'étages encaustiqués, combien de cruches bues — on ne peut que l'imaginer —, et si le récit anonyme dit « Cela dura une pleine journée », c'est une journée à la façon de celles des chevaliers de la Table ronde, dont on narre les exploits en trois, cinq, ou sept journées symboliques, qui pourraient aussi bien être des heures ou des semaines, un temps hors du temps —, après une pleine journée, donc, passée à lutter, la vieille femme arrive en haut de l'escalier, pose ce chiffon et cette encaustique qui figurent dans les armes de la Flandre, et vide la dernière cruche d'eau : elle a vaincu le choléra.

J'entends bien la voix de ma mère qui prononce « une pleine journée » avec cette légère emphase qui déjà indique qu'il y a dans le récit qu'on fait autre chose que la simple relation d'un fait. Oui, je réentends ce bout de phrase ; ma mère, morte en 1992, me parle tous les jours. Mais s'agissait-il vraiment d'une parente ? Et vraiment du choléra, ou d'une autre épidémie ? Quel lien de parenté réel entre Marceline et l'héroïque Thérésa ? Sinon le lien qui nous unit l'une et l'autre à une certaine image des Fla, des Fla, des Flamandes ?

À une certaine image de la femme ?

À une certaine image de la Flandre ?

Ce n'est pas tout à fait la même Flandre, et pourtant c'est la nôtre. C'est le pays de l'enfance, de notre enfance, Douai ou Anvers devenus légendaires. Ça veut dire tant de choses, les Flandres, la Mère, les souvenirs plus vrais que le vrai — un paysage de petites maisons de briques, des parents devenus géants d'Ommegang, une

19

rêverie qui embellit et qui estompe, un tableau où l'on se projette (et qui peut être, bien sûr, un beau tableau, un Vermeer ou un Patenier, mais aussi un calendrier des postes, une aquarelle de l'oncle Constant ou du grand-père Eugène), il s'y mêle des choses qui ne sont pas à proprement parler flamandes, qu'on a vues plus tard peut-être, ou chez des gens, en visite avec les parents, des cuivres luisant dans la pénombre d'une cuisine, un évier de faïence, un chien... des éléments qui forment une image : Marceline enfant, Marceline toujours.

On a beaucoup rétréci, il me semble, l'acception du terme « flamand », en le limitant aujourd'hui à son langage savoureux et rude. Marceline se proclama, se sentit toujours, flamande, et le dernier texte qu'elle écrivit, qui devait paraître après sa mort, et où elle évoque, à peine romancée, sa petite enfance, s'intitule de plein droit : *Les Petits Flamands*. Cette enfance, « le seul temps heureux de sa vie », elle y reviendra toujours par la pensée. Douai, la maison, le cimetière aux herbes folles, les amis d'enfance, la famille pendant les brèves années où celle-ci devait rester soudée, auront toujours pour elle un charme, un caractère édénique, lié à des affections sans complications, à l'amour de la nature, à son regard d'enfant aimée et choyée malgré la pauvreté.

Dans ces évocations, on retrouve une note de ravissement qui la rapproche de Colette. Pour celle-ci, la maison de Saint-Sauveur, les bois de « Montigny », toute la nature lui est amie. Ainsi de Marceline. La figure tutélaire qui règne sur ce petit monde de l'enfance est plutôt le père que la mère. La grand-mère aussi, gardienne des traditions et des dictons, administratrice de la pauvre maison. De la mésentente de ses parents, de la pauvreté grandissante, des vaines tentatives d'Antoine-Félix Desbordes pour y trouver une issue, et aussi, il faut le dire, de son manque de persévérance et d'application, que l'on retrouvera chez son fils Félix, pas un mot. Mais Colette elle-même parle à peine des aspects qui ont pu lui être douloureux de son enfance : la brouille avec sa demi-sœur, les démêlés judiciaires qui s'ensuivent, et jusqu'à la vente du mobilier de ses parents « à l'encan » ; elle le mentionne, certes, mais en passant, sans s'étendre sur les sentiments qu'une adolescente devait forcément éprouver devant cet effondrement de son univers. Reste la nostalgie du jardin, des jeux innocents, de la découverte du monde sensible qui, pour toutes deux, demeure présente, un trop bref enchantement qu'elles retrouveront parfois, un moment qu'elles évoqueront, sans revenir sur les événements douloureux qui ont brisé la vision édénique, le regard doré de l'enfance.

Est-ce d'une rupture brutale de l'enchantement premier que naît le besoin d'écrire ? D'une fêlure dans l'enfance ? Le besoin d'écrire est-il adulte ? Se retourne-t-on vers l'enfance pour la perdre aussitôt, comme dans les mythes le dévoilement, d'Orphée à Psyché, est suivi immédiatement de la perte ? Encore faut-il la regretter.

Je n'aime pas penser à mon enfance, alors que Marceline répand sur ses premières années l'or de la fable, malgré la pauvreté, le désaccord qui couve déjà entre ses parents ; je me trouve incapable de ce regard. L'éclatement de l'enfance est dû, chez Marceline, à la fugue de sa mère qu'elle ne peut pas — qu'elle ne veut pas — juger et dont elle ne parlera jamais qu'avec d'infinies précautions — et beaucoup d'amour. J'ai toujours, moi aussi, aimé, admiré ma mère — je l'ai aussi détestée par moments ; j'ai éprouvé contre elle mes forces naissantes ; elle a longtemps, très longtemps, été l'Adversaire. Cette ambiguïté fait des enfances pleines de pièges. L'éden, c'est avant la naissance, se dit-on ; prédisposition assez mélancolique.

*Les deux jardins*

Ma sœur a dans une pièce de sa maison (une maison qui est une œuvre, qui est une création, qui est un lieu plein de significations, de légendes et d'énigmes, un lieu jamais achevé, ce qui prouve bien que c'est une œuvre, où l'on se promène comme dans un roman dont certains épisodes ne seront jamais éclaircis — ce petit portrait dans un coin, pourquoi est-il là, jauni, sorti de quel grenier, s'imposant pourtant, fragment d'une vie oubliée et qui interroge encore, un portrait qui n'est plus qu'un regard traversant les années et qui vous dit « pourquoi ? » —, la maison de ma sœur est un lieu où, toute jeune, si jeune, on eût dit une écolière, avec deux nattes encore, dans le grand lit de cette grande maison délaissée, encore en ruine, elle souriait avec dans chaque bras l'une des jumelles qui venaient de naître et semblaient des poupées, dans ce lieu choisi pour y vivre, les objets, les cristaux, les brise-bise brodés, les écrans de cheminée représentant le Chat botté, sont année après année venus s'abattre comme les cygnes sauvages autour de la jeune fille d'Andersen), ma sœur Marie, disais-je, a une photographie qu'elle a dû prendre elle-même du vivant de mes parents, du jardin de la maison où nous avons passé notre enfance. C'est une belle photographie, les arbres paraissent nombreux, feuillus, les plates-bandes débordent de fleurs, on voit à peine les murs qui le contiennent, ce petit jardin rectangulaire, les allées tracées « à la française » disparaissent sous l'herbe abondante qui se mêle aux bordures de buis.

Mes yeux tombent par hasard sur cette photographie, un jour, il n'y a pas longtemps.

— C'est notre jardin, Mik ? C'est le jardin de la rue Jordaens ?

— Mais oui. Enfin, tu le reconnais ?

— Non, je ne le reconnais pas.

J'ai eu longtemps, moi aussi, mais pourquoi la gardais-je, une photographie de ce jardin. C'est l'hiver. Les arbres sont nus. D'ailleurs il n'y en a que trois vraiment imposants : un vieux chêne, malade, un catalpa (au fond, à droite) et le tilleul qui monte jusqu'à ma chambre. L'herbe a presque disparu, rase. Les allées dévoilent leur tracé impitoyable. Seuls demeurent les buis sombres, le houx acéré aux feuilles presque noires, les deux statues mangées de lichen et d'humidité qui représentent, je crois, Hercule combattant le lion de Némée.

Je crois que j'ai gardé cette photo comme une sorte d'appel à l'aide vers mes parents auxquels je ne l'ai jamais montrée. Bien plus tard, comme je faisais une analyse, je retombais sans cesse, en triant mes papiers, sur cette photo et la tentation de la montrer à mon analyste. Je la trouvais plus parlante que les mots. « Voilà ce qu'a été mon enfance. » Puis, à un moment donné, je l'ai punaisée dans un coin d'un appartement, je ne sais plus lequel, où j'ai habité. Pour quel souvenir ? Délectation morose ? Puis je l'ai égarée. Peut-être la retrouverai-je un jour comme réapparaissent parfois les mauvais rêves. En attendant, j'ai planté mon jardin ailleurs.

On s'échappe ou on transfigure. C'est un combat, l'enfance. J'aurais tendance à chercher, dans ce refus d'être un enfant, dans cette révolte d'être un enfant, forcément mal compris parce que d'une autre espèce (l'adolescent est un mutant, l'adulte parfois le reste), le point de départ de l'écriture.

On se souvient du déchirement de George Sand entre sa mère et sa grand-mère, de l'incompréhension familiale devant les succès et les ambitions scolaires de Simone de Beauvoir. On se dit que pour une jeune fille, au temps de Marceline, cette incompréhension doit peser plus lourd, car il y a pour elle, au début du XIX$^e$ siècle, peu d'issues autres que le mariage. Et quand je dis le XIX$^e$ siècle, c'est que je pense à Marceline, à George Sand ; mais n'a-t-on pas rapporté, comme venant de Colette, cette parole, à propos de son premier mariage : « C'était cela ou devenir institutrice... » Faisons la part de la malveillance. Il y a tout de même un choix à faire, une stratégie à adopter pour s'en sortir. On s'évade ou on transfigure. Les deux jardins.

Marceline transfigure, certes. Mais sans renier l'hiver, la pauvreté, le manque d'amour. Marceline accepte la blessure, l'entre-deux-mondes, l'entre-deux-jardins.

Donc Marceline. Ni Gabrielle Colette, ni Aurore Dudevant dite George Sand, ni Simone ni Virginia ni Emily ni Jane ni... Seulement Marceline. Ma pierre de touche.

Devant ces feuillets, cette table près d'une fenêtre où je me retrouve toujours assise, quoi qu'il me soit advenu, des enfants, des mariages, des ruptures, des maladies, des amis et même des idées, pourquoi pas, il m'arrive de penser à toutes ces années, au choix d'écrire (si c'est un choix, si ce n'est pas plutôt, au moment où l'on se trouve fuir, de toutes ses forces, sur la large avenue de la vie banale, où l'on se sent traqué par des obligations et des convenances au visage menaçant, la petite ruelle sombre et fraîche par où l'on pourra s'échapper, le soupirail, la cave où s'enfouir, se cacher, le néant bienvenu parce qu'on ne sait pas encore qu'il n'y a pas de néant, parce qu'on ne croit pas encore vraiment à la fiction, à l'écriture). Au courage de Marceline.

Que je n'avais pas. Je m'interrogeais. Que je n'avais pas parce que, m'évadant (l'alibi de la guerre, de l'ennui, de l'attente des grandes personnes dont je m'éloignais comme on s'éloigne dans un bois, vite dissimulé par les fougères), je ne savais pas où ils me menaient, ces petits sentiers vagabonds : vers une habitude qui devient exigence, puis dépendance assimilable à toutes les dépendances. Vite, un crayon, une machine, l'autre côté du miroir comme : vite un verre de rouge, un tranquillisant, un autre regard — on aboutit toujours à ça.

Je croyais encore à une issue, enfant qui se croyait libérée, non, libérable. L'écriture n'était qu'une attente, dont on espérait la fin comme la fin de la guerre.

Je sais qu'il m'arriva plus d'une fois de calculer... dix ans... huit ans..., avant d'être « majeure », vingt et un ans à l'époque, et pourquoi attendre cette date avec tant d'impatience ? Écrire, on peut toujours le faire. Comme une jeune fille du début du siècle, je rêvais d'un mariage libérateur. En attendant, j'écrivais. En attendant.

Je me suis mariée trois fois, j'ai eu quatre enfants, je continue d'écrire. Et l'image grisante que je me faisais de la liberté a cédé la place à cet esclavage consenti. Si je sors ce soir, je ne pourrai pas travailler demain. Il faudrait bien que j'écrive à cette amie malade, mais je le ferai après avoir travaillé. Je pourrais, grâce à une conférence — moins : une signature —, faire un joli voyage gratuit ; oui, mais ça va me couper dans mon travail... Seuls mes enfants, dans la jauge, feraient le poids. Mais qui va penser, à douze ans, à quatorze ans, à de futurs enfants ?

Écrire, croit-on, c'est ouvrir portes et fenêtres, et non les refermer. On démarre comme ça, innocemment. On ne sait pas à quoi on s'engage, et que le cahier d'écolier va devenir un instrument de torture, et que chaque progrès accompli, chaque succès remporté, va créer une obligation de plus, alourdir la chaîne, ajouter un doute au doute, dépouiller ce qu'on a cru protéger. On démarre comme ça, et il vient forcément un moment où on regarde autour de soi et où l'on s'aperçoit que, même si écrivain engagé, même si pourvu d'étiquettes, membre d'un groupe ou d'un parti, pourvu d'une esthétique ou d'un sectarisme quelconque, il y a toujours un moment où l'on voit sa vérité nue, l'île déserte, ce qu'on appelait autrefois assez drôlement la tour d'ivoire. La solitude, en somme.

Et après la solitude, le pilori, la foule qui vous entoure, vous juge (les « rires cruels » que craignait tant Virginia jusqu'à mourir de ce regard qui la violait), votre solitude, votre nudité, juste avant de vous y replonger.

Est-ce qu'on sait cela quand on commence à écrire, quand la mère au double visage, on croit s'en protéger en la juchant sur un piédestal, quand on transpose dans la légende qu'on vivifie Grand-Mère Choléra ou cette autre grand-mère, la « femme de l'inventeur », que son mari volage et inconscient abandonna plusieurs fois, et notamment lorsque, ayant breveté le système des arroseuses automatiques, encore en usage aujourd'hui, il le céda non contre un pourcentage (« s'il l'avait fait nous serions tous millionnaires », dit la légende familiale) mais contre une somme forfaitaire, et s'absenta trois ans (ou sept ans, ou sept semaines) pour revenir, la somme dilapidée, retrouver sa femme à l'heure du dîner, ce qui donna à cette grand-mère l'occasion de prononcer la phrase devenue proverbiale, mais sans doute apocryphe : « Dépêche-toi, Jean, la soupe va être froide... » Les Fla, les Fla...

Cette phrase, rapportée ou inventée, devait-elle me donner le sens de la maîtrise de soi, m'enseigner la résistance ou la résignation ? Je le sais d'autant moins que j'ignore qui me la rapporta (l'inventa ?) ou s'il y a là, peut-être, ce glissement dont je parlais, si fréquent dans les souvenirs ? Tout de même, une indication : légendaires ou non, ces femmes étaient de la lignée maternelle.

Et le père ? Ça compte, tout de même, un père ? Le mien tenait son rôle de père, de patriarche, avec conviction et sincérité. C'était un homme violent et bon, qui s'étonnait parfois d'être sensible. Il ne supportait pas la contradiction parce que, justement, il y était sensible. Le lendemain d'un jour où nous l'avions accompagné au cinéma, ma mère, ma sœur et moi, nous prenions le petit déjeuner lorsqu'il revint sur le film qu'il avait aimé. Peut-être par malice (la décrypterai-je jamais ?) Maman émit un : « Bof !... » que nous imitâmes aussitôt.

— Comment ? Vous n'avez pas aimé ? rugit mon père, la fourchette levée (il mangeait une omelette).

— Bof..., dit Maman.

Et ma sœur et moi, avec le sentiment de mettre le feu à un bâton de dynamite :

— Bof..., en écho.

Mon père prit son assiette à demi pleine à deux mains et la projeta contre le mur. L'assiette brisée retomba, les œufs restèrent collés au mur, perdant leur jaune en longues traînées. Mon père sortit en claquant la porte.

— Qu'est-ce qu'on a été dire ! dit Maman, pas impressionnée pour un sou — elle nous traitait parfois en complices — et, à la servante accourue, épouvantée : Martha, prenez l'escabeau et essayez de nettoyer cela.

Le dîner fut calme. Mon père mettait rarement plus de dix minutes à oublier ses propres éclats. Tout à coup, au milieu d'une discussion sur des travaux éventuels à faire dans la maison, il fit une parenthèse :

— Cette pièce où nous mangeons est vraiment trop humide. Tu as vu ? Il y a même des taches d'humidité sur les murs !

Et il désignait la tache grasse, souvenir des œufs projetés, que Martha n'avait pu faire disparaître tout à fait.

Nous n'osâmes pas rire. Pas même Maman. Mais ce fut un effort considérable.

J'aimais beaucoup mon père, et il m'aimait avec simplicité. Je n'écrivis jamais rien sur lui. Pourquoi l'aurais-je fait ? Il n'y avait rien à résoudre.

Mais à douze ans déjà, j'écrivais sur ma mère. Ces premiers cahiers, comme un Cheval de Troie à l'air bonasse, glorifiaient en apparence l'héroïne, ma mère, courageuse pendant l'exode, inventive pendant les restrictions. Pensais-je ainsi la désarmer, l'amie-ennemie, la bien et la mal-aimée ? Me soulager de ne pouvoir la détester (aujourd'hui encore elle me manque ; ma révolte me manque, et mon admiration, et je me dis : elle écrivait si bien ! Elle savait tant de choses ! Elle était si vaillante, ne se plaignant jamais au cours de son interminable vieillesse), me soulager de l'aimer si vainement ? Je ne m'interrogeais pas, j'écrivais.

Après les premiers cahiers j'écrivis des romans. Les héroïnes, pendant longtemps, n'eurent pas de mère.

Marceline, ce n'est pas du tout la même histoire. Et pourtant ce silence sur cette mère « si charmante, si belle », c'est cette stupeur, la même, qui brise l'enfance en lui chuchotant qu'amour et douleur sont synonymes. Vous savez ce que disait Raspail (qui fut, du reste, un

de ses admirateurs, je crois — ou c'était Arago ?) :
« Donnez-moi une vésicule biliaire en parfait état (pardon, je cite) et je vous reconstitue tout l'univers organique. » C'est écrit au pied de sa statue, square Denfert-Rochereau, pas loin du Lion.

Je prends Marceline, rien que Marceline, un poète, une mère, une amante, une gagne-petit du théâtre et du livre, une bohème secourable à tous, bonapartiste fervente — vous saviez ? Enfin Marceline dans sa totalité, et j'essaie de reconstituer ce que peut être le don d'écrire, la nécessité d'écrire, son rapport avec la vie, s'il faut tenir compte de ceci ou de cela, si on peut se permettre d'être amoureux à fond, ce qui est « bon » pour l'œuvre et ce qui est nuisible, ce que c'est que la spontanéité dans l'art, ou la sincérité. Et, à la lueur de cette vie de femme, de cette œuvre de femme (j'aurais aussi pu parler d'Andersen, mon roi des neiges à travers le temps, mais pour parler de la maternité par exemple, ça n'aurait pas marché), dans cette lumière vacillante, éternelle, de Marceline, voir un peu plus clair sur ma vésicule biliaire à moi.

Marceline est née à Douai, le 20 juin 1786, d'une famille qui n'était guère aisée et allait en s'appauvrissant. Voici la tradition, la légende qu'elle rapporte, dont l'origine remonte, sans doute, au grand-père Edme-Antoine.

Des cousins éloignés, richissimes, existeraient à l'époque en Hollande, descendants d'émigrés protestants de la fin du XVIIᵉ siècle. Au moment de la petite enfance de Marceline, ces personnages mythiques auraient cent vingt-quatre et cent vingt-cinq ans (leur âge, comme l'énormité de leur fortune, est ici évidemment symbolique). Sans postérité, ces cousins seraient prêts à léguer leur fortune aux Desbordes de Douai, si ceux-ci acceptaient d'adopter la religion réformée. Après une sorte de conseil de famille, les Douaisiens décident de refuser. De cette courageuse décision viendrait l'appauvrissement des années suivantes. Il est évident qu'à cette déchéance la famille cherche d'autres raisons — fussent-elles fantasmatiques —, que l'incapacité et la faiblesse de caractère du père, Antoine-Félix.

« À l'en croire, ces grands-oncles, célibataires âgés de cent vingt-quatre et cent vingt-cinq ans, protestants chassés de France à la fin du XVIIᵉ siècle et réfugiés en Hollande, y avaient fait fortune dans le commerce de la librairie. Sans progéniture, ils offraient à leurs lointains parents de Douai, vers 1791 (après cent ans de silence), de " reprendre droit dans leur immense succession ", sous condition que Marceline, son frère et ses sœurs reviendraient à la religion réformée. Bien entendu, la grand-mère Desbordes, quoique la Révolution eût introduit la misère au foyer, avait rejeté vertueusement la proposition dans le concert de larmes généreuses répandues par les siens. »

L'ironie est de Francis Ambrière *. Lucien Descaves se montre plus ouvert.

« ... On se demande si l'extrême misère n'aurait pas contraint Félix Desbordes à se rendre en Hollande pour fléchir les deux vieux calvinistes qu'il ne connaissait pas. Cette explication offre un double avantage : elle ajoute foi au récit de Mme Valmore et ne détruit la légende qu'après l'avoir admise. Car l'aveu qui coûtait le plus à Marceline, n'était-ce pas que sa famille eût été mystifiée, comme le furent si souvent, en matière d'héritage, des parents éloignés, malheureux et crédules ? »

L'histoire n'est pas aussi invraisemblable qu'elle peut le paraître.

À la même époque, Flora Tristan, fille naturelle d'un colonel du roi d'Espagne, espérait, rêvait, écrivait à la lointaine famille péruvienne de son père décédé, attendant une reconnaissance et peut-être un héritage également improbables. Mais la famille existait bel et bien, toute réticente qu'elle parût, et Flora finit par se rendre au Pérou où elle fut plus ou moins bien accueillie. L'in-

---

* *Le Siècle des Valmore*, Le Seuil.

certitude des nouvelles reçues, la longueur des voyages, la difficulté de se procurer dans certains cas les papiers administratifs, rendaient à la fois plus vague et plus légitime une espérance de ce genre. Mais l'histoire de Flora Tristan, plus fondée sans doute que la légende familiale des Desbordes, contient cependant des épisodes qui pourraient figurer avantageusement dans quelque feuilleton ou mélo de l'époque : Mme « Tristan », mariée en Espagne par un prêtre français immigré, de précoces fiançailles de Flora rompues à cause de l'incertitude de cette naissance... Dominique Desanti a raconté cette vie mouvementée et tellement d'« époque », dans la biographie de cette femme pleine de contrastes et de tumultes.

Le contexte de cette époque tourmentée, les changements de régime, l'émigration, le retour, tout ce mouvement favorisait les suppositions les plus extravagantes ; la réalité n'avait aucun mal à dépasser la fiction et à s'y fondre. N'est-ce pas, un peu plus tard, ce sentiment d'incertitude et d'instabilité qui permettra, un temps assez bref il faut le dire, à Maria-Stella Chiappini de prétendre avoir été en 1773 substituée par Philippe-Égalité, dont elle aurait été la fille, au fils d'un concierge italien, qui serait, lui, le duc d'Orléans, le futur Louis-Philippe ? Certains le crurent — parce qu'ils y avaient intérêt, sans doute — mais cette fiction ne se soutint pas. Néanmoins elle en dit long sur l'atmosphère d'une période aussi troublée.

Le père de Marceline a sa légende aussi : peintre doreur, il le fut, indubitablement — tout comme il est vraisemblable qu'il ait fait plusieurs voyages en Hollande. Mais qu'il se fût spécialisé dans la peinture des blasons qui ornaient les carrosses et devaient évidemment disparaître avec la Révolution, ruinant ainsi le malheureux, est moins vraisemblable. Il ne réussit pas davantage en devenant mulquinier (fabricant de l'étoffe de luxe alors appelée molequin) et, plus tard, en tenant un débit de vin. Il connut un bref moment de gloire en administrant les charités de la commune, mais cela ne dura guère.

Catherine, la mère de famille, était fileuse. On arriva à

la vraie pauvreté, dont on retrouve un poignant souvenir dans *Les Petits Flamands,* quand Marceline nous montre la grand-mère contrainte de refuser l'aumône à un vieux mendiant, car elle-même n'a plus le sou. « C'était la première fois depuis quarante ans d'aumône à ce pauvre, qu'elle avait toujours connu aussi vieux, qu'un refus interrompait d'elle à lui comme un fil entre le ciel et la terre. »

On découvre la racine de fierté de la légende, cette fierté, trésor des pauvres, qui, par pudeur aussi, est le manteau de Noé de ce dénuement croissant. Rien qui soit, comme l'a dit improprement un critique, « bouffon ». L'amour de Marceline pour son père, qui ne se démentit jamais, joue aussi un rôle. Et son immense besoin d'affection, comblé à cette époque, qui lui permet d'écrire sincèrement : « Mon enfance, seule période vraiment heureuse de ma vie... » Viennent ensuite ce besoin d'espoir, cette faculté d'imagination, la fragilité de cette lamentable barrière que la plupart des hommes édifient entre le réel et le rêvé, à peine existante chez les Desbordes. Enfin, le « cœur ardent » de la mère, de Catherine-la-Fileuse, qui fournira à l'illusion un combustible de choix.

Cette fierté qui ne trouve d'autre issue que le fantasme, le légitime, on la retrouve chez Hans Christian Andersen, dont l'enfance fut si démunie, et qu'il dépeint pourtant si souvent sous un jour idyllique. Sa grand-mère (quel rôle important joue aussi la grand-mère dans l'enfance de Marceline, gardienne des traditions, conteuse de fables, de proverbes, détentrice d'une morale du cœur qui sera par l'enfant pieusement recueillie) était convaincue de descendre d'un comédien qui aurait séduit une noble dame de Cassel en Allemagne.

Cette illusion de noblesse semble inventée de toutes pièces : pourtant peut-être est-elle la branche à laquelle se raccroche l'enfant Andersen pour survivre à un milieu certes pittoresque, mais que son préfacier, Régis Boyer, décrit ainsi, non sans cruauté [*] : « ...Une grand-mère

---

[*] *Œuvres complètes,* Gallimard, Pléiade.

31

fabulatrice ou mythomane, un grand-père fou, une mère qui finira alcoolique, un père nourri de chimères et plus ou moins incapable, une tante tenancière de maison close... il n'y a pas là, en effet, de quoi étaler complaisamment son arbre généalogique... »

On appelle cela « faire le point », mais ne tient-on pas la lunette par le petit bout ? Un Dickens eût transfiguré cet entourage. Andersen s'en évada pour une autre réalité. Il n'était pas seul à le souhaiter. Dans une note de cette préface, nous trouvons ce détail, qui ne manque pas d'intérêt quand on pense à la transfiguration de Marceline par certains : « Une certaine critique qu'il vaut mieux ne pas qualifier » — je cite — « n'aura pas manqué de faire de lui le résultat d'une union éphémère, lors d'un rapide passage à Odense, du roi du Danemark... avec la mère de l'écrivain. » Puéril, sans doute, mais référence aussi à ce domaine où Andersen, à tout jamais, est fils de roi.

C'est à ce domaine que Marceline, tout à la fin de sa vie, et comme le rejoignant, affirmant qu'elle lui a toujours appartenu, fera allégeance une dernière fois en écrivant *Les Petits Flamands*. Nostalgie jamais éteinte d'une enfance qui fut singulièrement brève, que le rêve nourrit et auquel un autre rêve mit fin.

L'évocation d'Andersen n'est pas pour moi une diversion. Certaines descriptions de « l'hiver aux mains jointes » qui « va vite et parle bref », qui est *à la fois* l'hiver des pauvres et l'hiver des fées, semblent poser un décor pour *La Petite Fille aux allumettes*. Le petit frère (ce Félix qui lui causera tant de tourments et que Prosper Valmore, devenu son beau-frère, jugera si sévèrement) restera toujours pour elle ce gamin qui « s'en allait toujours les bras ouverts comme pour étreindre quelque chose ». Le pigeon qui emporte la quenouille de la fileuse centenaire relève tout droit du conte, d'un conte nordique où, un moment, Marceline rencontre Selma Lagerlöf. « Et l'homme tremblant respira l'éternité. Et il sentit que c'était l'air natal. »

Ô mes parents mythologiques, peu soucieux de m'indiquer les lois du monde, les règles de ce qu'on appelle la vie et que vous connaissiez bien, cela, cette magie nordique, ce sentiment secret, comme pris dans les glaces, qu'il y a autre chose que les villes de pierre, que les visages de la rue, que tout se dédouble, et qu'aujourd'hui « nous voyons d'une façon confuse, comme dans un miroir, mais, qu'un jour, nous verrons face à face », vous nous l'avez donné. Qu'il y a des maisons magiques, comme celle qu'édifia, à partir d'un passé en ruine, ma sœur qui avait profité de l'involontaire enseignement. Qu'il y a des fêtes, de vraies fêtes qui ne durent qu'un soir et dont les bougies meurent vite. Qu'il faut saisir l'éphémère, et puis attendre son retour de luciole. Qu'il faut bâtir des statues avec la neige qui fond, des cabanes avec des mots qui s'effacent, des dessins pleins d'amour qui finissent, froissés, au fond de la caisse à bois. « Mais c'est un dessin des petites ! » dit ma grand-mère. « Elles en feront d'autres » dit Maman. Et il y aura d'autres petites ; les enfants grandissent mais l'enfance ne meurt pas. Cela, vous nous l'avez donné.

Est-ce cette révélation mélancolique que Marceline célèbre (toute célébration de l'enfance est forcément mélancolique, elle implique qu'on l'a perdue) en commençant le récit dans « la bonne Flandre où les enfants sont si heureux » par cette tradition disparue : la royauté d'un jour dévolue aux enfants, auxquels on ne peut ce jour-là rien refuser. À ce thème de l'enfance triomphante — mais qui a son sinistre revers (la fête aurait été consacrée au souvenir du Massacre des Innocents) —, succède celui de la pauvreté menaçante. La grand-mère ne peut accorder à Agnès (personnifiant Marceline) ce qu'elle demande si gentiment. « J'ordonne », c'est la formule rituelle, « s'il vous plaît ». L'argent manque.

Et si l'on peut déceler dans ce texte qui nous restitue le climat de l'enfance de Marceline une certaine mélancolie (elle a beau dire « je suis bien heureuse d'être petite, on ne comprend pas les malheurs »), on y trouve aussi l'esquisse d'une révolte qui trouve là sa timide racine. Au père dépourvu de tout parce que sa clientèle ne le paie pas, l'enfant rétorque : « S'il est honteux de recevoir l'aumône, et glorieux de la faire, que vos nobles pratiques rougissent car vous leur faites depuis un an l'aumône de votre travail dont ils n'acquittent pas les mémoires. Vraiment ils se promènent à crédit dans leurs voitures que vous avez peintes et blasonnées... c'est donc vous qui faites l'aumône à leur avarice et à leur vanité. »

On me dira que ce texte (qui s'appuie sur la légende d'Antoine-Félix, peintre de blasons) est écrit quelque soixante ans après. Mais l'indignation qu'on y devine est celle de toute une vie. L'amour est là, aussi, avec le croquis de ce petit garçon qui pleure sans raison apparente, et dont les ménagères se moquent : « C'est un pleurard, ce n'est pas la peine d'interrompre son travail pour lui. » Mais la grand-mère « pensait qu'à l'égard de tout ce qui pleure, raisonnablement ou non, le plus pressé des travaux est de consoler de son mieux ».

Ainsi l'amour éclaire ces années insouciantes et difficiles à la fois, où Marceline, ses sœurs, ses petites amies, jouent sans arrière-pensée dans le vieux cimetière, derrière la maison, où gisent les saints de pierre renversés par la Révolution.

Hélas ! le rêve qui embellissait cette modeste vie, le « soleil de ces souvenirs », va disparaître. Car l'enfance de Marceline est brève. Sa mère, Catherine-la-Fileuse, rêvait elle aussi d'une vie meilleure, d'un amour plus grand, d'autres horizons peut-être. Et Marceline qui a pu s'aveugler pendant ses premières années sur la mésentente croissante de ses parents, ne pourra plus, à peine a-t-elle atteint dix ans, l'ignorer : elle en sera la première victime.

Discret et silencieux personnage dans les souvenirs de sa fille, Catherine nourrit, dans l'ombre, un espoir, un fantasme dira-t-on. Encore une cousine, oubliée depuis beau temps, qui vivrait à la Guadeloupe dans une relative aisance, et pourrait assister sa lointaine famille. Cette cousine existait. Mais depuis quand n'en avait-on pas eu de nouvelles ? Et Catherine avait une autre illusion, la première dissimulant peut-être la seconde : refaire sa vie. Elle aimait. Est-ce la peur du scandale, l'espoir d'une vie plus facile, l'amalgame de deux rêves ? Le projet qu'elle nourrissait était de partir pour la Guadeloupe avec son amant, Nicolas Saintenoy, et sa plus jeune fille, Marceline.

Pourquoi emmener cette enfant de dix ans ? Par attachement particulier ? Dans l'espoir d'attendrir l'hypothétique cousine ? On ne peut que faire des suppositions. « J'ai été son dernier et seul enfant blond, écrit Marceline. J'ai été reçue et baptisée en triomphe, à cause de mes cheveux, qu'on adorait dans ma mère. Elle était belle comme une vierge. On espérait que je lui ressemblerais tout à fait, mais je ne lui ai ressemblé qu'un peu ; et si l'on m'a aimée, c'était pour autre chose qu'une grande beauté. »

La beauté de Catherine ne devait guère lui porter bonheur. L'amant, Nicolas Saintenoy, n'était guère plus fortuné que le mari. Le désintéressement est, lui aussi, un trait commun à la famille Desbordes (et n'est-ce pas ce trait que veut mettre en lumière la fable des « cousins protestants » ?). Le savant biographe de Marceline, Francis Ambrière *, cite une phrase d'une lettre de Marceline, bien postérieure, « où il lui est échappé un mot qui donne à réfléchir : elle dit qu'elle a quitté Douai, *violemment* ». Une scène a dû avoir lieu. Antoine-Félix s'est-il opposé à ce que sa mère emmenât Marceline ? Puis aurait cédé, ce qui serait chronologiquement le premier abandon, la première déception ? On ne sait qu'une chose, c'est que l'entreprise de Catherine était hasardeuse. En effet, elle n'avait pas le premier franc nécessaire pour prendre son billet et celui de sa fillette. Comptait-elle sur l'aide et l'esprit d'entreprise de Saintenoy ?

Elle commence par aller vivre (discrètement) avec

---

* Francis Ambrière, *Le Siècle des Valmore*, Le Seuil.

celui qu'elle aime, présentant ce départ comme une étape vers les Isles.

À cette époque, Saintenoy est fonctionnaire (1797) et en proie à des difficultés, mêlé à des intrigues sur lesquelles nous ne nous étendrons pas. Bientôt révoqué, il quitte Roubaix pour Lille, c'est le début des errances de Marceline, qui ne connurent plus jamais de fin.

D'où, plus tard, ce vers déchirant :

*Défendez aux chemins de m'emmener encore !*

Chez cette femme forte — car elle le fut —, on comprendrait mal un tel épuisement si on ne retraçait ce premier arrachement et, chez cette enfant qui avait vu se déchirer ses parents, le souci du lendemain qu'un changement de vie n'avait pas écarté, qu'elle n'ignorait pas, et auquel elle allait bientôt — tout enfant qu'elle était — devoir remédier par elle-même.

Saintenoy essaie en vain de reconquérir son statut de Roubaix. Catherine n'a pas d'emploi, mais elle a une cousine, encore une, au théâtre de Lille. Elle sollicita, ou on lui proposa, une place pour Marceline âgée de douze ans. Le temps avait passé.

Catherine se donna-t-elle l'excuse du temporaire ? Dès que la situation de Saintenoy se serait rétablie, dès qu'elle-même disposerait des fonds nécessaires pour leur départ à tous les trois, on oublierait le théâtre. Marceline raconte que sa mère se fit prier. Elle sentait bien qu'une mère qui met sa fille de douze ans au théâtre ne joue pas un bien beau personnage.

D'autant que le provisoire dure. Catherine crut se rapprocher du but en séjournant à Rochefort, puis à Bordeaux. Mais elle n'interrompit pas pour cela ce qu'il faudra bien appeler la carrière de Marceline. L'enfant grandissait, sa voix musicale, son naturel, sa mémoire, et une grâce « plus belle encore que la beauté » — et puis, peut-être, était-elle grande pour son âge — lui permirent d'y jouer les ingénues.

36

Cependant, l'année 1800-1801 passait.

On pensait toujours aux Antilles, l'argent manquait toujours. Marceline, au théâtre, apprenait à connaître la dureté de certains, et devait regretter le temps de Douai. D'autant que la vie était aussi difficile, si ce n'est plus. Furent-elles, la mère et la fille, plusieurs jours sans pain ? Et où aurait été, à ce moment-là, Saintenoy ? Marceline demanda-t-elle une avance à une directrice (elle-même assez dépourvue) qui, devant une telle outrecuidance, la frappa ? Les preuves manquent, les récits sont des transmissions, ce qui est certain c'est que, déjà à cet âge si tendre, Marceline souffrit.

Tous comptes faits, elle dut se sentir, bien qu'elle s'éloignât encore de son père, un peu soulagée quand, enfin, le temps de l'embarquement vint. Les démarches de Catherine, les modestes gains de la toute jeune fille, des amitiés, et même des inimitiés (envers Saintenoy) purent jouer. La mère et la fille trouvèrent place, en janvier 1802, sur le brick *Le Mars*, tandis que Nicolas Saintenoy s'y engageait comme maître d'hôtel. Le départ tarda encore un peu, le brick faisant le plein en fret et en passagers.

Quand il s'éloigna enfin de Bordeaux pour la Guadeloupe, Nicolas Saintenoy n'était pas à bord. Le rôle d'équipage portait cette mention laconique : « N'embarque pas ».

« N'embarque pas »... Y avait-il même eu, entre Catherine et son amant, une dernière explication ? S'attendait-elle à ce revirement ou fut-il pour elle un coup de foudre ? Marceline n'en sut rien. « Elle était muette, cette mère si charmante. Elle était loin de vous tous, avec moi, son plus jeune et son plus frêle enfant. Nous nous regardions avec épouvante, comme si nous ne nous reconnaissions plus ; elle me serrait le bras, elle me collait contre elle à chaque coup de roulis... »

Cette évocation de sa mère, désespérée, sur le pont du *Mars,* est introduite par le biais d'une lettre qu'écrit à sa sœur l'héroïne de *L'Atelier d'un peintre.* Ce sera une de ses seules allusions à cette période et à cette figure énigmatique de Catherine-la-Fileuse, qui, abandonnée, terrifiée par les aléas du voyage (encore ne peut-elle tout prévoir), est, tout de même, partie vers un avenir aussi incertain. Ce courage, ce « cœur ardent », et parfois cette absence de réflexion suffisante quand un élan l'habite, on les retrouvera chez Marceline. Ici, on peut imaginer sans risque que Catherine, ayant quitté son mari et abandonnée par son amant, ne voyant plus de ressources en France qu'elle puisse espérer, se dise qu'elle n'a plus rien à perdre.

Hélas ! Déjà la discorde au foyer avait été si pénible à Marceline qu'elle ne pourra, même des années plus tard, en parler que sous le couvert d'une métaphore. C'est encore dans *L'Atelier d'un peintre* qu'on la trouvera, et à nouveau dans la lettre écrite à sa sœur par l'héroïne ; elle décrit longuement la « lutte étrange » de deux hirondelles, qui se termine au détriment des oisillons jetés hors du nid. Cette parenthèse, qui n'a aucune incidence dans le récit, occupe plus de quatre pages, et s'enchaîne sans transition sur le départ de la jeune fille du roman, avec sa mère, pour l'Amérique. « Le lendemain, il y avait des plumes et du sang par terre, et le nid détaché était tombé sur les pierres. Peu de temps après, je naviguais avec ma mère — seulement ma mère — vers l'Amérique... » Le voile est transparent et, pour être pudique, ce chagrin d'enfant n'en est pas moins toujours présent à la mémoire de la femme. Plus discrète encore sur les rapports de Saintenoy et de Catherine, qui ont duré tout de même plusieurs années, Marceline ne peut s'aveugler ni sur l'absence à bord de cet amant encore aimé, ni sur le désespoir de sa mère.

C'est bien des années après qu'elle écrira des vers d'amour déchiré, d'une douceur et d'une tristesse insoutenables, soudains coupés d'un cri qui transperce. Mais est-ce trop s'avancer que de dire que, dès ce moment-là, pendant ce voyage qu'on pourrait dire initiatique tant il tranche net la vie de la jeune fille en un « avant » édénique et un « après » douloureux, qu'à travers sa mère elle a acquis l'amère connaissance : l'Amour n'est pas aimé. Et que, par ce phénomène de glissement dont j'ai parlé, jeune fille, elle s'identifiera à sa mère assumant ce chagrin muet, et, femme, elle trouvera dans ses propres déceptions l'écho fatidique, le présage qui s'est manifesté dès avant ce fatal voyage : « N'embarque pas ».

En 1989, à peu près, dans *Adriana Sposa* *, une jeune femme, en quête de sa mère, revient, déçue, chez elle. Sa chatte est morte de froid, enfermée dehors par une femme de ménage négligente. Ce fantôme de chatte a bien cinquante ans, depuis le moment où j'appris, après une absence, la mort de ma chatte dans les mêmes circonstances. Je crus, je fus certaine, à tort peut-être, que ma mère était responsable de la mort de cette bête que j'aimais, et qui attendait des petits. Je ne saurai jamais rien de sûr à ce propos, sinon que ma mère s'identifiait alors pour moi à une frustration passionnée. Et cinquante ans de vie passèrent avant la réapparition de la chatte et sa seconde mort. Mourra-t-elle jamais tout à fait ? Ma mère sera-t-elle justifiée à mes yeux par l'amour trouvant enfin son écho ? La chatte continuera-t-elle à errer dans un rêve triste, comme l'hirondelle de Marceline ?


*1802*


Pourquoi Saint-Barthélemy ? Nous sommes en 1802. Les voyageuses ont débarqué là.

Je veux écrire sur Marceline. Je veux m'aider de Marceline pour comprendre mes longues années d'angoisse et d'efforts, mes brèves paix inexplicables, l'impossibilité pour moi, qui ai embarqué « et ne puis

---

* Françoise Mallet-Joris, Flammarion.

plus revenir en arrière », de me situer pendant cette traversée qui pourtant touche à sa fin.

Mais pendant quelque temps, c'est le personnage mystérieux de Catherine-la-Fileuse qui me retient. Si blonde, si belle qu'on en parlait dans son pays, dans cet autrefois si proche encore, en disant : « Je vais voir la madone », et c'était elle, avec ce manteau de cheveux dorés. Jusqu'à son adresse de fileuse, aussi réputée dans le pays que sa beauté, métier et adresse qui semblent sortis d'un conte de fées. Je l'imagine, Catherine-la-Fileuse, comme une triste Iseut à la proue de ce bateau qui met quarante jours à faire la traversée, je vois qu'inéluctablement elle va vers l'aboutissement de son destin, bref et violent. Car, quand l'amour a déçu les « cœurs ardents », il ne reste que la mort à souhaiter.

Ne saurais-je pas ce que je sais de l'an 1802 en Guadeloupe, que je verrais encore, sur le rivage vers lequel s'avance le *Mars*, une fin tragique qui attend Catherine. Il ne saurait en être autrement. « Elle était muette, cette mère si charmante... » Ce silence, cette douleur qui ne s'exprime pas, c'est un bien mauvais signe. Et de l'attente de sa mère à Saint-Barthélemy, Marceline ne dira rien non plus. Y croit-elle seulement encore, la pauvre voyageuse, à la riche cousine empressée à la tirer d'embarras ? Il me semble que si elle se fût reprise, eût donné quelques signes de se rattacher à la vie, sa fille l'eût quelque part signalé.

Elles vivent là, à Saint-Barthélemy, petite île, plusieurs mois, dans l'attente, la mère et la fille. Catherine absente, morne, Marceline se faisant des amies, s'initiant aux mœurs créoles, apprenant même le « doux langage » de l'île, riant parfois. On a de ces éclipses à son âge, où on ne se souvient plus de rien sinon qu'on a quinze ans... Je m'attache à ces femmes, brusquement transplantées dans un climat et des habitudes si différents des leurs ; comment survivent-elles ? Sans doute on les aide, peut-être croit-on, autour d'elles, à l'existence de la « riche cousine » que seules les circonstances empêchent de se manifester.

La jeune fille avec ses nouvelles amies, courant les bois et les prés de l'île, Catherine pensive et désolée sur le rivage, c'est un tableau assez captivant pour qu'on s'y attarde. On leur souhaiterait un de ces petits miracles comme il s'en produit quelquefois, un emploi, peut-être, pour Catherine, un mariage pour la jeune fille, qui la mettrait à l'abri ; elles resteraient dans cette petite île agréable, où l'on villégiature aujourd'hui à prix d'or, et j'écrirais quelque chose comme *Paul et Virginie*... Mais non. Il y a encore trop de tragédie (et un peu trop de pureté niaise) dans *Paul et Virginie*. L'amour impossible, la beauté impitoyable de la nature, et Marceline devenue une de ces créoles languissantes gavées d'un ennui balancé au rythme d'un hamac, d'une chanson triste, écrivant peut-être tout de même...

Bien sûr je n'ai pas le droit d'écrire cela, mais seulement d'y rêver, et moi aussi, un moment, rassurée par le fait que je n'écrirai *pas* l'innocente songerie un peu touchante, un peu sotte, je me balance le long d'une phrase.

Mais, sans le décider pourtant, alors que je me laisse prendre au charme d'une aventure individuelle, que je ne demande qu'à tendre l'oreille à sa mélodie ténue, « *un frisson d'eau sur de la mousse* », je ne puis m'abstraire du grondement sourd, de l'autre côté de l'eau, pas bien loin, d'une tout autre aventure, collective celle-là, d'un roulement de tambour, d'un grand gémissement anonyme de l'histoire de la Guadeloupe.

Il suffirait évidemment de dire que Pointe-à-Pitre subissait un blocus justifié, non seulement par l'émeute et la guerre, mais par une dangereuse épidémie de fièvre jaune, et de retourner au rivage où Marceline joue avec les jeunes créoles de Saint-Barthélemy, où Catherine songe, sombre et muette, devant ce bras de mer qui la sépare de son dernier espoir.

Il suffirait à qui, à quoi ? À un récit de la vie de Marceline

41

que je ne fais pas, que je ne fais qu'à demi, que je ne fais qu'attirée par cette confrontation aux moments saillants de sa vie, de la mienne, à l'inexplicable de cette vie (je finirai bien par y venir), à l'inexplicable dans ma vie à moi, dont je m'aperçois sans regrets mais non sans étonnement.

Mais inexplicable la fascination qui lentement détourne mon regard d'un rivage à l'autre, d'une curiosité à l'autre, et d'une question à l'autre, montant les barreaux de cette échelle de Jacob qui va de la douleur à l'indignation et qu'on ne cesse de gravir et de redescendre. Inexplicable, non. Si on tolère un peu d'emphase « j'ai été enfant, donc j'ai été esclave », ou même « j'ai été malade, donc j'ai été esclave », est-ce que cela suffit, dans une vie pas particulièrement défavorisée, à justifier ce « hérissement » (terme employé par mon ami M.T.) devant toute forme de pouvoir, positivement une allergie, et qui me fait réagir soudain (qu'importe quand, puisque cela remonte au vieux tilleul, aux chuchotements et aux prudences de la guerre) au mot d'esclavage, à la révolte qui gronde là, de l'autre côté de la mer Caraïbe, et qu'il faut, il faut absolument que j'y aille voir ?

Il suffirait, évidemment, en deux mots, de dire que Pointe-à-Pitre... mais on n'écrirait jamais rien.

Par un décret du 16 pluviôse 1794, la Convention avait noblement déclaré « aboli, l'esclavage des nègres dans toutes les colonies » ; l'application de ce décret n'avait été qu'esquissée et que partielle. Les monarchistes de la Martinique en ayant appelé à l'Angleterre, les troupes anglaises abordaient, attaquaient et envahissaient la Martinique et la Guadeloupe dans les premiers mois de 1794. Ce qui fait que les deux commissaires chargés par le Comité de salut public de venir instaurer aux Antilles le nouveau régime législatif, lorsqu'ils débarquèrent, apprirent avec stupeur que les Anglais étaient déjà maîtres de l'île, ainsi que de la Martinique.

Après quelques semaines de combat, on reprit la

Guadeloupe. Des deux envoyés du Comité de salut public, Chrétien et Victor Hugues, celui-ci fut pendant quelque temps le moins impopulaire. Conformément à ses instructions, il s'efforça d'abolir au moins les aspects les plus brutaux de l'esclavage, et fit effort pour qu'on payât un salaire aux anciens esclaves que les nécessités économiques obligeaient tout de même à poursuivre les travaux des champs. Les royalistes demeurés dans l'île étaient pourchassés, incarcérés, parfois mis à mort.

Dans le même temps, une flottille de corsaires, armée par Victor Hugues, capturait dans la seule année 1795 cent cinquante vaisseaux britanniques avec leur cargaison.

Tout ceci est de l'histoire pure et simple ; avec les abus, les exactions, qu'entraînent presque fatalement les changements de régime. Sautons-en quelques épisodes, plus pittoresques que significatifs.

Enfin La Crosse vint. Cet homme, ce contre-amiral qui devait être la cause principale du soulèvement de 1801-1802, dès son arrivée en 1793, avait manifesté les dispositions les plus cordiales et les plus républicaines : non content d'avoir placé au grand mât de sa frégate, en guise d'étendard (cornette) un énorme bonnet rouge, en débarquant il se jeta impétueusement au cou d'un Noir qui se trouvait là, et lui donna un baiser fraternel. Il s'écriait alors, en s'adressant aux hommes de couleur : « Vous êtes les seuls vrais habitants de la colonie... »

Il devait étrangement changer de langage.

Ce fut son comportement, et la décision du Premier Consul de rétablir l'esclavage, qui furent causes de la rébellion. Comment ne pas la comprendre ? Lisant d'un œil encore distrait ce qui allait devenir à mes yeux une épopée (en entamant cette lecture, je m'étais dit assez distraitement : mais c'est en 1848, l'abolition de l'esclavage ?), je me sentais petit à petit soulevée d'une indignation qui m'est assez coutumière. Bien des années avant, comme je travaillais à une biographie de Madame Guyon, le contraste entre les lettres de Bossuet à ses dirigées, allant du noble au doucereux, et celles qu'il adressait à la même époque à son neveu l'abbé Bossuet qui se trouvait à Rome, où il était question d'une stratégie pour circonvenir le pape, ce contraste m'avait plongée dans une indignation telle que je m'étais vue forcée, à plusieurs reprises, de quitter la Bibliothèque nationale pour faire, en courant, deux ou trois fois le tour du square de Richelieu, et calmer ainsi mes esprits.

La situation de la Guadeloupe — le soulagement de ces esclaves libérés puis replongés dans leur sujétion à peine avaient-ils eu le temps de s'accoutumer à une relative liberté — me bouleversait.

Certains se révoltèrent tout de suite. D'autres hésitèrent. D'autres enfin gardèrent quelques illusions et restèrent fidèles à la France.

Devant une situation si complexe, que je ne fais que résumer grossièrement, le Premier Consul organise et bientôt envoie vers la Guadeloupe les troupes du général Richepance.

Il débarqua le 6 mai 1802. Marceline et sa mère étaient toujours à Saint-Barthélemy. Une carte de la Guadeloupe sous les yeux, je me préparais mentalement à assister à la bataille, me demandant ce qu'il fallait souhaiter au juste. Car ces soldats qui débarquaient dans cette île inconnue de la plupart pour rétablir l'esclavage, étaient tout de même des soldats de la toute jeune République. Le « Liberté, Égalité, Fraternité » était pour eux dans toute sa fraîcheur. Se rappelaient-ils que le plus beau combat livré par La Crosse qui, aujourd'hui, criait vengeance contre les Guadeloupéens révoltés, l'avait été sur un navire au beau nom · *Les Droits-de-l'Homme* ?

Ces troupes comportaient aussi un certain nombre d'hommes — et même d'officiers — de couleur, des camarades ou des supérieurs. Allaient-ils, ceux-là, combattre pour une liberté, ou pour l'autre ? Dans l'île la situation n'était pas plus simple. Décidés à la résistance, mais en désaccord sur les moyens, trois hommes, Ignace, Pélage et Delgrès, s'affrontaient comme des héros d'Homère. Pélage, le soldat. Ignace, le révolté. Delgrès, le martyr.

Pélage n'en voulait qu'à La Crosse. Il ne croyait pas que l'envoi des troupes de Richepance eût un autre but que celui de rétablir l'ordre. Eût-il su tout de suite que Richepance apportait, dans la cale de ses navires, les chaînes de l'esclavage remis en vigueur, il eût peut-être réagi différemment. Quand, à travers les discours d'une habile perfidie du général, il put percevoir une partie de la réalité, il était trop tard. Débarquées le 6 mai 1802, les troupes nombreuses et expérimentées de Richepance — par ailleurs excellent général — menèrent une campagne d'offensive et de surprise, à la Bonaparte. Fin mai, la résistance était écrasée.

Ignace, dont le sens stratégique n'égalait pas le courage, se laissa coincer et battre près de Pointe-à-Pitre, à Bainbridge, et se suicida.

Delgrès, qui avait un moment hésité entre la confiance aveugle de Pélage et le jusqu'au-boutisme d'Ignace, s'était finalement rangé — ayant vu plus clair que Pélage dans les intentions du général Richepance — du côté des insurgés guadeloupéens, et, tout en essayant de modérer des excès inévitables dans leur résistance, s'était un moment retranché dans le fort Saint-Charles. Puis, sur le point d'être cerné, il se replia sur Matouba, au lieu-dit l'« Habitation Anglemont ». Il fit libérer, dit le mémorialiste Lacour, six prisonniers blancs qu'il détenait encore, et se fit sauter avec son aide de camp, Claude. Sa tombe est là. Je l'ai visitée.

Ces trois figures me resteront proches, même si je n'écris jamais rien sur la Guadeloupe.

C'était la fin de la révolte dans son ensemble. C'était le retour à l'esclavage qui ne devait être définitivement aboli qu'en 1848.

J'ai simplifié ; j'ai à peine esquissé quelques lignes de cette histoire sanglante et navrante.

De l'autre côté de l'eau, Marceline joue avec les jeunes créoles de Saint-Barthélemy, Catherine, sombre et muette... au refrain. Que savent-elles des massacres qui s'accomplissent ? Pendant toutes les guerres, les atrocités, les génocides, il y a un vieillard assis au soleil qui regarde ses mains, une jeune fille qui écrit dans une chambre haute, un arbre qui bruit en changeant lentement de couleur. On peut choisir de ne voir que cela.

La chère Simone a exprimé cela à sa façon, toujours un peu morale, en décrivant des lumières sur le port de Lisbonne. A-t-on le droit de les trouver jolies quand beaucoup de Portugais crèvent de faim ? Sujet à option pour le bac. Mais, droit ou pas, elles sont là, les petites lumières, et les jeunes filles, créoles ou pas, qui chantent, « et celle-là, tu la connais ? », et qui même écrivent. Des femmes qui souffrent, aussi, de tout autre chose que du malheur humain, de l'injustice humaine, qui ne souffrent que par, que pour, un seul homme, et si cette souffrance est une, est, dans son essence, la même, ce sera à la fille, non à la mère, de le découvrir.

En attendant, une rumeur, tout de même, doit leur parvenir de ce qui se passe à Pointe-à-Pitre. Le commandant du *Mars* toujours immobilisé a bien dû, au moins à la mère, expliquer les raisons de cette interminable attente. N'inquiètent-elles pas Catherine ? Sait-elle que, pour ajouter aux malheurs de l'île en forme de papillon, une épidémie de fièvre jaune s'est déclarée (celle dont le général Richepance sera victime) ? Et si elle a entendu ne fussent que des rumeurs de guerre et d'épidémie, comprend-on que, fin mai déjà, dès que le blocus de Pointe-à-Pitre est levé, elles se réembarquent ? Peut-être est-elle devenue folle, égarée du moins, Catherine-la-

Fileuse qui repart ainsi avec l'enfant de quinze ans dont elle a la charge ?

Je n'aurai pas ma note de douceur, mon *Paul et Virginie* à moi. Les jours de Saint-Barthélemy sont les derniers de l'adolescence, bien courte, de Marceline.

Au lieu de m'étendre sur ces jours où l'on pourrait encore l'entendre rire, je relirai *Les Veillées des Antilles*, petit recueil de nouvelles qu'elle rédigea bien des années après, d'une simplicité gracieuse qui fait passer sur l'indigence des intrigues ; il vaut que l'on s'y attarde. C'est un paysage, une comptine qu'elle rapporte ou qu'elle invente. Parfois, au détour d'une phrase, sans qu'aucun jugement s'y attache en apparence, la réalité de l'esclavage apparaît dans cette île restée paisible. À une vieille Noire qui chante, la jeune fille fait remarquer la mélancolie de ces chants traditionnels : « Les vieux esclaves ne chantent pas d'une voix gaie », dit la vieille femme. Elle mentionne comme en passant les enlèvements d'enfants noirs qui porteront dorénavant l'« affreux nom d'esclave ». Et le personnage du noir Arsène, le seul auquel elle donne un peu d'ampleur dans la nouvelle *Sarah*, est bien loin d'apparaître comme un Oncle Tom. On a beau le maltraiter, le frapper cruellement, il va répétant toujours : « Je suis libre, je suis libre. »

Marceline a-t-elle assisté aux exactions de La Crosse ? Quelque part elle dit avoir vu un Noir « dans une cage de fer ». Mais sans doute n'a-t-elle pas le temps de s'informer, de regarder autour d'elle. « ... Ma mère trouva sa cousine veuve, chassée par les nègres de son habitation, la colonie révoltée, la fièvre jaune dans toute son horreur... Ma mère ne para pas ce coup. Son réveil, ce fut de mourir à quarante et un ans. On m'emmena en deuil hors de cette île dépeuplée en partie par la mort et, de vaisseau en vaisseau, je fus rapportée au milieu de ma famille désolée... »

Tout ce qui touche à Marceline prend facilement figure de signe, de prémonition. Après le bref et tragique « N'embarque pas », sorte de devise de l'amour

47

malheureux, la notation, d'ailleurs exacte, « de vaisseau en vaisseau » semble un présage de ce que va être cette vie encore à son aurore.

Mais a-t-on le droit d'interpréter, de donner à un être qui a vécu, pensé à sa façon, des sentiments qui n'ont pas été les siens ? Si dans les poèmes, les lettres, les proses de Marceline, on peut trouver mille indications sur ce qu'a été sa vie de comédienne, d'amante, d'épouse, de mère, il y a des silences : ces moments-là, où elle a suivi sa mère, ce qu'elle a pu percevoir de son amour déçu, de sa tristesse, ici, à Saint-Barthélemy, qui l'a rendue sourde et aveugle aux risques encourus, qui l'a fait se précipiter vers la mort — peut-être à moitié inconsciente seulement —, vers cette île ravagée par la guerre et la maladie, vers cette oasis illusoire d'une parente qui peut-être avait quitté la Guadeloupe depuis des mois (certains indices permettent au moins de le supposer), ou qui même n'avait jamais existé, figure emblématique d'un asile, d'une justice rendue, que Catherine ne devait trouver qu'au-delà de cette vie. Là-dessus Marceline se tait. Et sur cette découverte que je suis sûre de ne pas imaginer : qu'elle ne suffit pas à consoler sa mère, à lui donner une raison de vivre. Qu'elle-même n'est pas aimée autant qu'elle aime, par cette mère qui n'a pas été aimée autant qu'elle aimait. Ici je m'arrête. Je sais que je ne me trompe pas.

## L'Escaut

Au bord de l'Escaut, promenade traditionnelle des Anversois le dimanche. Il y a là une esplanade surélevée d'où l'on domine les bateaux et, au bout, un pavillon où l'on va prendre l'apéritif et manger des gaufres. J'y ai mangé des glaces, aussi.

Je suis encore une enfant, mais est-ce avant, est-ce

pendant la guerre — ma chronologie est toujours incertaine —, mais je suis une enfant puisque je ne vois pas par-dessus la balustrade qui borde l'eau, mais entre les barreaux de pierre.

Mon père, enfant, regardait aussi l'Escaut gris et jaune à travers les mêmes barreaux et, un jour, s'y coinça la tête, thème d'un récit dramatique sans cesse repris par ma grand-mère.

J'étais donc une enfant et ce n'était pas dimanche, car l'esplanade et les quais étaient déserts. Ma mère me tenait par la main, et elle pleurait. Ma mère était très jolie, d'une beauté fragile, mince et menue, toujours maîtresse d'elle-même (de cette maîtrise est peut-être née la légende de « La soupe va être froide, Jean »), toujours soucieuse d'élégance comme d'une discipline : la coquetterie n'était pas chez elle une faiblesse. La volonté plutôt de ne pas donner prise à la critique. Du reste, je croyais, à l'époque, qu'elle n'avait pas de faiblesses. Je ne l'avais jamais vue pleurant.

J'étais trop jeune pour qu'elle me parlât de ses soucis de femme. Et pourtant on sait, on sent : je sus qu'elle pleurait d'amour. De quel amour, je n'en sais rien. Mais la nature de son chagrin ne m'échappait pas. Qu'elle fût venue pleurer loin de sa maison, dans cet endroit désert, me désolait. Et plus encore, bien qu'elle tînt ma main très serrée dans la sienne, le sentiment de lui être d'un bien piètre réconfort. Je ne me croyais ni mal-aimée, ni malheureuse, encore moins maltraitée, mais *accessoire*. Nullement nécessaire. L'essentiel, dans la vie de ma mère, n'était évidemment pas d'être ma mère. Je la vis, de ce jour, comme une personne. Une invisible paire de ciseaux avait découpé en silhouettes séparées l'image de l'enfant-et-sa-mère, à laquelle j'avais voué ma dévotion.

L'amour, la trahison, l'inconscience, la mort enfin, plus ou moins cherchée (et cette mort, ou ce risque de mort, assumé pour elle et pour sa fille), font de Catherine l'ombre de Marceline. L'idée qu'on se fait d'elle est celle du poète de l'amour trahi, malheureux, mal-aimé. Mais le premier abandon, ne l'a-t-elle pas connu tout enfant, quand la faiblesse du père, le départ de la mère, et finalement sa mort, la laissent dans l'île lointaine, seule, pauvre, démunie comme l'orpheline d'un mélodrame ?

> *Vous aviez mon cœur*
> *Moi j'avais le vôtre*
> *Un cœur pour un cœur*
> *Bonheur pour bonheur !*
>
> *Le vôtre est rendu*
> *Je n'en ai plus d'autre*
> *Le vôtre est rendu*
> *Le mien est perdu*
>
> *La feuille et la fleur*
> *Et le fruit lui-même*
> *La feuille et la fleur*
> *L'encens, la couleur*
>
> *Qu'en avez-vous fait*
> *Mon maître suprême*
> *Qu'en avez-vous fait*
> *De ce doux bienfait ?*
>
> *Comme un pauvre enfant*
> *Quitté par sa mère*
> *Comme un pauvre enfant*
> *Que rien ne défend*

*Vous me laissez là*
*Dans ma vie amère*
*Vous me laissez là*
*Et Dieu voit cela !*

L'origine d'un tel poème, bien postérieur, n'a rien de mystérieux. Sans doute s'applique-t-il à d'autres moments, à d'autres amours. Mais la tonalité de cette chanson triste est déjà dans le cœur, sinon sous la plume de Marceline. « Vous me laissez là... » Abandon de Saintenoy, délaissement moral de Catherine ; dès ses quinze ans, Marceline sait ce que c'est que souffrir.

Mais dès ce moment-là aussi, et tout de suite mise à l'épreuve, à travers l'image d'Épinal — la « douce Marceline » qui a trouvé grâce auprès de tant de misogynes —, perce la femme forte, tendre sans doute mais rien moins que résignée. Quand elle retrouvera — après quelles péripéties — sa famille, elle n'y trouvera ni abri ni soutien. Toujours plus démunie, la famille Desbordes. Le frère aîné de Marceline, Félix, est toujours dans l'armée, où il s'était engagé pour remplacer, contre une modeste somme, un conscrit plus argenté ; sa sœur Cécile vient de mettre au monde un enfant naturel. La famille a émigré à Lille, au bord de la misère. Bientôt c'est à Marceline que l'on va paradoxalement faire appel. C'est elle qui va chercher des expédients, soutenir, parfois même matériellement, cette famille en perdition, et elle va le faire toute sa vie.

Seize ans ! Je trouve cette jeune fille si supérieure à ce que j'étais à son âge. Tellement plus *achevée*.

À cet âge-là, Aurore, déchirée entre sa mère, plébéienne passionnée, et sa grand-mère à la noble ascendance, souffrait comme une enfant. Colette était toute proche encore du giron de Sido. Virginia était entourée de sa tumultueuse et nombreuse famille comme d'une haie d'épineux. Aucune n'est femme, et l'on voit la sérieuse Simone de Beauvoir rêver encore d'un mariage

51

avec son cousin Jacques, souffrir de l'incompréhension de sa mère et s'ennuyer à des goûters de pensionnaires.

Ah oui ! Marceline, tellement aboutie déjà, prenant l'adversité à bras-le-corps, dominant sa peine, se mesurant avec les difficultés les plus quotidiennes, les plus rebutantes, m'est plus qu'un modèle : une admirable énigme. Car, à cet âge-là, sans doute, j'écrivais ; je n'étais pas sans avoir reçu déjà quelques blessures, perçu quelques ambiguïtés ; mais paradoxalement c'est l'écriture, en me protégeant, qui préserva en moi une part d'enfance qui devait durer longtemps. Marceline en 1803, en 1804, n'écrit pas, mais elle a déjà une expérience de la vie qui me manque — non tant à cause des événements, mais à cause de ce rôle que j'ai assigné tout de suite, instinctivement, à l'acte d'écrire : un bouclier.

« La littérature, disait Flaubert *, le meilleur moyen d'escamoter une existence. »

Oui, ce peut être cela, l'écriture. Cela aussi. Mais jamais cela seulement. Si peu que la porte batte, on aperçoit un bout de rue, de jardin. Le moment va venir de sortir, de rentrer. Brutale et indéchiffrable, ce qu'on appelle, improprement, la « vraie vie » est là. Ou alors c'est ce qu'on nomme « devenir adulte ». Ces prédicateurs-là referment la porte. Peur des courants d'air. L'enfance est pleine de courants d'air, de contradictions qui se complètent. De signes, de codes, d'un langage secret et primitif dont beaucoup perdent la clé. Le sang y est joyau, la blessure présage. Inguérissable comme celle d'un chevalier de la Table ronde, elle s'inscrit dans la légende qui se fait, chaque jour, au moyen d'une plume d'oiseau, d'un chat-fantôme, d'un tesson de verre emprisonnant un soleil.

Au-delà — en deçà —, le kaléidoscope de ce qu'on appellera la vraie vie (dès qu'on aura été par elle corrompu) propose une avalanche de situations, de visages, de phrases accumulées comme des cailloux, de bon-

---

* Cité par Bernard-Henri Lévy.

heurs même aussi dépourvus de sens que les coups de couteau d'un inconnu qui vous agresserait le soir, par plaisir, par erreur.

Cette incohérence souvent banale, cet égarement placide qui les fait avancer, les autres (ces gens, vous savez, qui font peur et qu'on ne comprend pas, qui avancent toujours sans qu'on puisse les détourner de l'avenue toute droite Général-de-Gaulle ou Maréchal-Joffre, les équivalents existent partout, au bout de laquelle, tout de même, il y a la mort — une mort, on ne sait pas laquelle, et pour certains c'est la seule énigme peut-être négligeable), cette incohérence il faudra bien en franchir le seuil, s'immerger dans le courant, attraper quelques petits poissons (pour les enfants ?), revenir, ressortir pour leur donner un nom, et chaque aller-retour est un combat (quelle est ta vraie patrie, l'autre, bien sûr, l'autre), et ce combat dure parfois toute la vie. Guerre civile.

Peut-être, cette guerre, si on la menait courageusement (mais ai-je eu ce courage-là ?) nous amènerait-elle insensiblement à notre propre modeste définition de l'écriture ?

À quinze ans, seize ans, j'eus un amant qui avait été, quelque temps auparavant, l'aimé de ma mère. Défi ? Hommage ? Il y avait une part d'amour, aussi, dans ce qui devint avec le temps une liaison. On aime souvent une arme, un couteau.

J'écris des poèmes, à la main ou à la machine, dans ma chambre-grenier, les yeux errant sur l'immense montgolfière du tilleul. Je n'écris pas de poèmes d'amour. Mes parents, « fiers de moi », me présentent à un éditeur. Mes poèmes sont publiés avec une préface de Lise Deharme, célébrité du temps. J'en ressens un immense soulagement. Écrire, publier : il n'y a plus place pour ces pénibles choix de l'adolescence. J'ai le sentiment que la porte s'est refermée, pour longtemps. Me voilà à l'abri. Du moins je le crois.

À quinze ans, seize ans, revenant de la Guadeloupe, Marceline prend la vie de front. Pas d'échappatoires.

Qu'après son deuil, le pénible trajet sur un vaisseau dont le capitaine la persécute par ses brutales assiduités (et auquel elle n'échappera qu'en lui abandonnant sa malle), le choc du retour, cette famille qui sombre et qu'elle va s'efforcer de faire surnager, elle puisse, pendant les années à venir, ayant repris le seul métier qu'elle ait appris, de troupe en troupe, de ville en ville, de salle en salle (de vaisseau en vaisseau), jouer le drame et la comédie, chanter, interprétant les rôles les plus divers, et même y remporter des succès, m'emplit d'admiratif effroi.

Cette sensitive est un caractère fort. Comme elle est de passage au théâtre de la Monnaie à Bruxelles, un témoin lui rend même cet hommage, un peu différent de l'image qu'on pourrait se faire d'une jeune fille déjà si éprouvée : « La gaîté n'était pas moins dans son élément que la tristesse ou la mélancolie. Légère et sémillante, elle animait la scène par sa vivacité malicieuse. » Cela surprend ? Elle ne cesse de surprendre. Elle nourrit à ce moment-là l'espoir d'entrer à l'Opéra-Comique malgré le peu de force de sa voix. Peut-être compte-t-elle un peu sur l'appui du musicien Grétry (l'auteur de *Richard Cœur de Lion*) qui lui écrit à cette époque : « Je vous aime et vous respecte comme un ange. »

Car tout de suite elle est aimée. Et dans un milieu où les rivalités sont parfois cruelles, elle se fait des amis, des amies. Elle en aura toujours, parce que, déjà impulsive, chaleureuse, généreuse, elle donne autant et plus qu'elle ne reçoit. Elle apprend, pour augmenter ses chances de réussite, la guitare et la harpe. Éloignée de sa famille, elle leur écrit, réconforte son frère, envoie à son père de petites sommes d'argent, rend visite à son oncle Constant Desbordes qui habite Paris (l'oncle Constant, l'élève de Girodet, caractère bougon et tendre qu'elle dépeindra si bien, plus tard, dans *L'Atelier d'un peintre*), bref, elle

54

n'arrête pas de travailler, de secourir, d'aimer, de s'exposer. Le temps passe, les difficultés lui tiennent lieu d'aventures. « De vaisseau en vaisseau », en 1806 elle a vingt ans.

Vingt ans, et comédienne. Du talent, du charme, des succès. Ni génie, ni triomphe. De quoi faire une carrière honorable. Mais ce n'est pas là l'ambition de Marceline. Quelles ont pu être ses réactions lorsque, tout enfant, elle fut engagée dans cette voie par sa mère ? Sans doute elle avait été élevée dans des conditions telles que la nécessité lui paraissait être sa justification. Mais quand elle se mettra à écrire, aux approches de la trentaine, elle ne cachera pas les humiliations qu'elle endure dans un métier déconsidéré. C'est à son amie Délie, ou Délia, comédienne elle-même, mais d'une grande beauté et d'une bonne famille ruinée, qu'elle adressera ces vers parmi les premiers, où elle ne cache pas sa répulsion pour la situation qui lui est faite :

> *Ô des erreurs du monde inexplicable exemple*
> *Charmante Muse ! Objet de mépris et d'amour*
> *Le soir on vous honore au temple*
> *Et l'on vous dédaigne au grand jour...*
>
> *Je n'ai pu supporter ce bizarre mélange*
> *De triomphe et d'obscurité*
> *Où l'orgueil insultant nous punit et se venge*
> *D'un éclair de célébrité*
>
> *Trop sensible au mépris, de gloire peu jalouse*
> *Blessée au cœur d'un trait dont je ne puis guérir*
> *Sans prétendre au doux nom et de mère et d'épouse*
> *Il me faut donc mourir...*

Ces vers seront écrits après les premières expériences sentimentales de la jeune femme. Mais il paraît évident que, n'aspirant pas à des succès plus brillants que ceux qu'elle a déjà remportés, Marceline déplore déjà, à vingt ans, que cette profession de comédienne soit trop souvent confondue avec celle de courtisane plus ou moins avouée.

Et elle est toute jeune, et elle voudrait aimer. Mais sans être ligotée par le « froid préjugé ». Elle ne voudrait aimer qu'un homme qu'elle estime, et qui sait si, en se faisant connaître et apprécier, le mariage malgré tout ne suivra pas ?

Elle est à l'Opéra-Comique pour la durée d'un contrat — et en butte à toutes sortes d'intrigues malveillantes malgré les jolis succès qu'elle remporte chaque fois qu'on lui en donne l'occasion — quand elle retrouve, avec un infini soulagement, un ami d'enfance : Louis Lacour. L'émotion des retrouvailles fait son œuvre. Pour Marceline c'est un tel titre à son affection qu'un rappel, même lointain, de Douai, de sa chère famille, des souvenirs que dore l'éloignement !

La force de ce lien qui englobe toutes les émotions de l'enfance perdue est décrite avec beaucoup de délicatesse par Simone de Beauvoir dans ses *Mémoires*, quand elle évoque l'attachement qui si longtemps persista en elle pour son cousin Jacques. Parfois elle rêve de l'épouser, parfois elle y renonce. Mais ce n'est que lorsqu'elle abandonne cet espoir qu'elle peut se détacher du cocon familial, et envisager son avenir en être autonome, adulte.

Ce rêve d'un mariage qui prolonge les souvenirs plutôt qu'il n'amène une nouvelle vie, Marceline va le faire avec Louis Lacour. Négociant, un peu plus âgé qu'elle, il venait de connaître des revers de fortune qui n'en faisaient certes pas un riche parti. Jamais l'intérêt ne guida Marceline dans ses amours — on n'ose dire : hélas ! —, mais le besoin de confiance et d'affection auquel on peut supposer que se joignait aussi le besoin d'un peu d'ordre et de régularité (si absente dans cette famille). Enfin, le besoin d'aimer plus peut-être que l'Amour, le caractère déterminé et apparemment solide de Lacour firent le reste. Elle se donna, elle fut enceinte. Il la quitta pour refaire, disait-il, sa fortune ébranlée. Il traversa le Tyrol, gagna Naples où il lui fallut rester pour conquérir un emploi sûr, et dans ces tribulations, ces espoirs, mettant tout en œuvre pour réussir, il oublia Marceline. Il ignorait son état, qui l'avait obligée à quitter momentanément la scène. Quand elle accoucha à Rouen, chez sa sœur Cécile, d'une petite Louisa-Marceline qui mourut à trois semaines, elle n'avait plus de nouvelles de Lacour et — ne sachant où le joindre — n'avait pu lui en donner.

« À vingt ans, des peines profondes m'obligèrent à renoncer au chant, parce que ma voix me faisait pleurer », devait confier plus tard Marceline à Sainte-Beuve. Sans doute cet amour sincère n'était pas très différent d'une erreur de jeunesse. Mais la confiance trahie ? Mais ses premières illusions dissipées ? Et la mort de cette petite fille — le premier enfant que Marceline devait perdre, mais, malheureusement, pas le dernier...

Comment, abandonnée, n'eût-elle pas évoqué les douleurs de sa mère devant la défection de Saintenoy, « N'embarque pas » ? Comment, au chagrin de voir disparaître une fillette de quelques semaines, ne s'ajouterait-il pas pour elle celui que lui inspire le sort de ses deux sœurs ? Cécile, qui vivait depuis beau temps déjà avec un homme marié, avait, la même année, mis au monde une petite fille morte à douze jours, et Eugénie s'était trouvée mère d'un garçon, également illégitime, qui n'avait vécu que cinq jours.

À ces chagrins pouvait s'ajouter celui de voir sa famille sombrer dans un désordre qui était davantage celui de la misère que celui de la débauche. Et voilà que, par excès de confiance, elle-même contribuait à ce désordre, désordre explicable, excusable, mais qui, aux yeux de la société de la ville, de l'époque, devait les déclasser définitivement. Cécile n'avait-elle pas été arrêtée, brièvement il est vrai, pour avoir vécu ouvertement avec cet homme marié, César Bigo, dont elle avait eu déjà deux enfants (dont la petite fille morte si prématurément) et dont elle devait encore en avoir plusieurs avant d'être par lui abandonnée.

Abandonnée... Délaissée... C'est un leitmotiv, déjà, pour Marceline qui souffre des égarements de ses sœurs auxquels sa propre liaison avec Lacour a ajouté comme un poids de fatalité. Car c'est cette même année 1806 que les trois sœurs avaient accouché chacune d'un enfant naturel, et toutes les trois l'avaient perdu. Ce n'est que le début des deuils de Marceline.

Sur cette petite fille si tôt perdue, elle n'a rien écrit — est-ce pour cela que bien des biographes la passent sous silence ? Du reste, à cette époque encore, elle écrit peu. On a peu de lettres, quelques romances. On la devine triste mais vaillante. L'abandon de Lacour n'est pas entièrement volontaire. Il a ignoré la grossesse de Marceline, il a été absorbé par ses soucis de carrière. Peut-être aussi n'a-t-il pas pris très au sérieux l'amour de cette toute jeune comédienne ? On ne peut pas dire que ce délaissement soit la cause de la mélancolie des premiers vers de Marceline, il la confirme dans une expérience du malheur qui est déjà la sienne.

*Fragment de moi*

Mon ami voulut m'épouser. Mon père y aurait consenti si ma mère ne s'y était opposée. Était-ce une jalousie à retardement, sa vie sentimentale ayant suivi son cours ? Était-ce une jalousie maternelle, la fureur de se voir bravée, un attachement possessif à l'enfant qu'on lui « arrachait » ? Elle obtint de mon père un refus, et un ordre d'exil semblable à ceux que l'on voit dans les tragédies.

Sur un cargo dans lequel mon père avait des intérêts, on me déporta, sous la surveillance de ma mère, aux

Amériques, comme Manon Lescaut. Je pleurai beaucoup, et j'eus le mal de mer. Je me demandais sérieusement si j'aimais Louis, si je l'avais aimé, si j'allais continuer à l'aimer. Je suppose aujourd'hui que oui, comme on peut aimer à dix-sept ans car, tant qu'il vécut et à travers cent péripéties, nous restâmes amis.

Ma mère m'acheta à New York des robes « pour me consoler ».

On a besoin d'aimer, à dix-sept ans, comme on a de l'appétit. Ma mère repartie, me laissant dans une université américaine très sympathique qui me fit horreur (on y mangeait de la salade d'orange avec de la mayonnaise, et les élèves, couronnées de fleurs, faisaient certains soirs des rondes au clair de lune), j'écrivis beaucoup à l'ami lointain et je commençai un roman.

Ce n'était pas un roman d'amour et je n'y parlais pas de Louis. C'était la suite de la légende, la réapparition, sous un aspect plus séduisant, de « Grand-Mère Choléra », cette chimère de femme séduisante, un peu cruelle, un peu fée, en laquelle je métamorphosais ma mère, personnage central de la légende qui se poursuivait.

Un jeune professeur de français me fit la cour. Je lui proposai de m'épouser afin d'acquérir tout de suite ce statut de majeure qui me paraissait si lointain. Il y consentit, puis, très vite, s'attacha à moi, voulut un vrai mariage. Je fus réticente ; il me fit un enfant. Soit. J'aimais, ou croyais aimer, toujours Louis, mais qu'est-ce que cela signifie, un enfant, à dix-sept ans ? Je ne m'en désolai pas outre mesure. Je me dis que cela *modifiait la donne.*

Je plaide coupable pour tant d'inconscience, et j'appelle Marceline comme témoin à décharge. Malgré deuil et pressentiment, malgré le triste exemple de ses sœurs, le souvenir toujours douloureux de sa mère, Marceline aima de nouveau. Hélas ! ce nouvel amour fut malheureux, lui aussi. Peut-être même plus, car il s'y trouvait moins de juvénile entraînement, plus de tendresse et d'estime réciproques — et cette nouvelle déception vient comme signifier à Marceline une fatalité qui ne la quittera plus.

Ici, un peu d'histoire, comme on dit dans les guides : cet amour, plusieurs de ses biographes ont voulu l'ignorer, ou le travestir.

Lucien Descaves *, pour les erreurs duquel je ne puis me défendre d'avoir de l'indulgence — il lui sera beaucoup pardonné parce qu'il a beaucoup aimé Marceline —, passant résolument sous silence Louis Lacour, la naissance et la mort de la petite Louisa-Marceline (on aura remarqué le prénom, tendre nostalgie), adopte résolument l'improbable hypothèse d'une liaison, dès 1809, de Marceline avec celui qui sera le grand amour de sa vie : Hyacinthe Henri Thabaud de Latouche, critique, écrivain, mauvais poète, bon pamphlétaire, berrichon mais aussi parisien, ô combien, qui, à partir d'une date qu'il faudra tenter de fixer, fut le thème, l'objet, le rêve de l'amour impossible de Marceline.

Frédéric Ségu, biographe minutieux d'Henri de Latouche, situe lui aussi vers cette année 1809 une liaison qui se serait interrompue pendant le séjour (près de trois ans) de Latouche en Italie, pour reprendre ensuite.

Francis Ambrière a fait justice de ces suppositions aussi touchantes qu'improbables. Touchantes, parce qu'elles sont dictées par une vénération qu'inspire tout naturellement Marceline : s'il faut qu'elle ait eu un amant, au moins qu'elle n'en ait eu qu'un ! Son éternel regret, sa mélodieuse lamentation qui durera toute une vie, servent en quelque sorte d'excuse à sa « faute ». Ils parlent aussi de « coupable amour », ce qui ne peut se justifier — un peu — qu'une fois Marceline mariée. Mais avant, mais là, dans ces entraînements qui — au rebours de tant de comédiennes, déjà discréditées de toute façon, qui cher-

---

* *La Vie douloureuse de Marceline Desbordes-Valmore*, Éditions d'Art et de Littérature.

chent l'amant fortuné ou influent —, ne sont qu'élan, qu'attrait physique et sentimental — les deux liés toujours pour ce « cœur ardent » de Marceline —, peut-on vraiment les trouver répréhensibles ?

Avec moins d'illusions (et souvent moins d'indulgence), Francis Ambrière a mis les choses au point ; celui que Marceline rencontre en 1809 se nomme Eugène Debonne. Qu'est-ce qui motive alors dans ces biographes consciencieux une telle illusion ?

Critiques et biographes ont voulu voir, non tout à fait injustement, un « portrait de femme » totalement autobiographique dans les poèmes, postérieurs à ses toutes jeunes années, de l'amante désolée des *Pleurs* et des *Élégies*. Cette recherche d'indices ne va pas sans partialité. « Peut-on aimer plusieurs fois ? » semblent se dire ces dignes exégètes. Une femme comme Marceline ! Nous la voyons, Marceline, au moment de la rencontre avec Debonne, désemparée par l'oubli de Lacour, plus atteinte qu'elle ne le laisse paraître par l'« inconduite » de ses sœurs, par ce naufrage des Desbordes qu'elle a essayé de pallier, et qui s'aggrave de sa propre aventure, en apparence si semblable. Et non si différente, d'ailleurs, car ni Cécile ni Eugénie n'ont mis dans leurs erreurs la moindre trace d'intérêt sordide, ni même de souci raisonnable d'arranger leur vie. Ce souci doit, un moment, traverser Marceline. D'où cette seconde rencontre.

Elle n'a jamais vraiment aimé le métier de comédienne. Beaucoup plus tard, quand Prosper Valmore en assumera tout seul les travaux et les soucis, elle soupirera d'aise, malgré la gêne pécuniaire, d'en être délivrée. Elle n'y a pourtant pas échoué, comme certains le diront. Il n'est que de lire les critiques de l'époque pour s'apercevoir que ce charme indéfinissable qui est le sien s'exerce aussi sur scène. « Toutes les grâces de Mesdames Gavaudan et Moreau ne pourront nous faire oublier l'excellente diction, la bonne tenue, la douce sensibilité de Mademoiselle Desbordes, et que, si le public était consulté, cette actrice ne partirait pas », écrit *Le Journal de Paris*, quand elle quitte l'Opéra-Comique. Et *Le Journal de Rouen* : « C'est à regret que nous lui avions vu abandonner une carrière qui lui offrait chaque jour des succès nouveaux... » Les éloges se recoupent : on loue son « charme naïf », son « naturel », sa « figure naïve, spirituelle et pleine de sensibilité ». Ces qualités souvent reconnues, applaudies, suffisent, nous l'avons dit, pour faire une carrière honorable ; Marceline n'est pas la pauvre Juliette Drouet. Mais ce talent réel n'a pas non plus l'éclat du génie qui, chez Marceline, est ailleurs. Peut-être le sent-elle, peut-être les intrigues incessantes, les rivalités, les mesquineries dont elle est l'objet — et ce depuis son plus jeune âge — l'ont-elles écœurée.

L'idée se présente spontanément à l'esprit d'une jeune femme du début du XIX$^e$ siècle : un mariage qui la délivrerait ou du moins la soutiendrait dans cette épreuve perpétuelle. Il me semble évident qu'elle songea sérieusement à épouser Eugène Debonne, et même qu'elle crut à ce mariage. Et non seulement Marceline, mais son oncle Constant, Grétry son protecteur, qui allèrent jusqu'à l'encourager à avoir d'Eugène — qui avait alors quarante-quatre ans — un enfant. Pensaient-ils la consoler de la perte si rapide de la petite Louisa ? Consolider ainsi les liens qui l'unissaient à Eugène dont le frère aîné, Jacques, détenteur du pouvoir de la famille et qui avait prospéré dans le commerce du drap, s'opposait au mariage du cadet, comme il s'était opposé au mariage de son frère Charles avec une jeune divorcée ? Charles Debonne, cependant, avait choisi la révolte. Il épousa la femme aimée et s'expatria. Eugène en ferait-il autant ? L'oncle Constant l'a cru, les amis l'ont cru, Marceline l'a cru, confiante dans le bon naturel de cet homme beaucoup plus âgé qu'elle, et aveugle sur sa faiblesse comme elle l'avait été sur les faiblesses de son père qu'elle aima toujours si tendrement.

Francis Ambrière donne comme preuve de cette confiance l'absence de la scène de Marceline pendant les années qui vont de 1809 à 1813. « Depuis son retour des Antilles, en quelque circonstance que ce fût, elle avait toujours vécu de son seul travail et ne comptait que sur elle-même. En rompant avec le théâtre de la Monnaie... elle qui n'était, tant s'en faut, ni passive ni vénale, elle acceptait donc délibérément la perspective de vivre des subsides d'Eugène Debonne. Cette détermination qu'elle avait prise après un an de réflexion, témoigne de la confiance absolue qu'elle plaçait en son ami, et du crédit qu'elle accordait aux promesses qu'il lui avait faites. »

On mesure la portée, l'étendue de cette confiance, quand on a soi-même « vécu de son travail ». Y renoncer (sans même faire la part du plaisir qu'on y prend), renoncer à cette autonomie, c'est, en effet, une preuve. Marceline était lasse, elle venait de voir se marier sa sœur, la « volage Eugénie », et Cécile ne désespérait pas, après avoir mis au monde un enfant de plus, de finir par épouser son amant de longue date, César Bigo. Est-il surprenant alors que Marceline finît par accepter l'idée qu'une régularisation suivrait la naissance d'un enfant, usage aujourd'hui devenu fort commun, mais qui n'était alors plus ou moins admis que dans une classe sociale déjà sous-estimée ?

Marie-Eugène naît le 3 juillet 1810.


### Un seul amant


Ici on se heurte à un problème — qui n'est pas seulement celui de la paternité de Debonne, mais commençons par là. Elle a été niée par les uns, passée sous silence par les autres, pour ne pas parler du premier enfant de Marceline, cette petite Louisa si vite disparue. Que ce soit Marc Bertrand, l'auteur de la belle édition de 1973, avec prudence certes, que ce soit Émile Henriot dans un article sur Latouche, qui date il est vrai de 1931, Ségu dans sa thèse monumentale sur Latouche, elle aussi en date de 1931, et tant d'autres, mais nul avec autant de passion que Lucien Descaves dans sa *Vie douloureuse de Marceline Desbordes-Valmore*, tous ont tenu pour acquis que Latouche avait été dès 1809 l'amant de Marceline et le père du petit Marie-Eugène. Sainte-Beuve lui-même le donne à entendre ; discrètement, car il écrivait du vivant du fils et du mari de Marceline. Et pourtant, comme l'écrit sévèrement Francis Ambrière, pour tirer la chose au clair « il suffisait de chercher... Après cent ans bientôt de supputations fallacieuses et d'hypothèses controversées, tout le monde aujourd'hui est à peu près convenu que cet amant s'appelait Latouche. Il faut oser l'écrire : tout le monde se trompe. Ce n'est pas faute de triturer ingénieusement les vers de Marceline pour leur faire exprimer ce qu'ils ne contiennent pas. Ce n'est pas faute de prétendre à lier ensemble des éléments inconciliables. C'est faute d'information sérieuse ».

Je ne reprendrai pas ici la démonstration irréfutable de Francis Ambrière qui consacra tant d'années de sa vie à fouiller la vie des Valmore dans ses moindres détails, fouillant toutes les archives disponibles, voyageant, confrontant les documents, ne tenant pour acquis que ce qui lui était confirmé par des sources indiscutables, par des documents presque introuvables et qu'il trouva. On lira dans ses mille pages non seulement toutes les précisions utiles concernant la famille Valmore, mais encore force renseignements précieux sur l'époque. Le problème de la naissance de Marie-Eugène se trouve ainsi résolu.

Ce qui ne l'est pas, ce sont les raisons d'une erreur aussi répandue. Devant un tel aveuglement d'hommes érudits et habitués à la recherche, on se dit qu'il y a d'autres raisons que la négligence pure et simple. En comparant Marceline à Héloïse, à la Religieuse portugaise, à Julie de Lespinasse, Lucien Descaves se dévoilait ingénument (qui l'eût cru ingénu ? Mon prédécesseur à l'Académie Goncourt !) et montrait bien ce qu'il souhaitait faire : le portrait d'une sorte de sainte de l'amour, rachetée par ses souffrances, vouée à un seul homme comme le fut Juliette Drouet, et cet homme même, dont il fait un portrait affadi, être plutôt un prétexte pour cette « sainte de l'abîme » — plus sainte à ses yeux d'avoir brûlé, en somme, dans le vide. Il est émouvant de savoir qu'après des années, étant tombé par hasard sur une lettre de Latouche prouvant qu'il se croyait — à tort ou à raison — le père d'Ondine, née en 1821, lettre que Frédéric Ségu, son biographe, avait publiée dans sa thèse, et publiée en fac-similé, il le traita d'abord d'imposteur, puis, convaincu, « tomba dans un grand désenchantement de Marceline ». Elle m'a trompé..., disait-il. On pourrait en rire, mais je n'en ris pas.

Si proche d'une sorte de perfection (d'une harmonie entre sa vie et son œuvre), il aurait fallu encore qu'elle se conformât à une image de la femme plus convention-nelle — or ce n'eût pas été Marceline, dont tout le comportement marque la différence essentielle entre une femme « libérée » et une femme libre.

Sur cette liberté, on peut aisément se tromper. Les misogynes s'y trompent et se réconcilient, tel Baudelaire, avec une certaine image de la femme qu'ils croient voir incarnée en elle. On m'excusera de citer un peu longue-ment *L'Art romantique* : « ...Si le cri, si le soupir naturel d'une âme d'élite, si les facultés soudaines, irréfléchies, si tout ce qui est gratuit et vient de Dieu, suffisent à faire le grand poète, Marceline Valmore est et sera toujours un grand poète. Il est vrai que si vous prenez le temps de remarquer tout ce qui lui manque de ce qui peut s'acquérir par le travail, sa grandeur se trouvera singuliè-rement diminuée ; mais au moment même où vous vous sentirez le plus impatienté et désolé par la négligence, par le chaos, par le trouble, que vous prenez, vous, homme réfléchi et responsable, pour un parti pris de paresse, une beauté soudaine, inattendue, non égalable, se dresse, et vous voilà enlevé irrésistiblement au fond du ciel poétique. Jamais aucun poète ne fut plus naturel ;

aucun ne fut jamais moins artificiel. Personne n'a pu imiter ce charme, parce qu'il est tout original et natif. »

Là où le misogyne montre le bout de l'oreille, c'est quand il déclare que « tout homme qui désirerait pour sa femme ou sa fille les dons et les honneurs de la Muse, il n'a pu les désirer d'une autre nature que ceux qui furent accordés à Mme Valmore ». C'est dire qu'une femme ne saurait ambitionner la gloire littéraire que par le truchement d'un père ou d'un mari (conception étonnamment bourgeoise, venant de Baudelaire), et que cette gloire, fût-elle acquise, est d'une autre nature que celle qu'un homme pourrait ambitionner.

Suit une critique des différents genres de femmes-auteurs ou de femmes-poètes où l'on croit comprendre que les pires sont celles qui défendent des idées, qu'elles soient philanthropes, républicaines ou saint-simoniennes. « Bien au contraire, Mme Desbordes-Valmore fut femme, fut toujours femme et ne fut absolument *que* femme ; mais elle fut à un degré extraordinaire l'expression poétique de toutes les beautés naturelles de la femme. » On appréciera le *que* (c'est moi qui le souligne).

Et Baudelaire d'énumérer ce qu'il considère comme les thèmes essentiels et presque les seuls de l'œuvre de Marceline : les « langueurs du désir dans la jeune fille, la tristesse de l'abandon, les chauds enthousiasmes de la charité maternelle ; son chant garde toujours l'accent délicieux de la femme ; pas d'emprunt, pas d'ornement factice, rien que l'éternel féminin comme dit le poète allemand ». Et comparant Marceline avec Victor Hugo quand ce dernier chante les beautés de la vie de famille, il trouve encore plus chaleureux les accents de Marceline, et « si je ne craignais pas qu'une comparaison trop animale fût prise pour un manque de respect envers cette adorable femme, je dirais que je trouve en elle la grâce, l'inquiétude, la souplesse et la violence de la femelle, chatte ou lionne, amoureuse de ses petits ».

Quel joli tableau ! Il n'est pas entièrement faux — mais ce qui est à demi vrai seulement, est-il encore vrai ?

Cette part de vérité se retrouve dans Barbey d'Aurevilly qui, après avoir trouvé le premier volume de poèmes de Marceline (celui de 1820) « inouï de niaiserie », finira par rendre les armes à cette femme imaginée — je ne dis pas imaginaire. Écoutez-le : « C'est la passion et la pudeur dans leurs luttes pâles ou rougissantes ; c'est la passion avec ses flammes, ses larmes, j'allais presque dire son innocence, tant ses regrets et ses repentirs sont amers ! la passion avec son cri surtout. C'est, quand elle est poète, la poésie du cri que Mme Desbordes-Valmore. Or, le Cri, c'est tout ce qu'il y a de plus intime, de plus saignant du coup, et de plus jaillissant des sources de l'âme... Les magnificences des poésies laborieuses finissent par pâlir et passer ; mais où le Cri a vibré une fois avec énergie, il vibre toujours, tant qu'il y a une âme dans ce monde pour lui faire écho. »

On n'est pas loin de la femelle (sans manque de respect...) de Baudelaire, pas loin non plus du refus de Descaves de voir en Marceline autre chose que l'amante d'un seul homme *. La *Maman* ou la *Putain* ? En faveur de cette « féminité » assumée, on lui pardonnera et d'écrire et d'aimer. Les imperfections, les négligences parfois de son style, voire de sa syntaxe, seront attribuées à son impulsivité, bien féminine encore, au « Cri » (sur lequel il faudra revenir, n'est-il pas aujourd'hui revenu à la mode, et sous une majorité de plumes féminines ?). C'est tout juste si on ne l'en félicite pas.

D'écrire et d'aimer, mais attention ! D'écrire cet amour, de le vivre délaissée, résignée, mélodieuse, pardonnant à l'infidèle et perpétuant le souvenir de cet amour — de cet amour unique. Car Debonne n'existe pas (sinon comme un brave homme, ami dévoué, qui « aurait donné son nom à l'enfant ») et Lacour encore moins. Nos biographes bien intentionnés perpétuent ce mythe de l'« honnête femme » du XIXᵉ siècle à laquelle,

---

* Il faudra attendre Aragon, Robert Sabatier et Pierre Cheymol pour que la personnalité de Marceline soit perçue dans sa totalité.

le mari ne comptant pas, un amant est permis, mais un seul. Et l'on s'efforcera de prouver que Marceline n'a pas transgressé cette règle d'or. Ne semble-t-il pas que, à travers le temps, elle se moque gentiment de cette image trop édifiante, au moyen de cette petite chanson qu'elle fredonnait volontiers, en petit comité, dans l'un ou l'autre salon, amusant ses amis :

> *Adèle je t'ai vue hier*
> *Tu avais ton chapeau aurore*
> *Avec ce hussard qui te perd*
> *Tu allais au bal de Flore.*
> *Ô Adèle, ô objet charmant*
> *Méfie-toi de ces bons apôtres*
> *Fille qui a eu un amant,*
> *Peut peu à peu en avoir d'autres !*

Cet enjouement, parfois cette malice, cette confiance encore dans la vie qui justement lui a permis, sans se dégrader, d'aimer plusieurs fois, largement, généreusement, c'est aussi Marceline. Et il n'est pas exclu que lorsqu'elle déclare :

> *Les femmes, je le sais, ne doivent pas écrire*
> *J'écris pourtant...,*

ce soit avec cette ironie sans méchanceté qui lui est propre.

Les femmes doivent-elles écrire ? Doivent-elles s'excuser, directement ou indirectement, d'écrire ? Il me semble que cette question se posait encore — se posait à moi — au moment où je publiais mon premier roman : les femmes ont-elles le droit d'écrire ? Certes. Et l'on était en 1949... Mais que l'œuvre d'une femme fût alors perçue différemment de celle d'un jeune homme paraît évident, est à la fois un handicap et un atout. Un atout à cause de la curiosité, parfois malicieuse, un peu scandalisée, qui s'y attache. Un handicap à cause de la facilité du

68

dénigrement, du jugement moral d'essence différente qui s'y attache.

Sans doute les débuts de Marceline remontent à la première moitié du XIXᵉ siècle, mais ses critiques, parfois proches encore, n'ont pas désarmé. Il fallait que ce grand poète fût, en tout, une sainte, une image magnifiée de la femme, un être sans chair, sans faiblesse et, pour tout dire, sans intérêt. Les saints eux-mêmes ont eu parfois une jeunesse tumultueuse. Peut-être pas les saintes ? Mais sainte à ce point-là, où seraient les poèmes de Marceline ? Son inspiration, c'est sa vie, ses amours, ses révoltes aussi, longtemps tues et qui se feront jour plus tard pendant ses deux séjours à Lyon.

Au moment de sa vie où elle met au monde son fils, l'élève, s'attache au petit Marie-Eugène, nulle révolte encore n'apparaît. La joie de la maternité, la certitude où elle est de fonder bientôt un foyer traditionnel, l'emplissent. Elle n'en abandonne pas pour autant sa famille ; elle écrit régulièrement à son frère Félix, fait prisonnier de guerre et transféré en Écosse. Elle voit son oncle Constant, toujours avec Debonne, reçu et considéré comme son futur époux.

Et puis c'est l'effondrement. « ...Que voulez-vous opposer contre une famille entière qui s'arme du mot si faible et si fort de préjugé ! » Un mariage — de l'avis du frère aîné d'Eugène, et maître de l'affaire —, désastreux en soi, eût en outre compromis celui d'un autre frère, Amédée, qui, lui, se mariait richement, dans le textile. On peut supposer qu'Eugène lutta. Sans doute Marceline eût-elle souhaité qu'il luttât davantage. Mais « les circonstances changent et le plus honnête homme change avec elles ». Dès qu'elle eut le sentiment que le mariage ne se ferait pas à moins qu'Eugène ne rompît tout rapport avec sa famille, ne se retrouvât dans la gêne (car son frère l'appointait capricieusement et aurait sans nul doute trouvé quelque subterfuge pour ne plus le faire du tout), elle le quitta, remonta sur scène, résolument, et cacha cette douleur qui était aussi une déception.

« J'ai eu autant de courage qu'il en faut pour supporter un malheur qui ne peut être que passager », écrit-elle à son frère. « Mais, ayant quitté Paris depuis plusieurs années, c'est avec bien de la peine que je parviens à y retrouver une place. » Les amitiés ne lui manquaient pas. Son enfant paraissait bien se porter et avait environ trois ans. Elle lutta vaillamment, n'acceptant plus rien du père de Marie-Eugène, bien qu'elle semblât, assez vite, lui pardonner.

Curieusement, sa famille ne comprit pas ce refus d'une situation qui aurait manqué de dignité — acceptant l'aide d'Eugène, ne serait-elle pas tombée au rang de femme entretenue qui lui déplaisait tant ? Elle s'y refusait pour de bonnes raisons : par dignité naturelle et non par souci du qu'en-dira-t-on. (Quand elle perdra son petit garçon, sa souffrance apprendra à tous ceux qui ne l'auraient pas su qu'elle avait un enfant naturel, et elle s'en souciera peu.) Constant Desbordes, le peintre, qui appréciait énormément Eugène, restait en froid avec elle. Comment un homme d'humeur aussi indépendante ne comprit-il pas cette fierté toute simple qui consistait à ne pas vouloir dépendre d'un homme qui, selon toute vraisemblance, ne l'épouserait jamais ? Elle ne possédait pas la patience de Cécile qui attendait depuis des années que son amant se décidât, ni l'insouciance d'Eugénie. Elle n'en voulut pas à Debonne. Elle continua à le rencontrer. Mais elle ne l'aimait pas au point d'écrire, comme elle devait le faire quelques années plus tard :

> *Fierté, pardonne-moi !*
> *Fierté, je t'ai trahie !*
> *Une fois dans ma vie*
> *Fierté, j'ai mieux aimé mon pauvre cœur que toi.*

Sa modeste fierté, cette dignité à laquelle elle tenait — non pour les apparences, mais pour garder sa propre

70

estime —, seule une vraie passion, encore à venir, allait les bousculer.

Il me semble que Marceline, avec une grande liberté d'esprit et sans s'abaisser jamais, ait considéré que la vie sentimentale qu'elle avait pu mener avant son mariage, n'étant dictée par aucun autre intérêt que l'impulsion de son cœur et, peut-être, en ce qui concerne Eugène Debonne, l'espoir d'un mariage honorable, était parfaitement légitime, au moins à ses propres yeux. Elle n'en rougissait pas. Non plus que de l'existence du petit Marie-Eugène. On dirait aujourd'hui qu'elle est, par rapport à cette période, « sans complexe ». Qu'importe alors qu'elle ait eu un ou plusieurs amants, influencée peut-être par la vie légère (mais non cupide, non sordide) de son amie la comédienne Délia à qui elle le reprochera, doucement, plus tard, dans des vers connus ?

Marceline a-t-elle, au cours de cette période, 1813, 1814, 1815, une ou plusieurs passades ? Peut-être. Le nom, ou les noms, importent peu. Il suffit de savoir que, si Marceline put éprouver pour l'un ou pour l'autre de l'attirance, de la sympathie, et même cette généreuse tendresse toujours disponible en elle, ce ne fut en aucune façon cette passion presque farouche qu'elle n'éprouva qu'une fois, et dont toute sa vie fut marquée.

Peut-être parvenue à une conception plus exigeante de l'amour, est-ce cette « légèreté » qu'elle reproche à Délia ? Parlant de ces amours sans poids, elle lui écrit :

> *L'amour jamais n'eut de moi que des larmes*
> *Vous avez ri de mes alarmes*
> *Et vous riez encore quand je me sens mourir*
> *Grâce à vous j'ai perdu le repos de ma vie*
> *Mon imprudence a causé mon malheur*
> *Et vous m'avez ravi jusqu'à la douceur*
> *De pleurer avec mon amie...*

En 1815, Marie-Eugène a cinq ans. Marceline a commencé à écrire, timidement, des romances, des élégies.

Même en tenant compte de la mode de l'époque qui était à la rêverie et aux larmes, le fond de l'inspiration de Marceline se révèle authentiquement mélancolique. Sans doute la nécessité d'agir, de lutter, la vie épuisante d'une jeune comédienne qui élève en même temps un enfant, l'amène à dissimuler ce fond de tristesse. Mais le besoin de l'exprimer, de s'en délivrer, est tout autant l'une de ses raisons d'écrire que l'altération de sa voix, due sans doute à des couches difficiles, et qui ne lui permet plus le chant. « La musique roulait dans ma pauvre tête malade, et une mesure toujours égale arrangeait mes idées à l'insu de ma réflexion. » Elle exprime aussi, dans ces poèmes encore maladroits, mélodieux cependant, le vide et la vanité des liaisons qui sont tout de même loin du véritable amour :

> *Laissez-moi ma mélancolie*
> *Je la préfère à l'ivresse d'un jour...*

Cette mélancolie, pourtant, reste tempérée. Certes, sa confiance par deux fois trahie, Marceline continue à souhaiter mettre dans sa vie plus d'ordre et de rigueur, avoir des enfants légitimes, vivre un mariage honorable. Quelles que soient ses amours, elle est prête à s'engager, à donner son dévouement, sa compréhension, sa tendresse. Et sans être le désespoir du grand amour déçu (c'est pour plus tard), c'est un crève-cœur pour elle de rencontrer cette légèreté, cet égoïsme, qui répondent à une confiance toujours prête.

C'est d'ailleurs uniquement dans ce domaine de l'amour qu'échoue à durer le charme de Marceline. Elle en attend trop. Toute sa vie elle aura nombre d'amis, et d'amies. Elle obtiendra pour les autres, quand ce n'est pas pour elle-même, mille petits avantages des fonctionnaires et des administrateurs les plus revêches. Elle donnera de la pitié, parce qu'elle en éprouve, à ceux qui en sont le plus dépourvus, de la franchise à ceux qui n'y sont pas portés. Et, toute jeune encore, plus d'une comédienne rivale éprouvera, pour sa gentillesse sans détour, une sincère affection — assez rare en pareil cas. C'est sans doute, même à cette époque, l'absolu qu'elle met dans ses sentiments qui effraie les possibles prétendants — à supposer qu'ils eussent des intentions autres que fugitives vis-à-vis d'une jeune actrice sans argent, et chargée déjà d'un enfant, d'un père qu'elle soutenait, et bientôt d'un frère, car Félix devait être libéré parmi les premiers prisonniers de guerre le 1er juin 1814 : immense joie pour Marceline qui ne pouvait prévoir l'avenir.

L'avenir immédiat, le 18 juin, c'était Waterloo.

Marceline, réputée bonapartiste, fut bannie de l'Odéon.

De son père, toujours aimé, secouru, de son frère dont la captivité avait aggravé le tempérament veule, elle ne pouvait attendre aucun secours. Comme toujours elle n'en attendait que d'elle-même. Elle eut vent d'un premier rôle disponible à la Monnaie de Bruxelles où elle avait laissé un excellent souvenir. Elle sollicita l'emploi, l'obtint dans d'excellentes conditions, partit.

Près de cinquante ans après elle écrira, et c'est une référence au passé autant qu'une description du présent qui l'épuise :

> *Ah ! les arbres du moins ont du temps pour fleurir*
> *Pour répandre leurs fruits à la terre et mourir.*
> *Ah ! je crains de souffrir, ma tâche est trop pressée*
> *Ah ! laissez-moi finir la tâche commencée*
> *Oh ! laissez-moi m'asseoir sur le bord du chemin*
> *Mes enfants à mes pieds et mon front dans ma main.*
> *Je ne puis plus marcher...*

Mon Dieu ! que je plains la pauvre Marceline, en dehors même de ses réels malheurs, de ces déplacements et de ces déménagements perpétuels auxquels elle n'échappera jamais ! Chaque fois qu'elle quittait une ville (et quand ce ne fut plus pour son propre compte, ce fut pour suivre Prosper Valmore son futur mari), elle vendait le peu de meubles qu'elle pouvait posséder et rachetait l'indispensable au lieu où elle débarquait. Je ne puis imaginer pire inconfort. Et pourtant j'ai écrit moi aussi dans une maison pleine d'enfants ; j'ai connu la hâte de rentrer, vite, du café où je m'étais établie, pour préparer le dîner de huit, neuf, dix personnes. J'ai presque pleuré devant la chaudière qu'il fallait rallumer avant de partir le matin et qui (je suis si maladroite !) me prenait des minutes précieuses... Mais de surcroît, déménager sans cesse ! Comment percevait-elle la mélodie toujours présente dans sa poésie, dans sa voix, dans tout son être ? Où, la sécurité relative qui permet de s'abstraire quelques heures ? Où, le précieux silence qui permet d'entendre en soi-même ce chuchotement du besoin d'écrire, si ténu, si vite étouffé, « un frisson d'eau sur de la mousse » ? Où, la « chambre à soi » que réclamait Virginia, où, à défaut, la liberté d'Aurore qui avait un peu d'argent derrière elle, un amant fidèle quoique nul, et qui ne jouait pas le soir un drame de Kotzebue, une comédie de Marivaux, et la Rosine du *Barbier de Séville* ? Où, la rude mais finalement bénéfique tutelle du mari de Gabrielle qui fit d'elle la grande Colette ?

Jamais Marceline ne fut aussi seule que pendant ces quelques mois de 1815 à Bruxelles.


*Enfants de toutes sortes*


Cela compte, dans une vie, le premier enfant. Le mien s'appela Daniel. J'avais dix-huit ans, un amant qui n'était pas le père de cet enfant, et j'écrivais depuis toujours, inconsciente du fait que « ce n'était pas un métier », que cela pouvait en devenir un. Mon ami me suggéra de suivre des cours à la Sorbonne, bien que je n'eusse pas mon bac. Ainsi trouverais-je peut-être l'idée d'un « second métier » dont il prévoyait pour moi la nécessité. Mais j'appris bientôt que j'en avais un « dans les mains », et je me contentai de celui-là, bon an mal an, toute ma vie.

Moi qui n'avais pas aimé mon enfance (détesté le seul fait d'être enfant), une chance m'était donnée avec ce petit garçon, et, plus tard, avec ses frères et sœurs, de la revivre. L'obsession de l'enfance qui ne me quittait pas, s'enrichit d'harmoniques claires. Ce fut bien des années après *La Maison de papier* — dont le chef de fabrication de l'éditeur me dit sans méchanceté : « C'est charmant quand on vous connaît, vous et vos enfants. Mais ça ne va pas se vendre. » Ce fut mon plus grand succès de librairie. L'image de la Bonne Mère l'avait emporté sur celle de la Marâtre symbolique du *Rempart des Béguines*. Et pourtant c'était le même visage.

Et pourtant c'était pour moi, ce *Rempart* — bluette qui à l'époque fit scandale, il n'en fallait pas beaucoup en cet heureux temps —, avant tout un affrontement enfant-adulte, et je n'étais pas si scandaleuse que cela, ni si joyeuse, si simplement maternelle qu'il pouvait le paraître dans *La Maison de papier*. Mais l'espèce de soulagement que l'on éprouve à penser que l'écrivain est une femme, est une mère, et heureuse de l'être, est tel qu'il éteint toute nuance autour de lui.

Et quand quelques années après j'écrivis *Allegra*, sujet qui était sorti de l'ombre de moi-même, comme un mauvais rêve peut ressurgir même pendant des jours heureux, je le vis compris, si je puis dire, à contre-emploi. Allegra est une jeune femme gentiment opprimée par sa famille, sourdement révoltée par une situation d'esclavage confortable, qui s'attache à un petit garçon d'émigrés, et à tel point qu'attendant elle-même un enfant elle le refuse, avorte, et meurt à un moment où l'on mourait encore de cela.

Ce thème me parut si cruel que je me demandai d'où il surgissait en moi, avec sa fin inéluctable de sacrifice humain. Et pourtant plusieurs lectrices m'écrivirent qu'elles aussi s'étaient attachées à un enfant abandonné, ou handicapé, ou en difficulté d'une façon quelconque, et j'avais l'impression alors d'avoir écrit la vie d'une dame d'œuvres. La télévision tira de cette histoire un film ; le rôle de l'enfant fut tenu par un petit Marocain (je crois) si beau, si expressif, si gentil, qu'il effaça littéralement toute la conclusion dans sa sanglante fatalité. On ne la voyait pas, on ne la *voulait* pas, et une (vieille) dame me dit avoir revu le film qu'elle avait enregistré plusieurs fois « tant c'était mignon ».

Ma mère avait eu trois enfants. J'étais l'aînée. Puis vint ma sœur Marie. Puis un petit garçon qui mourut à la naissance. Durant ses dernières années, Maman évoquait souvent ce petit mort qu'elle allait bientôt rejoindre. Elle s'inquiétait de le savoir inhumé au cimetière d'Anvers, trop loin de la « famille ». La dalle funéraire avait été mal gravée, ou ne l'avait pas été. Ma sœur, avec beaucoup de bonté, s'occupa de faire remettre en état cette petite tombe que l'on eût pu croire oubliée. Mais peut-être Maman y avait-elle pensé toute sa vie, jusqu'à ce que l'extrême vieillesse lui ôtât la force de le cacher ? Peut-être y pensait-elle quand elle était seule ? Comment ? Comme à une peine incommunicable ? Comme à un échec ? N'avons-nous pu, pourtant nées avant lui, que *remplacer* cet enfant qui n'eut pas même le temps d'acquérir un prénom ? (Tant d'années après, tant de peines, tant d'ombres après cette petite ombre, ma sœur faisant graver la pierre nue lui rendit une identité : Albert, Jean, Julien, comme mon père, comme son père avant lui, entérinant ainsi une filiation et la mort de ce nom de Lilar que nous ne portons plus ni elle ni moi.) Il y a quelque chose de mystérieux dans le fait que la survie de ce nom, ce fut ma mère qui l'assura, en tête de ses livres. Il y a quelque chose de mystérieux dans ce sujet sorti de moi : sacrifice d'un enfant rival et inconnu, peut-être.

On était loin du « scandale du *Rempart des Béguines* » qui, s'il paraissait aujourd'hui, ferait peut-être dire à certaines lectrices que c est « mignon » pendant que d'autres m'interrogeraient sur le Pacs.

On fait scandale à vingt ans. Moins, cinquante ans après. Est-ce l'auteur qui se range, ou le siècle qui s'affranchit ? Ou la sensibilité blasée qui demande, dans l'expression, une évidence suffisante pour écorcher un peu la peau racornie d'indifférence ?

Je ne m'étends pas là-dessus, sinon par une parenthèse. À une époque où un magasin de sacs à main et petits bérets s'intitule joyeusement *Blasphème,* que signifie encore le blasphème ? « Tout ce qui est exagéré est insignifiant » pourrait être la devise de cette fin de siècle. Et déjà au moment du *Rempart,* il me semblait (au reçu de lettres indignées) que ce prétendu scandale c'était beaucoup de bruit pour rien. De ce bruit, le cher Julliard, qui m'édita jusqu'à sa mort, se réjouissait.

Je m'étonnais sans en rien montrer ; j'avais deux nattes, un visage innocent, et mon innocence était plus grande qu'on ne pourrait le croire. Le personnage dur, à la limite du sadisme, de Tamara, le rapport enfant-adulte, plus important pour moi que celui de deux femmes — qui d'ailleurs ne me paraissait nullement scandaleux —, étaient nés de mes fantasmes autour de la personnalité ambiguë de ma mère, autour de l'admiration que j'éprouvais pour les maîtresses de mon père : la dame-qui-aimait-la-poésie, par exemple, celle qui portait des boucles d'oreilles en verre laiteux du ton de sa peau nacrée. Et, dans ce personnage de femme apparemment forte mais que je minais doucement par en dessous, il y avait aussi l'ombre de « Grand-Mère Choléra » et celle de la femme-de-l'inventeur, que j'avais peut-être inventées.

Nulle expérience personnelle ne sous-tendait ce récit encore maladroit. Je ne veux faire ni l'ange ni la bête. Ce livre ayant attiré l'attention, j'eus bientôt l'occasion de joindre à la théorie la pratique. Mais ce fut après, et même assez longtemps après, et cette expérience me procura surtout le soulagement de n'avoir rien raconté que je n'aie pu assumer. Ainsi, bien des années après, ayant déclaré par erreur dans un organisme officiel que j'étais « officier » et non « chevalier » de la Légion d'honneur, je vécus dans la terreur de voir cette distraction dévoilée et quand, enfin, une promotion, qui vint longtemps après, me fit « officier », mon soulagement fut celui d'un véritable délinquant ayant vécu des années sous une fausse identité.

Les aventures passagères qu'entraînèrent ce souci de mise à jour (je ne parle pas de la Légion d'honneur) me laissèrent assez prudente de cœur. C'était le sentiment sans mesure que j'avais, enfant, éprouvé pour ma mère, qui m'avait amenée à croire que tout attachement signifie douleur, à ne pouvoir plus jamais démêler toute forme d'amour de l'appréhension d'une blessure inévitable. Conviction qui prédispose, évidemment, à en recevoir. De cela Marceline m'est témoin. Que la mère soit trahie ou traîtresse, castratrice ou indifférente, persécutée persécutrice comme celle d'Aurore, incompréhensive comme celle de Simone, et qu'on soit, mon Dieu, écrivain ou pas, la confiance en soi ne s'acquiert qu'au prix d'un bon dosage de départ. Voir Madame Colette et Jules César dont j'ai lu quelque part que sa mère l'adorait.


*Maternités*


Il me fallut quatre enfants pour récupérer un peu de mon amour malheureux pour ma mère. Enfin, un amour qui ne pouvait pas me blesser (croyais-je), où je pouvais donner carrière à une affectivité débordante, camouflée par politesse. À l'image mythique de la femme, de la mère géante des origines, succédaient les bonheurs réels bien qu'éphémères des enfants-lutins, des enfants-elfes, des enfants dont je pensais, en me référant aux romans de la Table ronde, — et parce que tant aimés — qu'ils avaient « le sang léger » : attribut de ceux qui sont nés d'un mortel et d'une fée. En l'occurrence, j'imaginais que la « légèreté » magique venait plutôt de mon mari — je pesais sur la terre de tant de doutes et de gaucheries.

Sang léger : il y a très peu de temps encore, mon fils aîné, saxophoniste, clarinettiste, animateur, au cours d'une des rares conversations pendant lesquelles nous étions arrivés à vaincre une timidité réciproque, me confia : « Évidemment j'ai fait, je fais, des choses plus prestigieuses. Mais il me coûterait beaucoup de renoncer à des animations comme j'en fais parfois pour des enfants, dans de grands magasins ou dans la rue. » Et, détournant la tête avec une pudeur où je me reconnais, il ajouta : « Une fois, j'étais déguisé en panda... »

Sang léger ! Étincelle d'enfance restée vivante chez cet homme solide. Les larmes m'en viennent aux yeux. Est-ce édifiant, cela ?

La petite Louisa-Marceline ayant si peu vécu, c'est Marie-Eugène qui fera le premier connaître à Marceline les plaisirs de la maternité. Pendant les cinq ans de sa courte vie, l'enfant se fit aimer de Marceline, ce qui n'était pas bien difficile, et on peut se hasarder à dire que, malgré les difficultés matérielles et l'épuisante fatigue de tant d'obligations, Marceline connut une période assez heureuse.

Quelle fut durant ce temps sa vie « sentimentale » ? Se consola-t-elle passagèrement avec le médecin Alibert qui l'avait soignée après une chute ? Trouva-t-elle un autre consolateur, et est-ce à ces amours sans beaucoup de poids qu'elle fait allusion dans l'un des poèmes dédiés à son amie Délie, dont la vie un peu tumultueuse avait pu l'attirer pendant une période, du reste assez brève ?

> *Vous m'avez fait embrasser une erreur*
> *Légère comme vous, elle s'est échappée*
> *... Laissez-moi ma mélancolie*
> *Je la préfère à l'ivresse d'un jour.*

Quelques soirs, quelques heures où la jeune comédienne surmenée, où la jeune mère accablée de tous les soins que demande un tout jeune enfant, s'est détendue avec des amis, a eu, peut-être, quelques aventures sans poids, quelques regrets sans amertume, voilà le « passé » de Marceline, rien dont elle ait à rougir, rien qui ne puisse trouver place dans l'histoire de sa vie, ni la diminuer.

Mais il y a la légende, ce besoin de simplification qui a présidé à tant de mutilations de textes et de faits, visant à composer d'un être vivant ce qu'on appelle communément aujourd'hui l'« image » : « Il a une bonne image », « C'est mauvais pour son image ». Ne verra-t-on pas une piété barbare aller jusqu'à modifier des textes, des paroles, de Thérèse de Lisieux, aller jusqu'à faire retoucher ses photographies, comme s'il y avait un visage-type, un regard-type de *la* sainte, et, ici, de *la* femme telle qu'on la veut, et peut-être encore aujourd'hui. « Elle fut, dit encore Baudelaire, à un degré extraordinaire l'expression poétique de toutes les beautés naturelles de la femme. » Et voilà, dans la cage. Dans le cadre, si l'on préfère. Le cadre varie selon les modes, c'est toujours une prison.

Parenthèse contemporaine : j'allais en province participer à un débat suivi d'une signature dans une librairie. Déplorablement en avance (c'est mon habitude), je fais la conversation avec la libraire, une dame de mon âge, aimable et cultivée. Je ne sais comment la conversation s'oriente sur les enfants, puis les petits-enfants. J'en ai deux à l'époque, elle un seul. « Mais, dit-elle, je dois dire que je ne m'y intéresse pas beaucoup. Le prendre le week-end, l'emmener au guignol, vous faites cela, vous ? » J'avoue que je le fais, et même que je le fais avec un certain plaisir, mais je me sens un peu conventionnelle. L'heure avance, je me vois obligée de demander les toilettes. « Venez au premier, j'y ai mon appartement. » Je monte. Je traverse un petit salon, une chambre ; partout de petits cadres, des photos accrochées au mur, posées sur la cheminée, sur la table basse même, protégées par une plaque de verre, des photos d'un bébé d'un an ou deux en pyjama, en barboteuse, jouant au ballon, s'essayant à nager dans une petite piscine, dans les bras d'un père, d'une mère, d'une grand-mère, tous éclatant de fierté. Je ne veux pas être cruelle, je demande simplement : « Comment s'appelle-t-il ? » et je crois bien qu'elle rougit en murmurant : « Gaétan. À cause de Valéry Larbaud, vous savez ? *Putouarez...* » La rareté de la référence gomme un peu le péché. Je n'insiste pas. Tout de même, Gaétan ! J'ai beau adorer Valéry Larbaud... « J'adore Valéry Larbaud », dis-je tout haut. Nous redescendons. Fin de la parenthèse.

Pas tout à fait fin de la parenthèse. Évidemment, la pauvre femme doit vivre dans un milieu où l'adoration des petits-enfants est de rigueur, où l'on bêtifie sur les « mamies » et les mots d'enfants, et elle en a plus qu'assez, alors, par réaction... L'ennui c'est qu'il y a aussi un milieu où c'est très mal vu de s'attendrir sur les petits-enfants, et dans la note, politiquement correcte, de les déclarer monstrueux, pervers. Déjà dans *Aurélien* (que je sais par cœur) Bérénice déclare : « Je vois, dans votre milieu, ça ne se fait pas d'aimer les enfants... » Comment sortir d'une convention ou d'une autre, d'une affectation ou de celle d'en face ?

Si Marceline est exceptionnelle, c'est dans la mesure où elle n'est jamais une image. En vain a-t-on essayé de la figer. Amante délaissée, mère parfaite, croyante récupérée, poète à succès puis à demi oubliée, elle n'est prisonnière d'aucune de ces étiquettes. Et peut-être sa lassitude des dernières années vient-elle de là. C'est fatigant, la liberté.

Je venais de débarquer à Paris et, tout empêtrée que j'étais de moi-même, d'une timidité qui confinait à l'autisme, je décidai, après de longs débats intérieurs, d'aller voir Colette que j'admirais. J'espérais (follement) une de ces rencontres qui vous illuminent. Ce ne fut qu'un souvenir. Elle fut bonne, encourageante — et elle y avait du mérite : je n'avais écrit que quelques poèmes, pas même publié un roman. Mais alors que, muette, terrorisée par ma propre audace, je regardais, j'écoutais celle que, vers la même époque, Simone de Beauvoir qualifiait de Déesse-Mère, je sentais avec consternation qu'il était vraiment trop tard pour la rencontrer. Colette était Colette. Une sorte de pétrification, à laquelle n'échappait que le regard, s'était opérée en elle, devenue statue (telle qu'en elle-même). Pétrification que j'ai observée chez ma mère dans ses toutes dernières années où son visage (de crainte qu'on y lût quelque chose de sa sensibilité rétractée) atteignit à une impassibilité d'Indien au poteau de torture. Cette torture était sans doute la vieillesse, avec son complément : l'image que l'on ne peut plus modifier, plus transformer, le face-à-face avec ce portrait auquel, s'il ne nous ressemble pas vraiment, nous nous devons de ressembler. Pas d'autre alternative que le stoïcisme ou la sentimentalité complaisante.

Fille de ma mère, échapperai-je à ce choix ? Fille de ma mère, serai-je pierre ? Et me reviennent les mythes et les légendes où, sous l'écorce de la statue, un cœur prisonnier continue, encore un peu, à tenter de battre.

Et me vient cette pensée que, au moment où j'ai pu rencontrer Colette, comme dans les vieux jours de Maman, elles n'écrivaient plus. Est-ce donc uniquement cela, cette circulation du sang (du sang léger) : écrire ?

L'image nous traque, la logique nous encercle, et n'eût-on que trois lignes dans un manuel ou un dictionnaire, entre un poète finlandais et un philosophe australien (s'il en existe), il faut que ces trois lignes soient une définition. Lit de Procuste. Encore heureux si c'est du côté où dépassent les pieds que l'on vous découpe ! Je suis sans doute exagérément sensible aux formes diverses que revêt l'affectation. Je trouve aussi insupportable que l'on me reproche un père ministre qu'un grand-père tonnelier (l'autre était chef de gare). De tous côtés je ne vois que code moral et tics de langage. Je frissonne jusque dans mes baskets quand j'entends déclarer : « Je sais que nous sommes des privilégiés » (voir Bossuet — enfin, lui, il était vraiment obligé). Je me hérisse quand j'entends déclarer par le troisième assistant d'un animateur : « C'est un raté », un raté étant par définition pour moi quelqu'un qui a essayé quelque chose. Je me crispe quand on déclare devant un tableau abstrait : « Un enfant de cinq ans ferait ça », mais je m'en vais quand, devant un tas de briques empilées, « C'est de l'absurde pur », on s'extasie avant de s'apercevoir que c'est un déblai de travaux dans le musée inachevé. Père, gardez-vous à droite, Père, gardez-vous à gauche...

Voilà qui vous empêche à jamais d'être un écrivain engagé.

Parenthèse refermée, je reviens à l'*image* de la femme, et il serait absurde de prétendre que Marceline n'est pas, en effet, une image de toutes les sensibilités, de toutes les délicatesses, de tous les dévouements que l'on prête à la femme. Mais on en donnerait un portrait tronqué si l'on ne tenait pas compte de ce « cœur ardent » et de cette « âme plébéienne » qui lui font une personnalité vigoureuse et complexe.

Déjà, au moment où nous nous plaçons, Marceline jeune mère, Marceline n'ayant pas encore écrit ou si peu, quelques romances, a ressenti péniblement le discrédit qui s'attache à la profession qu'elle a, bien contre son gré, embrassée.

Déjà dans sa liaison avec Debonne, elle a pu mesurer la faiblesse, si ce n'est la lâcheté, de la nature humaine. Si son oncle Constant, et même un peu son protecteur Grétry, la blâment d'avoir pris l'initiative de la rupture, c'est que, se basant sur l'aventure de Charles, le cadet de la famille Debonne qui a, en fin de compte, été pardonné, ils trouvent qu'elle a manqué de patience, peut-être d'humilité. Or Marceline est fière, elle regrette le « froid préjugé » qui l'a fait rejeter par l'aîné des

Debonne, mais elle ne va pas se traîner à ses pieds toute sa vie. Elle ne va surtout pas rester à charge d'Eugène, avec l'enfant, en renonçant à ce qui lui permet d'être fière : son autonomie financière. Elle a ce qu'on n'appelle pas encore une « conscience de classe ». Cela aussi, c'est Marceline.

Et ce sentiment généreux explique son bonapartisme (là, je ne donne pas tort à Sainte-Beuve), plus sentimental que réfléchi. Pour Marceline, admiratrice (comme les trois quarts de la France) de Béranger, Napoléon n'est pas l'Ogre de Corse, l'Empereur, le Tyran, mais le Petit Caporal sorti du rang, donnant leur chance à des roturiers sans argent et sans nom, bouleversant les privilèges — il est vrai pour en créer d'autres.

Mais à l'époque, Marceline ne pense pas si loin. Tout changement lui paraît salutaire, parce qu'elle a été profondément, sinon consciemment, pénétrée de l'injustice de l'ordre des choses. Et puis elle est encore si jeune ! Et puis elle est absorbée par son enfant, d'éphémères mais agréables succès, **des** amitiés, peut-être une liaison, peut-être deux, qui comptent peu.

Et durant ces années, tout de même d'épanouissement, elle va commencer à écrire. Tout le monde connaît la citation fameuse, reprise par Sainte-Beuve comme par ses autres biographes, où elle attribue ses débuts dans la poésie à la perte de sa voix, cet accès direct à la musique. Et cela est vraisemblable, la musique étant avant tout présente même dans les premiers vers de Marceline. Le rythme, les assonances, la souplesse (que d'aucuns, férus de classicisme, lui reprocheront) avec laquelle elle passe d'un mètre à un autre, sont musicaux. Et l'euphonie est déjà présente quand l'élan, la passion qui l'habiteront, n'y sont pas encore. Romances, élégies, idylles, s'accumulent petit à petit pour former le premier recueil, celui-là même que Barbey jugera « inouï de niaiserie ».

Ne tombons pas dans la niaiserie nous-mêmes, d'admirer aveuglément ces débuts qui ne sont pourtant pas sans charme. Pas sans charme, mais parfois un peu insipides.

On y sent une influence classique qui ne vient pas de la lecture, pour laquelle Marceline eut peu de loisirs, mais du théâtre *. On n'a pas impunément joué Racine et Molière. Si parfois la syntaxe de ces premiers vers est un peu confuse, la plupart du temps le vers est solide, bien charpenté, et la mélodie de tout temps un peu triste qui le sous-tend lui fait déjà une manière d'originalité.

## Tous poètes

Il faut le dire aussi, cette première moitié du XIXᵉ siècle, quelle terrible époque ! Tous poètes ! Saisissant la moindre occasion, baptême, mariage, enterrement, envoi d'un livre nouveau ou d'un pot de confitures, tout est bon pour rimer, rimer, rimer ! La correspondance intime de Marceline et de ses amis fourmille de ces poètes d'occasions, qui ont perdu une bonne occasion de se taire, ô lac ! Et toujours en alexandrins ! Et je t'envoie une rêverie, et je te renvoie un quatrain ! Le docteur Alibert rime ; le frère Félix, ex-soldat de l'Empire, rime ; Cécile et Eugénie, les deux sœurs aimées, riment, et ceci n'est que l'entourage immédiat de Marceline issue d'un milieu qui n'était pas ce qu'on appelle littéraire. Mais si on se penche, et on se penchera, sur ses amours à venir avec Latouche, homme de goût, critique acerbe et clairvoyant, même lui (pour ne pas parler de ses amis, et sa famille, et tous ceux qui l'approchent), a rimé et rimera.

Et dans cette écœurante avalanche de sentiments (dont le sentiment de la nature particulièrement pesant d'ennui : tant de vallons, de pelouses fleuries, de nymphes défraîchies depuis un siècle, et les ruisseaux ! — on en eût irrigué la Camargue !), on relira quand même le recueil de 1820 et on y trouvera une fraîcheur

---

* Michel Tournier me le signale justement.

et une sincérité qui feront déjà à Marceline une forme de supériorité, et font passer sur pas mal d'oiseaux gazouillants et de fleurs vermeilles, même ces dernières rimant avec abeilles.

Marceline a déjà, dès cette époque, un don extraordinaire de convaincre, un don de simplicité et de sincérité. Quand elle dit nuage, c'est un nuage indiscutable ; quand elle dit fleur, ce n'est en aucun cas une fleur de rhétorique. Ainsi certains de ces premiers poèmes sont-ils mauvais sans être médiocres.

Ces années-là, elle publie un peu, timidement, dans ce qu'on appelle alors des *keepsakes*, recueils ornés de dessins, d'aquarelles ou de gravures, que l'on offrait beaucoup à l'époque romantique : l'*Almanach des Muses*, le *Souvenir des Ménestrels*, le *Chansonnier des Grâces* ( !). Ce serait sous l'influence du docteur Alibert qu'elle aurait réuni ses poèmes, quand ils seront publiés par l'éditeur François Louis. Mais avant ce pas en avant, elle aura subi de nouvelles épreuves.

Faut-il compter Waterloo parmi celles-ci ? Elle ressentit cette défaite au point, dit-elle plus tard, de se mettre plusieurs semaines au lit. La victoire des Alliés devait aussi lui causer quelques problèmes, car on la savait bonapartiste ; c'est alors qu'elle dut quitter l'Odéon, et rejoignit Bruxelles. Mais elle avait son fils, elle avait la compagnie d'Eugène Debonne venu passer avec elle quelques jours à Paris, non tout à fait absous mais admis au rang d'ami. Et à Bruxelles elle allait retrouver une amie d'enfance, la meilleure, Albertine Gantier, « folle de bonheur » de l'arrivée de son amie de toujours. On s'attarde à ces déceptions, à ces petites joies, aux nouveaux succès sur la scène de la Monnaie.

Les années passent.

*Ma demeure est haute*
*Donnant sur les cieux*
*La lune en est l'hôte*
*Pâle et sérieux.*

*En bas que l'on sonne*
*Qu'importe, aujourd'hui ?*
*Ce n'est plus personne*
*Quand ce n'est pas lui.*

*Vis-à-vis la mienne*
*Une chaise attend*
*Elle fut la sienne*
*La nôtre, un instant.*

*D'un ruban signée*
*Cette chaise est là*
*Toute résignée*
*Comme me voilà !*

Telle on la sent dans ce poème, un peu désenchantée, un peu solitaire, soucieuse — comme elle le sera toujours — du lendemain, mais, en somme, acceptant la vie qui lui est faite, chantonnant parfois pour elle-même (et chantonnant des vers qu'elle invente, sans qu'elle sache encore que cela s'appelle écrire) puisqu'elle ne le peut plus sur scène, telle on voudrait qu'elle restât quelque temps, qu'elle jouît d'un peu de paix, à défaut de bonheur. On voudrait retarder le moment où Marceline, en 1815, se fait remplacer plusieurs fois de suite sur la scène qui l'accueille pour veiller le petit Marie-Eugène, souffrant, sans qu'on sache très bien de quoi. En vain. Au bout de quelques semaines, l'enfant âgé de cinq ans et demi meurt.

Un de mes fils fut malade et en danger pendant plusieurs années. Je ne pouvais alors ouvrir un livre et lire les mots « mon fils » sans une douleur fulgurante.

Mais perdre un enfant de cinq ans ! Il faut savoir ce que c'est qu'un enfant de cet âge, la personnalité qu'il montre déjà tout en gardant la grâce du petit animal qu'il est encore, tous les détails de la vie quotidienne qui forment autant de liens affectifs, et cela chez une femme momentanément seule, tendre, qui s'attachait même aux moins recommandables de ses amis, pour mesurer la peine de Marceline.

La charge qu'elle avait assumée de secourir son père autant qu'il lui était possible, de soutenir le moral de son frère Félix auquel elle écrit longuement et régulièrement, la soutint dans ces affreux moments. « Mon malheur ne me rend pas insensible, au contraire, je vous aime tous plus que je n'ai jamais fait... » Et elle conseille à Félix d'écrire plus souvent à son père, elle promet d'envoyer à celui-ci une pension augmentée, « et ferai davantage encore à l'avenir, si j'ai un avenir ». Il y a plus de grandeur dans cette simple phrase — tout un cœur généreux qui ne cessera jamais de s'intéresser aux autres, qui ne se fermera pas, ne se lassera pas, malgré ses épreuves personnelles —, que dans les tentatives un peu niaises qui ont été faites pour masquer des écarts désintéressés et juvéniles.

Du reste, comment masquer ce qui concerne Marie-Eugène ? Marceline le pleura ouvertement. Cette douleur raviva les autres, ces déceptions, ces injustices et cette tristesse plus impersonnelle que lui donnait son regard sur le monde, cette confiance qui sans cesse se reconstituait, et sans cesse était trahie. Cette sorte de candeur, qui vient de la difficulté à imaginer ce que l'on ne saurait soi-même ressentir, ne lui permet pas de penser, dans une aussi triste circonstance, qu'on pourrait lui faire grief d'avoir mis au monde cet enfant illégitime, devant la douleur qu'elle éprouve à l'avoir perdu.

Hélas ! le pire chagrin ne désarme pas les âmes mesquines. Et, bientôt, elle va de nouveau se heurter au « froid préjugé ». « Je suis si anéantie de larmes, ma tête, mon cœur sont si en désordre, que je ne sais même pas me plaindre d'un malheur qui me tue », écrit-elle à Félix, et, un peu plus tard : « Quelle année vient de s'écouler pour votre pauvre Marceline !... et ce qu'elle m'a ravi ne me sera jamais rendu, non, jamais dans ce monde... Qu'il était beau ! Qu'il était bon ! » Elle n'a pas fini de pleurer : son père, tant aimé malgré ses faiblesses, et qu'elle aidait à subsister, meurt à Douai, à l'Hôtel-Dieu, quatorze mois après cet enfant si regretté. Peut-être Marceline s'effondrerait-elle si elle n'avait pas rencontré, un mois plus tôt, sur la scène de la Monnaie, Prosper Valmore.

Il faisait dans ce théâtre ses seconds débuts dans le rôle d'Hippolyte de *Phèdre*. Marceline jouait Aricie. Y eut-il coup de foudre immédiat ? Sympathie, en tout cas. Ils se connaissaient depuis longtemps, ils ne se connaissaient pas intimement. Elle l'avait entrevu à Bordeaux, quand elle y jouait, tout adolescent : il avait sept ans de moins qu'elle. À ce moment-là, cela comptait. À Paris, victime d'un accident à la Comédie-Française (une nacelle qui devait l'élever dans les cintres s'étant rompue), lui avait été soigné par le même docteur Alibert qui, quelques semaines plus tard, soignait une fois de plus Marceline ; elle s'était blessée au genou en « tombant aux pieds de sa mère » dans quelque mélo. Ils durent s'entrevoir à cette occasion. Mais c'est à Bruxelles qu'ils eurent pour la première fois l'occasion de jouer ensemble. Très vite, il l'aima. Très vite, avec ce caractère dont on appréciera l'intégrité un peu rigide, il envisagea le mariage. Elle fut tentée. Elle eut peur. Comme il commençait à lui faire la cour, elle lui écrivit :

*« Quelle lettre vous m'écrivez aujourd'hui ! Qu'elle m'a troublée ! N'abusez pas des expressions, croyez-moi, n'en abusez jamais. Il n'y a rien de si sincère que mon cœur. Je ne puis plus le donner qu'en donnant ma vie... Ne vous blessez donc plus d'une réserve naturelle aux personnes malheureuses... Je crains d'abandonner mon âme au sentiment qui la remplit, qui l'accable. Oui, cette ivresse de l'âme est presque une souffrance — ô prenez garde à ma vie ... l'espoir d'une félicité imprévue, infinie, me semble au-dessus de mes forces. »*

Prosper Valmore était, de l'avis unanime, d'une grande beauté, ce qui, à l'époque, suffisait à lui procurer des succès qui ne durèrent pas. Marceline ne pouvait pas ne pas être touchée par la rectitude de cet amoureux si jeune, par l'estime dont il témoignait pour elle en demandant sa main malgré un passé que personne n'ignorait. Se trompait-elle sur ses propres sentiments ? Le désir d'une vie enfin stable jouait-il son rôle ? Elle hésita encore quelque peu, non sans être, tout de même, réconfortée par cet amour juvénile et si sincère.

Mais comme si, pour Marceline, le bonheur même devait toujours être mêlé de tristesse, à peine Prosper Valmore se fut-il déclaré, à peine envisageait-elle, avec cette confiance sans cesse renaissante qu'on lui verra toujours, un avenir plus riant, qu'elle apprend la mort de son père qui s'éteint à Douai en juin 1817. Le mariage, décidé, remis de quelques semaines à cause de ce deuil, aura lieu le 4 septembre.

Est-ce la mort de son père, le souvenir de son enfant, le désir d'une vie plus réglée, Marceline ne voit pas seulement dans ce mariage le beau jeune homme qu'est Prosper, mais aussi des affections nouvelles, ce cercle de famille qu'elle aspire à reconstituer. Qu'elle se soit attachée à Prosper à ce moment-là, rien (et surtout pas sa correspondance, les tendres billets qu'elle lui adresse) ne permet d'en douter. Elle lui est reconnaissante aussi, après les déceptions éprouvées, de ne pas hésiter une minute devant ce mariage qu'elle n'aurait pas osé demander, encore moins exiger. Et si la beauté d'« Hippolyte » ne lui était nullement indifférente, ce caractère droit, loyal, sans nuances, dont elle souffrira parfois plus tard, la séduit. Elle peut estimer, admirer autant qu'elle aime, et pour elle cela compte beaucoup.

La différence d'âge entre eux ne la trouble pas. Ni, elle qui n'a jamais été ce qu'on appelle « belle », les avantages physiques de son prétendant. Elle ne peut du reste douter de sa sincérité ; qu'a-t-elle à offrir ? Ni fortune, ni grande beauté, ni, hélas, réputation irréprochable — et si ce dernier point ne compte pas pour Prosper, on verra qu'il jouera un rôle dans les difficultés

du ménage. Mais un charme sans égal, que l'âge n'atté-
nuera pas, une liberté, une sincérité, un don — qui ne se
limite pas à la poésie — d'aimer, de compatir, de plaire...
C'est tout à l'honneur de Valmore d'avoir su apprécier
cette dot immatérielle. Il n'en devait pas être de même
pour sa famille.

Prosper était fils unique. Bien que son père fût comédien, encore en activité en 1817, sa famille avait des
attaches dans un tout autre milieu (son oncle était le
général de Lanchantin, et souhaitait en faire un militaire). Sa mère qui adorait ce fils auquel elle trouvait
toutes les qualités — et il n'en manquait pas — préféra
encore pour lui la scène aux risques d'une carrière qui, à
cette époque troublée, pouvait en effet susciter bien des
inquiétudes. Mais si elle s'était résolue à ce sacrifice de
ses ambitions, Mme Valmore espérait bien se rattraper
de quelque façon. Aussi, le projet de mariage de son fils,
qui n'avait que vingt-trois ans, lui fut on ne peut plus
désagréable.

Il était impossible de vivre dans ce petit monde de la
scène sans savoir que Marceline avait eu un enfant
qu'elle pleurait encore. Je l'ai dit, elle ne s'en était nullement cachée, elle n'avait même pas eu l'idée de s'en
cacher. Aux yeux de sa future belle-mère, elle avait donc
un passé qu'on n'allait pas se faire faute de lui reprocher. Venait ensuite la différence d'âge.

On a cité plusieurs fois un rapport de l'inspecteur des
Théâtres qui, tout en rendant hommage au talent de
Marceline, lui reprochait un physique « très usé ». Mais
on le serait à moins. « Soixante jours de fièvre et de
veilles » avaient précédé la mort de son fils. Elle avait
repris ses rôles aussitôt qu'elle l'avait pu, ravagée encore
par cette perte.

Au moment où elle va pouvoir reprendre un peu
d'espoir, la mort de son père vient la replonger dans le
deuil et les larmes. Et l'on voudrait qu'elle eût bonne
mine ! Elle n'a tout de même que trente ans, et à cet âge
on peut en paraître dix de moins comme dix de plus

selon les jours et les circonstances. Mais il ne fallait pas compter sur l'indulgence de cette belle-mère de comédie, qui lui reprochait jusqu'à sa faible santé.

Marceline, qui écrivait sa joie à Prosper, n'était pas sans appréhension pourtant. Et malgré ses pressentiments elle espère naïvement : « Votre mère sera donc la mienne ! Votre père va remplacer celui que je pleure encore !... M'aimeront-ils ? » Mais si Valmore l'aîné, vieux comédien toujours par monts et par vaux, comprenant la vie, ne montrait à Marceline que de la sympathie, Anne-Justine Valmore commençait auprès de son fils un travail de sape qui allait porter ses fruits. Ce dissentiment s'aggrava lorsque, enceinte tout de suite après le mariage, Marceline mit au monde une fillette qui ne vécut qu'un mois. Bien que ces accidents fussent fréquents à l'époque, la belle-mère attribua celui-ci à la santé fragile de Marceline (« même pas de santé ! ») et ne se fit pas faute de rappeler la mort prématurée du petit Marie-Eugène, dont on n'avait pas clairement discerné les causes. C'était une occasion, de surcroît, de rappeler que, tout de même, ce petit garçon et ce passé de Marceline avaient existé, et de ne pas laisser oublier l'un et l'autre à Prosper, éveillant ainsi en lui une jalousie encore vague, des doutes à peine formulés. De ce passé, bien sûr, il n'ignorait rien. Mais c'est une chose que de « pardonner » généreusement et d'un bloc, dans tout l'élan de la passion, et une autre de s'entendre rappeler fielleusement par une mère possessive le détail de ce passé qui, après tout, pourrait faire mal augurer de l'avenir.

À ces facteurs de dissentiments, il faut en ajouter un qui n'est pas des moindres : il semble bien que Marceline ait eu à ce moment et à cette époque, à la Monnaie, plus de succès que son mari. Le « physique usé » avait-il repris sa fraîcheur ? Le talent de Marceline faisait-il passer sur ses traits fatigués ? Toujours est-il que Valmore qui était beau, jeune, qui aimait la scène à cette époque, était cependant inégal : tantôt, si le rôle lui plaisait — ou plutôt était conforme à sa nature — excellent, tantôt, le trac

92

aidant — qu'il éprouvait au suprême degré —, insuffisant. Une fois de plus le charme de Marceline triomphait : crime inexpiable aux yeux d'Anne-Justine Valmore, mère passionnée. Elle le montrait.

Il n'y en a pas qu'une, mais plusieurs, à divers moments de ma vie.

— Et que votre mari soit, lui aussi, un artiste, ne vous gêne pas ?

— Cela nous fait un point commun, il me semble.

— Est-ce ce qu'il pense ?

— Je l'espère.

— Mais vous êtes plus *connue* que lui.

— Pour le moment.

Et puis nous n'avons pas la même spécialité, et puis la peinture n'est pas le roman, et puis est-ce que ça compte tellement d'être plus ou moins « connu » ?

— Donc (il, elle insiste) vous gagnez plus d'argent que lui ?

— Parfois.

J'ai beau répondre avec la prudence du serpent, je n'éviterai pas, diversement formulée, la question directe : « Mais est-ce que cela ne crée pas de conflit ? », ou : « Mais est-ce que ce n'est pas une situation un peu fausse ? »

Elle a fini par le devenir.

Cela a duré tout le temps d'un mariage. Longtemps. C'était, comme on dit, « les années 60 ».

On aimait aussi beaucoup, ces années-là, me photographier avec mes enfants, faisant sauter des crêpes.

Toute sa vie Marceline souhaita, avec le plus parfait désintéressement, le succès de son mari. Mais quand elle commença à faire de moins en moins de théâtre pour se consacrer à la poésie, sa renommée s'accrut au lieu de diminuer. Dès la parution de son premier recueil, un intérêt certain va l'entourer. Mécontentement accru de Mme Valmore la mère. Toutes les armes lui étaient bonnes.

Marceline se taisait, pliait sous l'orage, mais souffrait déjà. Bien plus tard elle écrira à son mari : « Tu m'as vue souvent à travers les jugements bien troublés de ta maman. Je respecte les vertus réelles qu'elle avait, mais elle a été bien cruelle, sans le vouloir méchamment. » Elle vit très vite l'incompréhension, peut-être même le soupçon, s'installer dans une union en laquelle elle avait vu un refuge définitif. Peut-être eût-elle mieux fait de s'expliquer tout de suite sur ce temps qu'elle qualifiera de « temps de torture et de malheur ». Mais comment se justifier sans entrer dans des détails pénibles, une controverse sans fin ? Comment, avec la délicatesse qui est la sienne, proclamer : « Ce sont les autres qui m'ont trahie, ce n'est pas moi qui suis coupable » ?

Un des traits de Marceline, qui nous paraît aujourd'hui des plus dignes d'estime, c'est la façon généreuse dont, après des ruptures qui n'étaient pas de son chef, elle avait su conserver avec ceux qui avaient passé dans sa vie une amitié sincère et durable. Elle avait pardonné à Debonne ; ils avaient souffert ensemble les derniers jours de leur enfant. Si elle l'avait revu, nul doute qu'elle eût pardonné à Lacour. Alibert, peut-être amant fugitif, sûrement ami durable, elle l'a absous, prenant sa part de responsabilité dans ce qui n'avait été, vraisemblablement, que griserie d'un instant. Et sa sociabilité sincère, cet intérêt agissant pour les autres, si chaleureux, si aimable, devaient lui faire, et lui fit, une foule d'amis. Beaucoup, je le dis en passant, lui restèrent fidèles et secourables — si même leur nature ne les y portait pas —, comme si cette générosité et cette fraîcheur d'âme de Marceline se reflétaient en eux, les contraignant à pénétrer dans l'univers de cette chère créature.

Elle était donc entourée, non d'une façon mondaine mais infiniment plus proche, d'amis et de relations qui, semblait-il à la mère de Prosper, recevaient celui-ci plus froidement. Était-ce vrai ? Ce grief est-il justifié ? Plus tard, on verra de façon touchante Prosper Valmore saisir toutes les occasions de mettre sa femme en valeur. Mais c'est à un moment où le ménage a retrouvé son équilibre, où, le temps passant, l'époux a pu apprécier à sa juste valeur la solidarité et l'appui que lui apporte indéfectiblement sa femme. Pour l'instant, savamment entretenu par sa mère, un certain mécontentement se fait jour en lui ; peut-être va-t-il jusqu'à se demander s'il a bien agi en se mariant si impulsivement.

Et voilà que grâce à Alibert (nouveau sujet de mécontentement à remâcher...) paraît en décembre 1818 le recueil des *Élégies* et des *Romances* de Marceline Desbordes, qui comprend aussi la nouvelle *Marie*. C'est la vraie première publication. C'est ce premier recueil détesté par Barbey. Il est pourtant émouvant de simplicité, ce recueil, et dépourvu de l'emphase qu'on ne supporte plus chez tant de romantiques. Un des premiers poèmes de cette édition, *L'Arbrisseau*, est dédié : *À Monsieur Alibert.* Cette dédicace déplut-elle à Prosper Valmore ? Sa mère la lui fit-elle obligeamment remarquer ? Le poème est gracieux, cependant, et peu compromettant :

> *La tristesse est rêveuse, et je rêve souvent ;*
> *La nature m'y porte, on la trompe avec peine ;*
> *Je rêve au bruit de l'eau qui se promène*
> *Au murmure du saule agité par le vent*
> *J'écoute : un souvenir répond à ma tristesse*
> *Un autre souvenir s'éveille dans mon cœur*
> *Chaque objet me pénètre et répand sa couleur*
> *Sur le sentiment qui m'oppresse*
> *Ainsi le nuage s'enfuit*
> *Pressé par un autre nuage*
> *Ainsi le flot fuit le rivage*
> *Cédant au flot qui le poursuit...*

Simple ? Oui. Niais ? Non, cent fois non. La petite flûte qui « fait chanter toute la forêt » est déjà là, et cet autre poème encore, qui m'est cher, d'Odilon Jean Périer :

> *Je t'offre un verre d'eau glacée*
> *N'y touche pas distraitement*
> *Il est le fruit d'une pensée*
> *Sans ornement...*

Si elle n'est encore que ce verre d'eau pure, et pas encore la poétesse, la femme-poème (comme on dit en Afrique l'homme-médecine), cette publication fut cependant accueillie avec faveur, fit presque sensation. Marceline pensa presque immédiatement, et avec un espoir immense, à quitter Bruxelles pour Paris, et la scène pour la plume.

Ils partirent. Valmore le père était encore absent, charmant quelque province. Ils emmenaient malheureusement Anne-Justine, qui ne permettait jamais qu'entre les jeunes époux la concorde renaquît tout à fait. C'est à ce moment-là, à Paris, dans un moment difficile des relations de ce couple — qui n'eût dû être que passager — que Marceline rencontra Hyacinthe Henri Thabaud de Latouche, et s'en éprit en un moment.

Ici commence l'histoire d'amour.

Ici je bloque un peu. « Que sais-je de l'amour, si ce n'est sa blessure ? » Le cœur se serre, l'esprit s'échappe ailleurs. À quoi bon remuer tout ça ? C'est plus vite fait de dire « Je n'ai jamais aimé » — non, ça parait excessif. De nos jours, tout le monde a aimé, voyons ! Vous savez, l'Amour et l'Occident, Tristan et Iseut, Bonnie and Clyde, Barbara Cartland et *Un amour de Swann...* « La première fois qu'Aurélien vit Bérénice, il la trouva franchement laide. »

Naturellement, j'ai aimé. Ça a commencé tôt, ça a fait mal. J'étais dans les normes, en somme.

J'avais douze ans. Ma meilleure amie à l'école était Marianne. Elle venait, disait-on à l'école, « des colonies », propos mystérieux, jamais élucidé. Elle était brune, élancée, le teint mat, les cheveux fins mais légèrement ondulés, un nuage de cheveux qui entourait un visage gracieux, un peu effarouché toujours, et de très grands yeux bruns empreints de la douce, de la poétique stupidité des girafes aux longs cils et des antilopes. Je l'aimais avec passion. J'aimais aussi avec passion ma chatte Émilie. J'aimais tout avec passion en ce temps-là, y compris mon père, dont, un jour où il prétendait partir en week-end sans moi, je mordis le pouce avec férocité. Pour ne pas parler de Maman.

Ma mère m'autorisait parfois à inviter Marianne. C'était, dit-elle plus tard, pour « l'observer ». Il n'y avait rien à observer chez Marianne, sauf la violence des sentiments que je lui portais. Ce qui, l'ayant constaté, amena ma mère à décider qu'il fallait « espacer ». Il me restait la chatte, n'est-ce pas ?

De l'amitié passionnée réduisant mes prétentions à l'amitié raisonnable, (en rabattre déjà, à douze ans ! Savoir déjà que la révolte est inutile, qu'elle se brisera contre un mur, qu'elle divertit même celui — celle — qui s'en apercevrait !) je nouai un lien tiède et cordial avec une autre fillette (à l'époque, à douze ans on n'était pas encore une adolescente). Ce fut Suzanne. Suzanne était toute semblable, cheveux, visage, tempérament, à un joli mouton. Une petite touche de vulgarité, l'usage de certaines locutions que ma mère blâmait, et le port (condamné dès longtemps) de petites boucles d'oreilles à ses oreilles percées (parure que j'enviais follement) donnait du piquant à cette amitié un peu terne.

Suzanne m'invita chez elle. C'était le rituel. On sympathisait à l'école, on faisait ensemble le chemin de l'aller ou du retour, puis les mères intervenaient, et on était invitée à un goûter, à une matinée enfantine, l'amitié ayant reçu ainsi l'estampille officielle.

La maman de Suzanne, coiffeuse de son état, fort bonne personne, me plut assez car elle n'avait, de toute évidence, aucune intention de *m'observer.* Elle nous bourra de gaufres (friandise interdite. Sauf à la foire : dans ce cas-là on peut en manger, dans la baraque de Fritz toute tapissée de miroirs. L'aura de la fête atténue le côté « commun » de la gaufre), et vers cinq heures, quand Suzanne eut fini de montrer ses livres, et que j'eus admiré son habileté à dessiner des éléphants, nous dit en toute simplicité : « Je n'ai plus de rendez-vous, je vais *voir au dîner,* soyez gentilles, gardez-moi la boutique. » Je fus transportée de joie. Suzanne, habituée aux splendeurs du rayon parfumerie, mais contente de faire plaisir, me montra tout : les flacons de cristal, les eaux de Cologne ambrées ou vertes aux couleurs de fruits confits, les boîtes de poudre, les rouges à lèvres que nous essayâmes, les fards à paupière. Le clou de la fête fut, vers six heures, une cliente qui entra et nous demanda, comme une chose toute naturelle, un flacon de brillantine. « Parfumée ou non ? » dit Suzanne. Puis, quand la dame eut fait son choix, avec un clin d'œil discret à mon adresse, elle annonça : « Douze cinquante, voyez caisse ! »

La caisse était splendide, rutilante, pleine de touches et de boutons compliqués. Il me fut impossible de la manier. Mais un petit tiroir, en dessous, contenait de la monnaie d'appoint, et, bonne en calcul, je pus du moins rendre sa monnaie à la dame sans trop de gaucherie. « La caisse, il faut savoir, dit Suzanne avec une satisfaction discrète. Je te montrerai la prochaine fois. »

Il n'y eut pas de prochaine fois. Je n'avais pas su cacher ma joie. Quoi que j'aie pressenti de la nature de ma mère, j'étais comme un jeune animal plein de fougue, me jetant tête baissée dans tous les pièges. « La caisse ! s'écria ma mère avec indignation. Cette femme t'a fait tenir la caisse ! » Je crus cette indignation affectée. Quoi qu'il en soit, je perçus tout de suite l'inévitable suite : Suzanne était condamnée.

Il y eut Julia, servante au port de reine, dont j'admirais la beauté étrange que je devais retrouver plus tard dans un dessin de Picasso. Son visage était large et plat comme une assiette, elle avait des yeux légèrement bridés, noirs avec des points d'or, le front étroit, la mâchoire large, les dents blanches et pointues, un parfum de santal, une indifférence souveraine à tout ce qu'on pouvait lui dire. Tout cela additionné donnait à sa beauté un mystère qui me fascinait. Je me serais assise devant elle pendant des heures pour la regarder. Elle n'était pas, comme certaines femmes, une musique : elle était un silence. Elle ne m'aimait pas particulièrement. Aussi fus-je surprise quand ma mère la renvoya sous un prétexte. Peut-être, me dis-je, parce qu'elle n'avait sur Julia aucun pouvoir.

Il y eut ma chatte Émilie — j'en ai parlé — qui mourut par un hiver très froid, enfermée dehors par mégarde alors qu'elle était grosse. On la retrouva gelée contre la porte de l'arrière-cuisine. Il est significatif non seulement que j'aie cru, à tort ou à raison, qu'on l'avait laissée mourir intentionnellement parce que je l'aimais, mais encore que j'aie gardé cette conviction pour moi et n'en aie rien montré. Plus étranges les protestations de ma mère : « Je te jure que je n'y suis pour rien ! » Lisait-elle en moi ?

Il y eut Madeleine, avec laquelle je comparai un jour ma poitrine naissante, quand, débouchant dans la pièce comme un ouragan, ma mère nous arracha à cette contemplation décevante pour réexpédier Madeleine dans sa famille, et me traîner devant le tribunal — le bureau de mon père — où des discours indignés me furent tenus. On me croira si je dis que je n'y compris rien. On me croira plus difficilement si je dis que devant cette réprobation entièrement injustifiée je n'eus aucune réaction. Il y avait longtemps que je pensais que, les enfants, on peut leur faire n'importe quoi.

Après, il y eut... Mais je n'étais plus une enfant. Ma mère était-elle jalouse, tyrannique, possessive avec une pointe de sadisme ? M'éprouvait-elle, comme elle s'éprouvait elle-même ? Il se fût agi alors d'une *initiation* ? Je ne sais pas. Je ne sais toujours pas. Je suis toujours, au fond, persuadée que n'importe quoi peut m'arriver, qu'on peut me faire n'importe quoi. Je sais pourtant que j'aimais ma mère, comme un pays natal au climat sans douceur.

Car tout cela est de l'amour.

Marceline, sur le pont du *Mars*, regardant pleurer cette mère pour laquelle elle n'était pas une consolation suffisante, c'est de l'amour. L'Escaut gris et jaune devant lequel ma mère tenait ma main, c'était de l'amour. Julia, la servante au beau visage inexpressif, à laquelle je n'ai jamais pris la main — car pourquoi prendrait-on la main de la Beauté ? —, c'était de l'amour. La naissance, la vie si brève, la mort de Marie-Eugène, c'était de la douleur, certes, mais aussi de l'amour. Et parfois, par éclairs, j'ai entrevu comme la ligne d'horizon dont on sait qu'on ne peut la rejoindre, ce que pouvait être l'amour de Marceline. Le jour de l'accouchement de ma fille, où son petit visage épuisé, gris, était à la fois tous les visages de son enfance, de son adolescence, tous les visages de ma fille à moi, et celui d'une femme, n'importe laquelle, qui eût souffert et enfanté dans un lieu où toutes les douleurs se rejoignent. Le jour où, à travers mon fils malade, jeune encore, si plein de dons, j'entrevis tant de jeunes vies pleines de promesses (et je ne sais pourquoi, peut-être parce que j'étais toujours dans la première moitié du XIXᵉ siècle, je pensais à ces tout jeunes conscrits de Napoléon qu'on devait appeler « les Marie-Louise » en hommage ambigu à la nouvelle impératrice) ; tant de juvéniles silhouettes fauchées, nullement les « épis mûrs » de Péguy, mais le blé en herbe, et mon angoisse un moment s'élargit aux dimensions de cet horizon vers lequel nous marchons tous, et c'était de l'amour.

Et bien des petits éclairs après, qui, un instant, un seul, illuminaient un ciel noir, douleur ou joie transperçant l'obscurité du monde. J'entends la *Symphonie en si*. Je ne suis pas seule à l'entendre, un regard suffit à me le dire. Les émotions nobles, les émotions familiales, pas forcément niaises, quand on s'aperçoit qu'un enfant (qui dans votre esprit reste tout de même un enfant — ma mère, j'avais dépassé trente ans, quand elle m'achetait un vêtement, un pull, continuait à le prendre d'une ou deux tailles au-dessus de la mienne) a quelque chose à vous apprendre de neuf, dont la racine n'est pas en vous, cet émerveillement de la métamorphose, les émotions pas moins fortes, pas moins personnellement ressenties, qu'on doit à l'inconnu qui vous croise, sourit, rend service, les émotions comiques même, tragi-comiques si on veut — celle que je ressentis en voyant un homme, banal entre tous, qui se masturbait dans une salle de cinéma devant le film *La Mélodie du bonheur*. Au fou rire qui s'était d'abord emparé de moi (le contraste entre la niaise gentillesse du film et son effet inattendu sur l'inconnu) succéda brusquement un éclair de compassion, une appréhension de la solitude telle que j'en aurais bien tout à coup pleuré. Comme il fallait être seul pour venir, en plein après-midi, se masturber devant *La Mélodie du bonheur* — et par moments le rire me reprenait, sans dissiper la poignante tristesse qui en faisait le fond. Et c'était de l'amour, je le sentais nettement. De l'amour pour notre pauvre espèce humaine qui parfois en était réduite à cela, et si j'avais été plus inconsciente, ou plus courageuse, ou plus libérée peut-être, j'aurais parlé à cette pauvre créature grise (ou marron, une couleur triste d'insecte banal), « Venez prendre un café » ou « Vous venez d'arriver à Paris ? » et peut-être cela aurait suffi à briser la pauvre solitude avec son bruit de caoutchouc, son horrible mouchoir souillé, ses larmes peut-être, ses larmes. L'élan retombe, la prudence l'emporte. Marceline, peut-être, lui aurait parlé, l'imprudente, la courageuse, qui, dit-on, voyant une mégère frapper un enfant et sentant qu'aucun raisonnement ne dissuaderait la mauvaise mère, tira de son panier à provisions — elle faisait son marché — deux oranges qu'elle lui mit dans les mains, pour les occuper.

Cette anecdote avait beaucoup touché Lucien Descaves. Il avait raison. C'était de l'amour encore, mais quand on en vient à l'histoire d'amour de Marceline et de Latouche, et qu'il se sent « trompé », là il se trompe, il erre, parce

101

que Marceline a très bien pu aimer Hyacinthe Henri Thabaud de Latouche et garder tendresse et estime pour son mari, comme elle a pu, souffrant de la mort de son enfant, rester disponible pour l'abattement de son frère, pour la et les misères de son père. Il y avait place en elle pour tous ces sentiments, et tous faisaient partie de l'amour.

### Insoluble

Je veux dire : cette grandeur d'âme, cette étendue dans l'amour, cette disponibilité du cœur, cette obscure, profonde, confiance dans la vie qui est peut-être aussi une confiance en Dieu — ce Dieu esprit des eaux, ce Dieu créateur qui sépare les ténèbres de la lumière mais pas le bon grain de l'ivraie —, est-ce que ce qui est l'essence même de Marceline, son parfum de linge frais et de grand vent marin parfois, est-ce de cela que se nourrissent les mots qui nous viennent ? Est-ce la fleur, est-ce la racine ?

J'interroge la vie de Marceline, l'œuvre de Marceline. Ai-je aimé, ou seulement écrit ? Je relis — est-ce une façon de faire le bilan de ces soixante-dix ans écoulés ? — les nombreux cahiers que je ne saurais qualifier de « journal » tant il n'y est question que de travail et si peu des êtres que j'ai aimés ou cru aimer. Et parfois, parlant de l'un et de l'autre, je ne sais plus, vraiment je ne sais plus, s'il s'agit d'une rencontre ou d'un personnage. Ou de la rencontre d'un personnage. Telle notation aussi est-elle « chose vue » ou projet non abouti ?
Ne me reste-t-il de ce qu'on appelle la vie — parfois même la « vie réelle » (Marceline détestait cette façon de dire) — que ces notations brèves dont le tranchant s'est

émoussé : « Lettre de X... qui m'a chagrinée. Pas pu travailler aujourd'hui » ?...

À côté de cela le foisonnement, peut-être vain, de tant
d'esquisses, de plans, de projets de nouvelles, de romans,
à travers lesquels parfois réapparaissent, comme la
chatte Émilie, des visages et des paroles dont j'ai peur de
me souvenir sans cette métamorphose... Si j'arrive, non
sans peine, à les évoquer autrement, c'est avec une
sécheresse qui me fait, à moi-même, mal.

*Fragment de mes amours*

Dans une salle de bains, elle et moi, on se maquille, on
se prépare à sortir.

Elle : Ça ne me dit rien d'aller chez Reine, j'ai mal à
l'estomac.
Moi : Ça fait plusieurs fois que tu me dis ça. Tu devrais
voir un médecin.
Elle : Oui... peut-être. (Négligemment) Je suis peut-
être enceinte.
Moi : Quoi ?
Elle : Ça arrive, tu sais. Je dirais même que tu es payée
pour le savoir.

Un silence.

Moi (aussi négligemment que possible) : Je vais chercher des cigarettes.

Je vais dîner chez une amie. Clairvoyante, elle s'aperçoit de mon trouble.

L'amie : Raconte...
Moi : Ce n'est pas bien long.

Un temps.

L'amie : C'est curieux que tu me racontes ça aujour-
d'hui...
Moi : C'est arrivé aujourd'hui.
L'amie : Moi, c'est arrivé hier.
Moi : Non ?
L'amie : Si. Seulement (elle connaît ma vie et mes
anecdotes), seulement c'était un légionnaire, et il était
blond.

Nous éclatons de rire. Nous pleurons. Nous nous mou-
chons et nous nous consolons — sans excès d'enthousiasme.

Le lendemain.

Elle : Pourquoi tu ne m'as pas dit que tu allais tout de
même chez Reine ?
Moi : Je me suis décidée en chemin.
Elle : Et puis tu voulais être seule avec elle.
Moi : Pourquoi pas ?
Elle : Tu as profité de l'occasion ?
Moi : Tu es folle ! Jamais !

Huit jours et mille questions après :

Elle : Je te jure que je ne serais pas fâchée... C'est seulement pour savoir... J'ai toujours pensé que Reine... Tu
n'as pas confiance en moi ?... Je ne vais pas te quitter
pour ça !
Moi : Eh bien oui, là !

Une heure après elle a fait sa valise et m'a quittée.

Je suis casanière. Je n'aime pas me déplacer, surtout pour peu de temps, mais, du vivant de mes parents, je vais les voir tous les mois.

J'ai déjà trois enfants. L'homme de ma vie, à ce moment-là, les garde, assisté de Joséfa, femme de ménage.

Je reviens, chargée de chocolat belge.

Joséfa : Françoise, il y a une chose qu'il faut que je vous dise. Il faudrait que vous demandiez à la marraine de la petite de ne pas venir dormir ici quand vous n'êtes pas là. On pourrait croire... Les voisins m'ont fait des remarques...

Moi (en toute candeur et bonne foi) : Ah ? Et qu'est-ce que vous avez répondu ?

Joséfa (indignée) : J'ai dit comment osez-vous supposer une chose pareille ? Monsieur n'en est pas CAPABLE !

Moi : ...et tu sais ce qu'elle a répondu ? Monsieur n'en est pas capable !

Je ris. Lui essaie de rire en écho. Je rencontre son regard. La supposition des voisins est vraie.

Un temps.

— Je vais chercher des cigarettes, dis-je.

Je fais trois fois le tour du pâté de maisons. J'achète des cigarettes, tant qu'à faire. Je rentre.

Je suis très secondaire dans mes réactions. Mais qu'est-ce que je me rendrais ridicule si je ne fumais pas...

Un midi, un été, une vieille quatre chevaux, du soleil, du soleil, du soleil.

C'est l'époque — ou à peu près — où j'écrivais (ou avais écrit, ou allais écrire) la *Lettre à moi-même*, volume en béton armé, avec « comme un défaut » ici et là, mais ça tient, c'est solide. Peut-être même un peu trop solide. (Est-ce que je suis plus près de Marceline, femme forte, à ce moment-là, plus loin de Marceline fragile et tendre ?)

Je ne parle pas, dans ce livre, de ce très bref moment d'été, de soleil, de plénitude. On ne peut pas tout écrire. Il y a un équilibre à respecter. Et le déséquilibre ? Est-ce que je lui fais sa part ?

Mes pensées à cet instant-là s'entassent l'une sur l'autre comme des briques. Une maison, mais aussi une chanson. Mes pensées s'ajoutent l'une à l'autre comme des notes. « J'ai un ami, j'ai une voiture, il fait beau, j'ai fini mon livre (lequel ?), mes enfants sont en vacances, à l'abri (chez qui ?), il est midi. »

Peut-être — déformation professionnelle — allais-je ajouter : « Midi le Juste », mais l'Ami, l'Aimé, change de vitesse et dit, à la suite d'une silencieuse réflexion :

— Tu vois, quand j'y pense, je me demande si je n'aurais pas mieux fait en devenant moine.

Il est toujours midi, midi trois ou quatre, peut-être. On roule.

— Pourvu qu'on ne tombe pas en panne !

La quatre chevaux ne tombera pas en panne.

Moi non plus. Pas à ce moment-là.


Une parenthèse qui vaut toutes les anecdotes.

Une de mes nièces vint passer quelques mois à Paris. Nous nous entendions bien, ce qui explique que moi qui ne fais guère de confidences, je lui dis cependant un jour :

— À mon âge, je n'espère plus trouver une âme sœur.

— Tu as du moins une âme nièce ! me répondit-elle avec enjouement.

C'est une fille charmante, elle s'est mariée avec un garçon charmant. Elle est heureuse.

J'aime les histoires courtes et qui finissent bien.

Là je réussis à m'émouvoir un peu (c'est le trop-plein, chez moi, qui cause le blocage) — parce qu'il s'agit d'une enfant, de quelqu'un que j'ai aimé comme un enfant. Voir *Maison de papier*.

Mais le reste, le reste, l'amour comme on l'entend, avec halètements et sanglots de minuit, je ne puis pas en parler. Je ne puis pas. C'est tout juste si je puis — et j'ai un peu tardé, par appréhension — raconter l'histoire d'amour de Marceline.

Bien des années après Marceline se souvenait encore des premiers temps de son mariage. Pendant un temps très bref, elle en avait tant attendu, elle avait été heureuse... Par son désir de l'épouser, Prosper Valmore non seulement l'avait émue, mais encore lui avait rendu justice au milieu d'un monde qui la considérait avec un léger dédain. Ce mariage ne représentait pas seulement, pour elle, l'amour, mais aussi la promesse d'une famille dont la nostalgie restait ancrée en elle.

« M'aimeront-ils ? » demandait-elle à propos des parents Valmore dans l'une de ses premières lettres. Et les réticences — pour employer un euphémisme — de sa belle-mère la firent tout de suite souffrir. Pour comble, quand elle perdit la petite Junie, premier enfant né de ce mariage, c'est tout juste si sa belle-mère, déçue, ne lui en fit pas le reproche et ne supposa pas que la faible santé de Marceline lui interdirait d'autres maternités.

Au cours d'une querelle bien postérieure, Marceline devait, pour qualifier ce temps, employer la forte expression « de torture et de malheur ». La querelle semble avoir pour origine la notoriété croissante de Marceline — et le fait qu'elle évoque à ce propos l'ombre de sa belle-mère prouve que ce facteur jouait aussi, déjà, dans leur désaccord.

« *Quoi ? J'impose, moi ! (j'en impose, je m'impose) ... on vit en aveugle dans ce monde et, l'un à côté de l'autre, on ne s'entend pas... N'en doute pas, mon ami, c'est à ces premières sources que tu as puisé <u>à ton insu</u> mille vagues préjugés contre moi. Tu m'as vue souvent à travers les jugements bien troublés de ta maman. Je respecte les vertus réelles qu'elle avait, mais elle nous a été bien cruelle sans le vouloir méchamment... Vois-moi comme je suis... ta seule vraie amie.* »

L'amie de Prosper Valmore, l'épouse dévouée, elle l'était, elle le resta. Seule une nuance séparait ce sentiment de l'amour-passion. Cette nuance, il fut prompt, plus qu'elle peut-être, à la sentir.

Il fut toujours jaloux, il l'aima toujours. Ce pourrait être là, avec cette solidarité réciproque qu'ils se vouèrent, à travers toutes les épreuves d'une vie longue et difficile, la vraie histoire d'amour de Marceline ? Mais c'est compter sans

## *L'éblouissement*

Elle est à Paris. Elle est déçue, fatiguée. Elle attend avec autant de crainte que d'espoir un autre enfant (ce sera Hippolyte, le seul de ses enfants qui lui survivra).

Elle rencontre Henri de Latouche. Il l'aime. Elle l'aime. C'est un coup de foudre, et qu'on le veuille ou non, qui ne dura qu'un an. C'est l'histoire d'amour de Marceline, et même celle de Latouche, jusqu'au bout.

Quand il rencontre Marceline il n'a guère que trente-cinq ans, ce n'est pas encore l'ermite, le misanthrope qu'il va devenir, tout au contraire ; elle ne se demande pas — et sur quoi se baserait-elle pour se le demander — si c'est un « vrai grand homme ». Elle ne se donnera pas seulement de corps, de cœur, mais d'esprit. Pourquoi du reste n'aimerait-on qu'un grand homme ? Ne serait-on éblouie que par un grand homme, un génie ? Il y a d'autres signes d'exception, d'autres éclairs, d'autres soleils, que celui des mots. Il y a la noblesse du silence et la noblesse de qui, ayant hérité d'une foule de talents, les dilapide autour de lui comme les rois jetaient des scintillements de pièces à la foule. Une générosité qui était assez — jusqu'à l'affaire de *La Reine d'Espagne* — dans le caractère de Latouche. Seulement les rois dispensateurs de billon ont des réserves dans leurs coffres. Lui en avait moins qu'il ne le croyait. Il jeta autour de lui les idées ingénieuses, les mots d'esprit (on le surnommait alors Rivarol II), les critiques constructives et les pamphlets imprudents, et se retrouva les mains vides.

C'est une autre histoire, une histoire parallèle, celle d'un homme de cœur et d'esprit qui déjoua le bonheur et la réussite chaque fois que l'occasion s'en présenta et qui, atouts en main, arrivait encore à perdre.

Cette étrange disposition à l'échec, due autant aux réelles qualités d'Henri de Latouche qu'à ses défauts plus agaçants que profonds, Marceline la devine-t-elle quand elle le rencontre, jeune et triomphant, décidé à obtenir, dans ce milieu littéraire dont il fait déjà partie, la première place ? Sait-elle du moins qu'avec cette impulsivité qui fut toujours la sienne, marié à vingt-trois ans, il s'est séparé de sa jeune épouse au bout de peu de temps, aussi vite lassé qu'épris ? Et si elle le savait, cela ébranlerait-il la confiance que tout de suite elle a en lui ? Lui-même, au moment où il s'éprend d'elle, prévoit-il le décevant avenir qui l'attend ?

Sûrement pas. Il y a de la naïveté chez ce faux cynique, de l'enthousiasme chez ce faux désabusé, de la générosité chez cet ambitieux : un reste d'enfance qui va bientôt s'aigrir, éclater en colères et en boutades qui cacheront ses blessures. « J'ai fait, comme on l'a dit, plus d'auteurs que d'ouvrages », devait-il déclarer mélancoliquement, quelques années plus tard, au moment de sa vie où « à force d'avoir été altruiste, on devient misanthrope ».

Il n'en est pas là. Il s'emballe pour Marceline. Si elle est « éblouie », lui est profondément touché. Il prévoit ce que peut devenir son indiscutable talent, il est ému par la modestie avec laquelle elle écoute et suit ses conseils, leurs opinions politiques s'accordent (lui, plus républicain, elle, plus bonapartiste, mais ils se rejoignent dans une opposition au régime), il sera son Pygmalion avant d'être son amant — elle est enceinte de son fils Hippolyte, rien ne presse.

Il devait être très drôle, Henri de Latouche, à cette époque. Il n'était pas encore amer. Il s'amusait d'un rien. Il n'aurait jamais retenu un mot d'esprit de crainte de déplaire. Ce qu'il y a c'est que, quand on est méchant, il ne faut pas l'être à demi. Là encore, il était entre deux chaises car, au fond, méchant, il ne l'était pas. Voyez Balzac. George Sand résume à merveille leurs relations orageuses : « En 1827 il se lia avec de Latouche. Une grande intimité s'établit entre l'élève et le maître. C'était alors de Latouche qui était le maître. Il se versa tout entier à Balzac dans ces brillantes et intarissables conversations où il enseignait tout ce qu'il ne faut pas faire sans jamais arriver à dire ce qu'il faut faire... L'école de Latouche était à la fois attrayante et rude... Un jour Balzac se trouva, comme moi plus tard, mortellement brouillé avec de Latouche, sans savoir pourquoi. »

Là il y a une parenthèse à faire sur Latouche : après s'être fait le tapissier de Balzac (adroit de ses mains, il poussait alors l'amitié jusqu'à décorer l'appartement de ses amis, et tendit celui de Balzac d'un joli tissu bleu), il se fit son éditeur. Faut-il en dire davantage ? Aussitôt l'aigreur naquit, les affaires d'argent s'en mêlèrent, dans lesquelles Balzac introduisit son désordre habituel et un peu de mauvaise foi. « Le pauvre Latouche avait aimé Balzac et l'aima encore en le haïssant. Il était malade et chagrin. » Ceci se situe beaucoup plus tard : « Balzac, bien portant et bien vivant, n'eut aucune amertume contre lui. Il l'oublia. De Latouche continua à fulminer contre lui, mais il ne l'oublia pas. Il lui eût ouvert les bras si Balzac eût voulu », nous dit Ségu, son biographe. Sans doute Balzac ne lui en voulut pas. Il eut même la bonté d'utiliser, semble-t-il, quelque chose du roman de son ex-ami, *Fragoletta,* pour *Les Chouans. Les Chouans* était un beau livre, *Fragoletta* un livre raté — encore qu'à mon avis assez amusant. Il y a des échos, aussi, de *Fragoletta* dans l'*Histoire des Treize* (signalés par R. Fortassier). Maxime Du Camp, si hostile à Latouche qu'il l'expédie en quelques lignes dans ses souvenirs littéraires, reconnaît que dans son adolescence il se souvient de s'« être passionné pour *Fragoletta,* sorte de roman historique divisé en une infinité de chapitres, où l'on racontait d'une façon parfois trop vive l'histoire d'Emma Lyons, de l'amiral Nelson, et de la reine Caroline de Naples ». Ceci est écrit bien des années après ces premières passions romantiques de Du Camp. Aussi ajoute-t-il ce portrait excessif — car il n'a pas, ou peu, connu — de Latouche : « C'était l'œuvre d'un homme qui eut quelque notoriété jadis, atrabilaire, envieux et dur, poète médiocre, écrivain infatué... »

Cela est juste et faux. Mauvais poète, hélas ! Atrabilaire, sans doute. Mais envieux, je ne le crois pas. Et infatué, encore moins. On n'est pas aussi sensible à la critique quand on a confiance en soi. Cette hypersensibilité au moindre froissement — qu'il soit littéraire ou amical — est une des caractéristiques de Latouche et, comme elle s'accompagne d'une irritabilité qui ne fait que croître, le fait mal juger.

Mais sa générosité est grande ; on le voit à l'origine de tant de réussites qu'on ne saurait toutes les nommer : il conseille le dramaturge Soulié avec lequel, évidemment, il se brouille par après, il fait imprimer les *Scènes populaires* d'Henry Monnier ; et Dumas a raconté dans ses *Mémoires* comment, « bourru bienfaisant », après avoir mal accueilli George Sand, berrichonne comme lui, après avoir ironisé sur ses projets littéraires, à peine lui soumet-elle *Indiana* qu'il lui saute au cou, l'encourage de toutes les façons, cherche à lui faire gagner un argent

dont elle a grand besoin et, pour la désolidariser entièrement de Sandeau, son ex-amant et ex-collaborateur pour
*Rose et Blanche,* il lui trouve le pseudonyme de George
Sand. Il va jusqu'à lui avancer une petite somme, lui qui
n'est pas riche, pour qu'elle puisse s'acheter les quelques
meubles qu'elle désire. Il finira par lui céder son appartement du quai Malaquais. Il avait déjà acquis sa petite
maison de la Vallée-aux-Loups, lieu rendu célèbre par la
présence plus prestigieuse de Chateaubriand. Et voit-on
comment, jusque dans sa retraite, le malheureux est
éclipsé par un autre ? Bien sûr il se brouillera avec
George Sand aussi — il rêvait d'une telle perfection chez
ses amis qu'ils ne pouvaient que le décevoir ; c'était parfois injuste, mais pas toujours. Exemple : est-ce tout à fait
inconsciemment que Balzac se servit de certains traits de
Latouche (le côté Pygmalion) — génialement déformés
et caricaturés — dans ce passage des *Illusions perdues* où
Lousteau, dès longtemps membre du « milieu littéraire »,
initie Lucien encore tout innocence ? Qu'on relise ces
pages, on verra la distance qui sépare le modèle du personnage. Ce qui est tout de même rare, c'est que le
modèle possédait plus de complexité, de nuances et de
grandeur que son alter ego :

« *Êtes-vous classique ou romantique ? lui demanda Lousteau.*
*L'air étonné de Lucien dénotait une si complète ignorance de*
*l'état des choses dans la République des Lettres, que Lousteau*
*jugea nécessaire de l'éclairer.*
*— Mon cher, vous arrivez au milieu d'une bataille acharnée,*
*il faut vous décider promptement... Les Royalistes sont roman-*
*tiques, les Libéraux sont classiques. La divergence des opinions*
*littéraires se joint à la divergence des opinions politiques, et il*
*s'ensuit une guerre à toutes armes, encre à torrents, bons mots à*
*fer aiguisé, calomnies pointues, sobriquets à outrance, entre les*
*gloires naissantes et les gloires déchues. Par une singulière bizar-*
*rerie, les Royalistes romantiques demandent la liberté littéraire et*
*la révocation de lois qui donnent des formes convenues à notre*
*littérature ; tandis que les Libéraux veulent maintenir les uni-*

*tés, l'allure de l'alexandrin, et le thème classique. Les opinions littéraires sont donc en désaccord, dans chaque camp, avec les opinions politiques. Si vous êtes éclectique, vous n'aurez personne pour vous. De quel côté vous rangez-vous ?* »

Latouche s'était peut-être posé cette question en débarquant à Paris, mais il était à la fois trop intelligent et trop intègre pour répondre à cette question par une question, comme l'ingénu Lucien : « Quels sont les plus forts ? » Il était comme le sous-titre de la thèse qui lui est consacrée, « romantique et républicain », et c'était déjà — sans qu'il le voulût, peut-être — une forme de provocation.

En pensant à Balzac, on pourrait donner pour sous-titre aux aventures d'Henri de Latouche : *Ou comment on sabote une carrière.* Il avait débuté par un geste tout à fait désintéressé, au moins à l'origine, qui consistait, sur la demande de l'éditeur et de la famille, à collationner, corriger et présenter les poèmes du malheureux André Chénier, presque inconnu, même après sa mort tragique. Il avait fait ce travail — Sainte-Beuve l'affirme et on peut le croire — avec une grande conscience professionnelle. Çà et là un mot était illisible : il le remplaçait. Quoi de plus normal ? Un vers inachevé appelait une rime évidente : il la mettait en place. Tout donne à penser que ce travail soigneux était aussi respectueux que possible des textes achevés. Mais les manuscrits remis à Latouche comportaient aussi des fragments, des ébauches. « Latouche jugea dangereuse une reproduction intégrale et textuelle, sans coupures ni corrections. Il estima nécessaire, pour ne pas heurter trop violemment le goût timide de l'époque, de supprimer certaines hardiesses de Chénier. »

Ségu en cite des exemples qui nous surprennent. En quoi :

*Et chaque été nouveau d'un jeune taureau blanc*
*La hache à ton autel fera couler le sang,*

ces deux vers sont-ils plus choquants que celui qu'a cru bon de lui substituer Latouche :

*Et chaque été nouveau, d'un taureau mugissant...*

Citons encore Ségu qui écrit en 1931 : « Il change des expressions qu'on jugerait un peu triviales, substitue quelques rimes à des rimes jugées trop faibles, déplace l'ordre des vers, abrège des morceaux, en réunit d'autres, supprime des négligences de style. Ce sont là des procédés que nous n'admettons plus, mais les précautions de Latouche étaient, en 1819, absolument justifiées. »

L'étaient-elles ? On verra plus tard un ami, Latour, se livrer, quant aux vers de Marceline, à des critiques qui nous paraissent tout aussi incompréhensibles ; mais, du moins, il ne les récrit pas. On peut estimer aussi que les négligences de Chénier valent bien les laborieux efforts de Latouche pour le « faire accepter ». Cependant, nul doute qu'il ne pensât servir son auteur de bonne foi, et qu'il n'y réussît puisque l'édition de 1819 soulève un vif intérêt.

Mais ici s'arrête notre préjugé favorable. Le bruit s'étant répandu de ces « ajustements » que s'était permis Latouche, certains, et qui n'étaient pas forcément de ses ennemis, se mirent à répandre le bruit que certaines pièces — et pourquoi pas le tout, ou presque — étaient du pur Latouche auquel Chénier n'aurait servi que de tremplin. Il ne démentit pas, ou il démentit de telle façon que le doute subsista. Goût de la mystification ? Ce n'était peut-être pas aussi simple.

Matériellement désintéressé, Latouche — et il ne s'en cachait pas — rêvait de célébrité. Elle était là, lui semblat-il, à sa portée. Il n'avait pas même à mentir. Seulement à se taire, avec un sourire entendu. Il ne résista pas à ce bruit qui se faisait autour de lui, qui faisait de lui le centre de rumeurs dont il ne percevait peut-être pas la malveillance. Des années après, Béranger — qui, toujours, admira et aima Latouche — était encore fermement persuadé que la presque totalité de cette œuvre mise à jour était de la main de Latouche. Il fallait pour cela que ce dernier eût nié sans beaucoup de conviction. Dans ses lettres, pourtant (notamment à Nodier, son intime), il témoigne admiration et respect pour les textes de Chénier qui lui sont confiés. Et s'il reconnaît avoir « écarté quelques détails, remplacé quelques mots, achevé quelques vers », il soutient qu'il ne l'a fait qu'avec timidité et même « un je ne sais quoi de religieux ». Alors ?

Quoi qu'il en soit des motivations profondes de Latouche, le bruit continua à courir et trouva un aliment dans le fait qu'en de toutes autres circonstances Latouche s'inspira fréquemment de textes ou de sujets existants. Dans cette grande époque de traductions, cela n'avait rien de choquant, ni même d'étonnant. L'ennui c'est qu'il évita parfois de citer ses sources, et tout particulièrement en ce qui concerne une nouvelle d'Hoffmann qui s'intitulait *Mademoiselle de Scudéry*. Du thème de cette nouvelle, Latouche tira un roman en deux volumes, *Olivier Brusson*, qui fut bien accueilli.

Plusieurs années passèrent entre cette publication — dont, cependant, on parlait toujours — et les révélations de Loeve-Veimar, traducteur et commentateur d'Hoffmann, qui mit en lumière les points communs entre la nouvelle allemande et *Olivier Brusson* que, cependant, il louait, non sans hypocrisie. Il eût suffi, au moment de la publication du roman, d'une phrase indiquant « d'après une nouvelle » ou « d'après un thème de Hoffmann » pour éviter ce bruit déplaisant. D'autant plus qu'en 1823 Hoffmann était, comme le dit Latouche lui-même, « parfaitement inconnu en France ». Mais cette phrase, il ne l'avait pas publiée. Et aux attaques qui ne manquèrent pas après l'article de Loeve-Veimar (*Le Figaro* fut particulièrement venimeux), il répondit avec une maladroite violence.

C'était l'année où venait de paraître son article sur la « camaraderie littéraire » qui attaquait le Cénacle et devait lui valoir tant d'inimitiés. L'article du *Figaro*, d'ailleurs fort ironiquement, félicitait Loeve-Veimar de n'avoir pas cédé à « la camaraderie » (allusion transparente) pour dévoiler les sources de l'auteur français. L'article présentait le roman comme une traduction pure et simple, et qui même aurait affadi le texte original. Accusation trop sévère, mais rendue vraisemblable par un certain nombre de traductions qu'avait données au public Latouche, notamment de Bürger et de Goethe, et dont on pourrait dire aujourd'hui qu'il les a, en effet, affadies et comme « gommées ». C'est lui pourtant qui devait faire connaître, et faire le succès en France du *Roi des Aulnes.*

Et l'activité inlassable que déploie Latouche pendant ces années de pointe du romantisme pour faire réussir les uns, traduire les autres, mettre en rapport les textes et les hommes, méritait mieux que ces reproches et cette réputation injuste de pur plagiaire.

Hélas ! Il y était pour quelque chose. Conscient de sa valeur — au moins de critique —, fort d'une intégrité réelle, il se laissait aller à toutes les provocations que lui suggérait une révolte sincère contre la société de son temps, à toutes les foucades d'un caractère impulsif et cocasse. « Si les gens », me disait un jour mon fils Vincent, non sans mélancolie, « étaient aussi délicats qu'ils sont susceptibles, le monde serait un Paradis ». Latouche eût pu méditer cette phrase. Mais il était fort encore de sa jeunesse, d'une situation discutée mais très en vue, et même d'une petite aisance acquise par la rédaction des *Mémoires* de Madame Manson, un témoin de l'affaire Fualdès. Il innovait là encore, et inventait, sans le savoir, le journalisme d'information.

Il eût pu continuer dans cette voie. La jugea-t-il indigne de lui ? L'admirateur de Chénier et de Marceline — qui ont en commun cette euphonie, cette mélodie dont les vers de Latouche sont si cruellement dépourvus — n'a pas eu, par la fréquentation de ces beaux poètes, les yeux dessillés. Et pourtant, tant dans le style alerte et vif que Latouche prête à Mme Manson que dans la correspondance qu'il eut avec elle après la publication (comme bien des personnalités qui se sont vues contraintes de recourir aux services d'un « nègre », elle s'était très facilement persuadée qu'elle était le véritable auteur de son livre), on apprécie sans réserves son humour, sa concision, et l'on peut regretter qu'il ait cru, comme tant d'infortunés de cette époque, devoir chanter les bocages et la mélancolie des soirs. Sans rencontrer un véritable enthousiasme, ces vers passaient pour n'être pas plus mauvais que d'autres. Certains les trouvaient même intéressants. Quand on les relit, on est étonné qu'une oreille musicale comme devait en posséder Henri de Latouche, critique, ait pu n'en pas percevoir la dissonance qui les rend pire que mauvais : désagréables.

Plus tard vint le drame (au double sens du mot) de *La Reine d'Espagne* — tentative que Latouche fit pour le théâtre et qui le coula. Jusque-là il avait conservé sa foi en lui, et cette espèce d'insouciance acerbe qui le faisait aimer et détester à la fois.

Oui, mais alors LA rencontre ? L'histoire d'amour ? J'y viens, j'y viens. Avec réticence, mais j'y viens. Avec réticence parce que c'est à la fois si facile et si difficile. « La première fois qu'Aurélien vit Bérénice, il la trouva franchement laide » ; « Le premier regard de Brigitte, lorsque je commençai à prendre ce ton, ne sortira jamais de ma mémoire » (Musset). « En un moment, Calyste fut saisi d'un amour qui couronna l'œuvre secrète de ses espérances... » (Balzac, *Béatrix*). « Léniot se hâta de les joindre, et, en les saluant, regarda Fermina au visage, durement, comme on regarde un ennemi. Il venait de penser : pourquoi ne serait-ce pas toi ? » (Valéry Larbaud).

### *Histoires d'amour, et de la difficulté d'en parler*

Il n'y a qu'à faire le premier pas, en somme. Pour écrire une histoire d'amour et s'engager dans le sentier des fées. Mais, dès l'enfance, les fées m'ont montré leur double visage. La Reine des Neiges enfonce dans le cœur du petit Kay une aiguille de glace qui le transperce à jamais, sœur de l'épine enfoncée dans la poitrine du rossignol, qui chantera jusqu'à la mort. Il n'est pas nécessaire de lire ce qu'on appelait dans mon enfance « de mauvais romans » pour savoir qu'amour et blessure sont synonymes. Il suffit des contes. Mais il y a des gens qui ne lisent pas de contes. Alors parlons romans, « mauvais romans », c'est-à-dire qu'on lit trop tôt, mais était-ce trop tôt puisque j'avais près de quatorze ans quand je lus la série des *Jeunes Filles* de Montherlant ?

Ce livre me frappa de stupeur. Je constatai que les hommes (certains hommes, mais des écrivains !) estimaient que les femmes leur étaient inférieures. C'était une idée qui ne m'était jamais venue. En commençant ma lecture, et du haut de mon expérience livresque que j'estimais assez vaste, j'avais d'abord considéré comme un hasard malheureux le fait que le héros n'eût le choix, en cherchant une femme, qu'entre une jolie ignorante un peu idiote, Solange, et un laideron cultivé, Andrée. Puis je vis que cette schématisation était voulue ; pour cet auteur, que je connaissais encore peu, toute femme cultivée ou simplement intelligente devait, par la force des choses, être ou devenir un laideron. Je m'estimais très cultivée : je lisais sans cesse, j'écrivais. Je surveillais le miroir avec inquiétude. Mais enfin Montherlant n'était peut-être pas un archétype. Il fallait voir. Je vis.

J'avais seize ans quand je devins amoureuse.

On veut seulement contrarier sa mère — rivaliser avec elle, et même l'étonner —, et puis on oublie ce premier mobile et on aime parce qu'on a besoin d'aimer.

Je rencontrais Louis à l'insu de mes parents, dans un appartement assez bizarre qui se trouvait être partie d'une vieille tour, non loin du canal Albert. J'étais amoureuse. Mais aussi je considérais la perte de ma virginité comme une étape dont j'avais lieu d'être fière, quelque chose comme un bac pour lequel j'aurais obtenu une dispense d'âge. Je crois, je suis sûre, qu'il était lui aussi amoureux, et nous restâmes amis toute une vie. Et pourtant...

Le premier jour — le premier —, comme, couchés, nous reprenions souffle, il me dit en regardant mes poignets : « Comme ils sont fins ! C'est ravissant. » Et, baissant les yeux : « Voyons les chevilles... Moins bien. Dommage. » Mes réactions ne sont jamais immédiates. Je pensai avec beaucoup de calme : « Mais est-ce qu'il a le *droit* de me dire cela ? De m'évaluer ? », et je me souvins de Montherlant. Mais je ne fus triste que le soir, après l'avoir quitté. C'était donc ainsi, c'était donc bien ainsi. Je fus encore amoureuse plusieurs années. Mais sans oublier cette distance qu'il avait brusquement établie entre nous, cette subordination qu'il proclamait en me jaugeant comme une pièce de bœuf. Déjà prédisposée à l'insécurité, au secret, à la solitude intérieure, au qui-vive, je m'y enfonçai davantage avec un sourd regret de ma nature première qui était, je crois, toute d'élan et de spontanéité, de violence et de gaieté.

Aucun amour, aucune amitié un peu passionnée (mais en ai-je eu d'autres ?) ne m'advint depuis sans susciter ce bouclier instinctivement placé entre moi et l'être qui avait, fût-ce passagèrement, le pouvoir de me blesser. Voilà pourquoi je retarde la rencontre, l'histoire d'amour, l'histoire qui fait mal. Rions encore un instant. Comme eût dit Latouche.

Il fut longtemps porté à la plaisanterie, à la farce. Il n'était pas le seul. Jusqu'à la fin du XIXᵉ siècle, et même au-delà, survit à la vie de bohème à la Murger un goût de la mystification qui va d'Eugène Sue persécutant un infortuné portier (dont le nom, Pipelet, passera à la postérité) jusqu'à Roland Dorgelès se moquant de la peinture abstraite en présentant comme telle une toile exécutée par la queue d'un âne et signée Boronali. Mais le goût de la farce a, chez Latouche, un accent plus âpre, un fond plus sérieux de contestation de la société de son temps, et de la médiocrité sous toutes ses formes.

119

Pendant quelque temps il eut pour cela un complice : Stendhal.

Latouche avait mystifié déjà pas mal de monde. Et notamment le vicomte Sosthène de La Rochefoucauld qui avait cru « acheter » pour quelques milliers de francs le journal *Le Mercure* pour qu'il soutînt Charles X. Latouche publia le traité ainsi conclu et fit don de l'argent à un comité philhellène. Ce trait ne pouvait que plaire à Stendhal. Il est du reste amusant, quand on parcourt le livre consacré à Stendhal par Michel Crouzet, et, en particulier, les pages qui concernent les années 1825, 1826, 1827, d'y trouver, avant même que Stendhal et Latouche ne se soient rencontrés, des traits de ressemblance étonnants entre les deux hommes. Dans les salons, « Stendhal lançait d'inquiétantes boutades », des « charges » subtilement moqueuses. Mais cependant, dès qu'il sentait ne pas plaire, ne pas être aimé : « Quel chagrin de ne pas trouver... cette ouverture de cœur, ce don de soi qu'il offrait », et encore : « Offensé, offensant, et pratiquant la méfiance, il était aussi ombrageux qu'épineux. Il mettait tous ses soins, tout son Moi, à déplaire » —, dépité, *aussi épineux qu'ombrageux*. Et cette sensibilité cachée, qui ne sert qu'à le brouiller avec ceux qu'il a le plus aimés (et qu'il continue d'une certaine façon à aimer, comme le remarquait George Sand), c'est bien le portrait de Latouche, dont les notes claires iront s'assombrissant jusqu'à ce que cet homme brillant du monde parisien devienne l'ermite de la Vallée-aux-Loups.

Mais quand il rencontre Stendhal, leurs opinions politiques, aussi bien que cette tendance à critiquer ceux qui les partagent d'une façon qui ne leur convient pas (quel meilleur moyen de se faire détester de tous les côtés à la fois !), ne peuvent que les faire sympathiser. Pour ces raisons et bien d'autres, ni l'un ni l'autre n'était reçu partout. Ce que Michel Crouzet appelle drôlement la « ducomanie » de Stendhal ne lui ouvrait pas toutes les portes. Il n'allait pas, entre autres, chez la duchesse de Duras, dont Sainte-Beuve a tracé un portrait tout en nuances pastels. Comme il est impossible à Sainte-Beuve de louer sans introduire dans sa louange un petit filet de vinaigre, il ne manque pas de nous signaler qu'on disait de cette honorable femme, quand elle était jeune fille et Mlle de Kersaint : « Claire est très bien, c'est dommage qu'elle ait si peu d'esprit. » Comme l'anecdote vient de la duchesse elle-même, on peut supposer qu'elle avait cru en acquérir avec le temps.

Mme de Duras avait un salon fort prisé, des idées libérales mais non révolutionnaires, et le goût d'écrire. Ayant raconté, chez des amis, d'une façon qu'ils estimèrent fort touchante, l'histoire d'une jeune négresse éduquée par une bienfaisante famille, ses amis encouragèrent ce goût et l'incitèrent à rédiger cette histoire. Ce fut *Ourika*. *Ourika* parut d'abord anonymement et portait, au dos de l'ouvrage, cette mention : « Au bénéfice d'une œuvre de charité ». *Ourika* raconte donc l'histoire de cette jeune personne de couleur, élevée « à la française », qui s'éprend du fils de ses bienfaiteurs, découvre les préjugés qui s'attachent au problème de couleur, et meurt de chagrin dans un couvent. Le Larousse de 1874 vante encore l'originalité de ce sujet et la « douce sensibilité » de l'ouvrage. Le succès fut très grand. Le livre fut réédité, porté à la scène, et même parodié. On faisait des coiffures à la Ourika, des bonnets à la Ourika, et même, je crois, des chaussures à la Ourika.

Encouragée, Mme de Duras donna le jour à une autre œuvrette : *Édouard,* bâtie sur le même modèle. Mais au lieu du préjugé de couleur qui s'élevait entre Ourika et celui qu'elle aimait, c'est ici le préjugé de naissance qui rend impossible l'union d'Edouard et de sa bien-aimée. Mme de Duras semblait vouloir se spécialiser dans le récit des amours impossibles. Rédigea-t-elle, ou se proposa-t-elle seulement de rédiger, un troisième roman intitulé *Olivier*? Le sujet en était, pour l'époque, scabreux, puisqu'il s'agissait là, entre les deux amoureux, d'une impossibilité toute physique. Ce n'est que par ouï-dire que Latouche et, par lui, Stendhal purent entendre parler de ce canevas, puisqu'ils ne fréquentaient pas la « petite société d'élite » qui en avait eu la primeur. Nul doute que Mme de Duras n'eût traité le sujet avec ce tact et cette « douce sensibilité » que lui reconnaîtra le Larousse. L'anecdote ne parut pas moins burlesque aux deux complices. Le projet naquit de couper l'herbe sous le pied — si j'ose dire — de la duchesse, et de donner de ce thème une version drolatique que le public ne manquerait pas d'attribuer à la malheureuse.

Était-ce la « douce médiocrité » des deux premiers ouvrages de l'excellente femme, ou plutôt le succès de ces médiocrités, qui avait agacé les deux écrivains ? Ils convinrent d'écrire chacun un *Olivier* qu'ils feraient le plus amusant possible.

Ici se place un de ces petits mystères qui font la joie des érudits. Stendhal rédigea-t-il réellement cet *Olivier* de fantaisie, qui serait alors comme une première version d'*Armance* qui devait suivre ? Frédéric Ségu tient pour assuré que oui : le manuscrit de Beyle aurait d'abord mis ses amis en goût, on attendait avec impatience celui de Latouche. Sa lecture provoqua des rires inextinguibles. Beyle déclara à son ami qu'il se sentait dépassé : il lui concédait la priorité d'une publication qu'il convenait de bien préparer. Mais se sentait-il vraiment dépassé ou, le sujet l'ayant intéressé, voulait-il dès ce moment en faire tout autre chose qu'une parodie ? Toujours est-il que celle de Latouche fit rire, et même indigna. « Plus d'un lecteur y fut pris et se dit avec étonnement : Mais est-il possible qu'une personne comme Mme de Duras, qu'une femme du monde, qu'une femme, soit allée choisir une pareille donnée ? Mais c'est incroyable ! C'est révoltant... Cependant, Monsieur de Latouche riait... » (Sainte-Beuve, *Causeries du lundi*).

*Armance* a failli également s'appeler *Olivier*. Puis, sans doute à cause du succès bouffon de la parodie, Stendhal renonça à ce titre. Mais a-t-il existé une version d'*Olivier* rivale de celle de Latouche ? Ce manuscrit aurait dans ce cas disparu. Frédéric Ségu semble tenir pour assuré qu'il fut écrit, Michel Crouzet n'en fait pas mention. L'important est sans doute que de cette plaisanterie soit né le premier roman de Stendhal.

Ainsi — et malgré la mauvaise presse qui accueillit d'abord *Armance* — encore une fois une initiative de Latouche tournait au bénéfice de son ami et non au sien. « Toujours, avec Latouche, il y a cette rumeur farcesque, ce montage de coups, ces taquineries sous travesti, ces rires sous cape » (Crouzet). Latouche eut beau envoyer des démentis au *Journal des débats* et au *Moniteur* — démentis sans grande conviction d'ailleurs —, au bout de peu de temps la plupart des lecteurs d'*Olivier* le lui attribuèrent. On en rit, bien entendu. Mais cette facétie fit parler de lui non comme d'un écrivain d'importance ou d'avenir, mais comme d'un plaisantin qui a besoin de « monter des coups » pour faire parler de lui. Ce qui était passablement injuste.

Lui, s'amusait, et détestant, comme Stendhal, l'esprit de sérieux qu'il confondait avec le goût du pouvoir et de l'autorité établie, républicain sincère et désintéressé, amoureux des lettres jusqu'au dévouement, il ne se rendait pas compte que ces qualités estimables étaient masquées, aux yeux de beaucoup, par ses paradoxes et ses boutades qui faisaient parfois plus de mal qu'il ne croyait en faire. Témoin la pauvre duchesse de Duras, mais aussi les journaux où il écrivait et auxquels il attirait (involontairement ?) les ennuis les plus divers et les foudres de la censure. Ainsi, dans une revue des Beaux-Arts qu'on lui avait donnée à faire parce qu'on croyait qu'il y serait inoffensif, on peut lire la phrase suivante : « On remarque parmi les plus jolis dessins de Monsieur Isabey, la figure en pied d'un enfant qui porte dans ses deux mains un énorme paquet de roses. Cette association des couleurs du printemps et des grâces de l'enfance rappelle et rassemble des idées d'espérance. Au milieu du bouquet, l'auteur a jeté de jolies fleurs bleues. Ces fleurs se nomment en allemand " Vergiss mein nicht " — ne m'oubliez pas. » La malice était si bien cachée (nous dit le Larousse 1874, décidément une mine) que la censure ne s'en aperçut pas. Le lendemain seulement, on s'aperçut que l'enfant d'Isabey s'appelait le Roi de Rome, que l'assemblage bleu, blanc, rose, n'était autre que le drapeau tricolore, le tout couronné du « Ne m'oubliez pas », allusion à « celui qui est en Allemagne ». On était en 1817, sous le ministère de Richelieu, et *Le Constitutionnel* où avait paru cette chronique fut supprimé du coup.

On devine que plus d'un journal se passa bien volontiers, à l'avenir, de la collaboration d'Henri de Latouche. Qui préparait ainsi, le plus gaiement du monde, un isolement et une chute qu'il n'avait pas assez de génie pour compenser.

Esquisse de portrait de l'homme qui aima Marceline.

Esquisse infidèle, car ce n'est pas le cynique apparent, l'ambitieux inconséquent, ni même l'intellectuel étrangement acharné à sa propre perte (il y a là aussi une sorte de dandysme, une élégance de l'autodestruction), ce n'est pas cet aspect important de Latouche qui, avec l'impulsivité, la violence même qui étaient dans son tempérament, aima Marceline. C'était une aspiration profonde, secrète — et que déjà il n'espérait plus guère satisfaire — à l'harmonie, à la bonté, à une grâce délicate que possédait Marceline, au don qu'elle portait en elle sans trop s'en douter (et on pourrait presque dire sans trop s'en soucier) et qui était aussi une forme d'inconsciente élégance, de générosité insouciante : elle donnait, il dilapidait.

Ils ne furent à l'unisson qu'un moment, mais ne purent jamais l'oublier.

Oui. L'histoire d'amour. J'y viens, il le faut bien.

En somme, elle a ceci de touchant qu'elle se passe entre gens estimables, intelligents, nullement ridicules ni mesquins. Cela n'est pas si fréquent. Force nous est, pour en raconter le début, de nous référer, encore une fois, à Ambrière, le seul dont les recherches approfondies aient démontré sans doute possible que Latouche n'était pas, comme l'affirment trop de biographes, le premier amant de Marceline et le père du petit Marie-Eugène. C'est donc bien la première rencontre qui a lieu aux environs d'octobre 1819. Et, toujours pour suivre le consciencieux biographe, supposons comme lui que ce put être dans l'atelier de l'oncle Constant, admirateur, comme Latouche lui-même, de David. Peu importe, du reste. Latouche avait le cœur libre, sa correspondance en témoigne. Marceline, alors enceinte de son fils Hippolyte, traversait une période de désillusion, de tristesse, pour partie due à une fatigue bien naturelle, pour partie aussi à son profond désaccord avec sa belle-mère dont sa délicatesse l'empêchait de parler à son mari.

Plus tard, on l'a vu, ils s'expliquèrent à ce sujet, et il eût été bien souhaitable que Marceline ait eu un peu moins de délicatesse, car le malentendu dans lequel les Valmore vivaient leurs débuts à Paris pesa certainement dans la balance. Reconnaissante à son mari de lui avoir assuré ce « statut », auquel elle aspirait, de femme mariée, désireuse d'ordonner sa vie avec plus de rigueur, Marceline, de surcroît, était sensible à la fois au caractère droit, loyal, un peu rigide sans doute, de Prosper Valmore non moins qu'à sa beauté physique indéniable. Mais elle était aussi — et quotidiennement — blessée par l'attitude de sa belle-mère et par ses allusions au « passé » de Marceline qui, de ce passé, avait conservé aux yeux de certains une réputation de légèreté. Il lui était d'autant plus difficile de se plaindre que la santé de Mme Valmore déclinait, que Prosper s'en inquiétait comme tout fils unique toujours tendrement chéri par sa mère. Marceline donc se tut, se renferma en elle-même, compensa cette tristesse par l'espoir qu'elle mettait dans ses futures publications ; l'un des bénéfices qu'elle en attendait était de lui permettre de quitter la scène définitivement.

Si Marceline était mélancolique, Latouche, au

contraire, était encore dans sa phase ascendante. Son fameux ouvrage sur l'affaire Fualdès n'avait pas eu moins de sept éditions dans la seule année 1818. Il disposait donc d'argent, il venait de se voir confier l'édition des poèmes de Chénier, il était une personnalité du monde littéraire, et très conscient de l'être. C'est presque en triomphateur qu'il devait rencontrer Marceline qui — elle le dit elle-même plus tard à Sainte-Beuve — fut comme frappée d'un « éblouissement ». Ce n'est pas pourtant que Latouche fût d'une beauté comparable à celle de Prosper Valmore. Ai-je dit qu'il était borgne ? Enfant, il avait reçu dans l'œil une balle lancée par un de ses condisciples de La Châtre. Cependant, écrit George Sand, cet œil crevé « ne le défigurait nullement. Une sorte de feu rouge s'échappait de sa prunelle et lui donnait, quand il était animé, je ne sais quel éclat fantastique ». Un médaillon de David d'Angers nous le montre de profil (pour cette raison sans doute). Ses cheveux sont bouclés, ses traits paraissent réguliers et fermes, son menton énergique : une physionomie en somme attrayante. Cependant on nous dit qu'il était de taille moyenne et (déjà en 1819 ?) un peu replet. Sa voix était mélodieuse et particulièrement agréable, tous ceux qui l'ont connu notent ce trait dont l'oreille musicienne de Marceline dut être flattée.

Quoi qu'il en soit, si elle lui résista quelque temps, ce fut par vertu, par reconnaissance envers Valmore, et à cause de son état — c'est le 2 janvier 1820 qu'elle met au monde Hippolyte. Depuis octobre Latouche venait la voir chez elle, apprenait à la connaître, et ce charme pénétrant, tout de naturel et de bonne grâce que Marceline posséda toujours, touchait particulièrement cet homme caustique et hypersensible qui haïssait avant toute chose l'affectation et le mauvais goût. Il découvrit là, chez cette femme fatiguée, alanguie, doublement fragile, « celle qu'il attendait ».

Ce fut avant tout un amour de cœur, un sentiment tendre. Et si Latouche se fit, dès l'abord, le conseiller et

126

le protecteur de cette touchante jeune femme qui, de surcroît, avait du talent, il n'est pas interdit de croire qu'il fut aussi, par la délicate bonté de Marceline, par son admiration évidente et sans restriction, rassuré dans cette susceptibilité toujours en éveil qui explique tant de ses brouilles.

« Monsieur de Latouche, dit encore George Sand, aimait à enseigner, à reprendre, à indiquer ; mais il se lassait vite des vaniteux et tournait sa verve contre eux en compliments dérisoires dont rien ne saurait rendre la malice... Qu'il fût prompt à s'irriter et à se blesser nul ne le peut nier, et ses emportements étaient terribles. Il avait tort souvent, mais plus souvent encore on avait eu les premiers torts envers lui. Son malheur était d'être *trop sensible* (c'est moi qui souligne), de ne pouvoir se plier aux circonstances de la vie, de ne pouvoir endosser la robe de chambre de Philinte. Les manques de délicatesse, les oublis de l'amitié, ses indifférences naïves, lui paraissaient d'irrémissibles monstruosités. »

*Encore l'histoire d'amour*

À vrai dire voici la difficulté : il n'y a pas une histoire d'amour à raconter, il y en a deux. Je crois que c'est ce que tant de critiques (qui sont autant d'amoureux de Marceline) lui reprochent. Combien d'hommes pourtant emploient l'argument rebattu « ce n'est pas la même chose », et au prix de quelques attentions et d'un peu de politesse. Très important, la politesse. Indispensable. On trompe sa femme, on peut même la réduire au désespoir, mais il y a un code, des égards à ne pas négliger. Vigny, si correct avec sa Lydia au point qu'on ne lui reproche pas son attitude confinant au sadisme avec Marie Dorval, Lamartine, parfait avec Marianne Birch

— si on peut appeler cela parfait —, mènent une double vie au sein d'une tolérance elle aussi parfaite.

Mais Marceline, évidemment, quel que fût son talent, et dans cette liaison j'oserai dire sa candeur, les scandalise un peu. Elle a Prosper, beau, jeune (plus jeune qu'elle de six ou sept ans, déjà on lui a passé cela !) et il l'a épousée ! Franchement, qu'est-ce qu'elle peut demander de plus ? Et il y a un plus : son caractère loyal, parfaitement estimable et, d'après ce qu'on peut en déchiffrer dans leur correspondance, une tout à fait satisfaisante convenance physique. Bon, il est jaloux, en grande partie à cause de la belle-mère. Il est jaloux *avant* Latouche. La réputation d'une comédienne, sur le plan des mœurs, est toujours passablement fragile. Se sent-elle mésestimée, et mésestimée à cause de sa franchise même, elle qui n'a rien caché de son passé, de ses déceptions, de ses douleurs, qui a pleuré ouvertement Marie-Eugène ? Il se peut que cette jalousie qui la mésestime lui soit plus pénible encore que l'oubli de Lacour, que la faiblesse d'Eugène Debonne. Eux, du moins, ne lui reprochaient rien.

Il se peut, du reste, que cette jalousie, loin de détacher Valmore de sa fragile épouse, l'attache encore davantage, et que le travail perfide d'Anne-Justine ait l'effet opposé de celui qu'elle se proposait. Que la publication des premiers poèmes, que les amis intéressés et admiratifs que Marceline se fait (toujours avant Latouche), lui plaisent et lui déplaisent à la fois. Il était, Prosper Valmore, de ces hommes dont le caractère est plus remarquable que l'intelligence. Que sa femme lui fût, sur un certain plan, supérieure ne dut éveiller en lui aucune envie mesquine. C'est pourquoi, du reste, elle ne cessa pas de l'aimer : elle lui voyait le cœur plus grand, plus généreux, que l'esprit, et le cœur comptait avant tout pour Marceline.

Mais l'éblouissement ! Et un éblouissement qui eut le temps, durant plusieurs mois, de s'installer car, l'eût-elle voulu, son état lui interdisait un abandon contre lequel elle luttait déjà secrètement. Elle ne pouvait se dissimuler que les visites de Latouche, à un moment où une femme, déjà malade et fatiguée assez souvent, est encore moins à son avantage, relevaient d'une admiration réelle et d'une passion vraie. Impulsif, ardent, comme il le fut toujours, dans cette situation même, Latouche eut cet atout : le temps de convaincre.

Marceline puisait dans son état une fausse sécurité, elle se donnait toute au plaisir de ces entretiens. Ses ennemis les plus déclarés, les plus perfides, ne pouvaient que reconnaître le charme extrême de la conversation et de la voix même d'Henri de Latouche. Il allait démontrer dans les années à venir sa finesse et son intuition de critique. Malgré son absence de culture, Marceline sentait combien les conseils qu'il lui donnait pour préparer la seconde édition de ses poèmes, étaient précieux. Il s'enchantait d'être le Pygmalion d'une élève à la fois si douée et si parfaitement modeste. Il avait assez fréquenté déjà le monde des lettres pour apprécier à sa valeur cette totale absence d'affectation, ce charme tout d'élan et de naturel, qui caractérisaient Marceline. Elle, était assez fine pour pressentir, à travers une rudesse qui était d'ailleurs une preuve d'intégrité, la sensibilité et la bonté généreuse qui faisaient le fond du caractère de Latouche.

D'autres points communs se firent jour quand ils se connurent mieux : ce bonapartisme sentimental de Marceline — ce que Sainte-Beuve devait appeler son « âme plébéienne » — ne pouvait que plaire au républicain intransigeant qu'était Latouche. L'indifférence de la jeune femme pour les honneurs et la gloire qu'elle pouvait espérer faisait aussi son admiration, d'autant plus que c'était là son point faible à lui. L'argent lui était parfaitement indifférent, il en prêtait, il en eût donné volontiers. Et on a vu qu'il n'était pas avare non plus de ses forces — là encore semblable à Marceline —, passant le plus clair de son temps en démarches, en efforts pour procurer à ses amis des ressources dans le journalisme, des conseils littéraires qui étaient bons, véritable « bourru bienfaisant », jusqu'au moment où, découvrant avec une vraie naïveté l'ingratitude et l'indifférence de ceux qu'il avait obligés (et il était prompt à conclure en ce sens étant d'un naturel emporté), il se brouillait avec la même fougue qu'il avait mise à s'enthousiasmer. Devant ce caractère qu'elle avait très bien compris, dont les qualités étaient de celles qui devaient la toucher le plus aisément, comment Marceline n'aurait-elle pas eu le sentiment d'avoir rencontré une véritable âme sœur de la sienne ? Tout était réuni pour qu'elle cédât. Et, bien sûr, une fois rétablie, après encore quelque temps de résistance, elle céda.

Mais Valmore ? Il ne manquait pas non plus de qualités estimables : il était lui aussi d'une parfaite intégrité, d'une loyauté sans faille, dévoué à sa famille, étranger (peut-être trop) aux intrigues qui ravageaient à ce moment-là l'Odéon où il jouait. Il était beau, sérieux, d'un talent moyen, et encore — il le sera toujours — amoureux de sa femme. Il n'était pas *éblouissant*. Marceline, « coupable », continuait pourtant de l'aimer. Et elle qui avait assumé avec tant de liberté d'esprit son passé dont elle ne s'était jamais cachée — si les allusions de sa belle-mère l'avaient blessée c'était parce qu'elle les trouvait injustes —, commença, dès ce moment, de souffrir d'un sentiment de culpabilité qui ne la quitta plus.

L'année 1820 fut LEUR année. L'impétuosité de Latouche charmait Marceline. Elle n'avait jamais été aimée ainsi. L'oublieux Lacour, le faible Eugène Debonne, étaient loin. Prosper ne l'était pas. Elle le voyait se débattre dans toutes les difficultés que pouvait rencontrer à cette époque un homme d'un talent trop inégal pour s'imposer, et d'une intégrité trop rigide pour le faire par d'autres moyens. Marceline ne pouvait rester insensible à ces difficultés, d'autant que ses travaux littéraires ne lui rapportaient pas ce qu'elle en avait attendu. Si elle avait été moins éprise — ou moins bienveillante — elle aurait pu prévoir pour Latouche des difficultés qui n'étaient pas aussi différentes de celles de Valmore qu'on pourrait le supposer. Mais si elle voyait clairement les qualités et les faiblesses de son mari, elle était — elle sera longtemps — éblouie par Latouche, à ses yeux un génie méconnu.

Elle n'était pas la seule, du reste. « Il n'était pas beau, dit Sainte-Beuve, et il plaisait pourtant. Il inspira plus d'un dévouement de femme... il se fit plus d'une fois aimer... » Et Edmond Pilon, dans un ouvrage publié en 1906 : « Toute sa force sur le monde venait de sa parole pleine de séduction, de l'enchantement que suscitait autour de sa personne une ineffable grâce de parler et de convaincre. »

Prosper Valmore pouvait-il lutter sur ce plan ? Mme de Staël disait de son amant Rocca : « La parole n'est pas son langage. » Valmore était-il de ces hommes-là ? Il est probable que, comme Marceline, ses obligations théâtrales l'avaient empêché d'acquérir une solide culture classique. Comment Latouche, familier des littératures anglaise, allemande, enthousiaste admirateur de l'Antiquité, mais sachant comprendre les romantiques, Latouche, qu'on appelait, à cause de son talent pour l'épigramme, Rivarol II, n'eût-il pas ébloui ?

Cet éblouissement dura toute une vie. Il fit de Marceline l'émule et l'égale d'une Louise Labé, d'une Religieuse portugaise (quel que soit l'auteur de ces lettres passionnées), le chantre d'un amour trop grand pour ce monde et qui s'élève jusqu'à Dieu. Latouche lui-même (jusqu'à la tempête de 1839, qui contenait encore bien de la passion) ne cessa de lui rendre des services, de la conseiller, de s'occuper de l'édition de ses œuvres.

Cet attachement persistant chez un homme du caractère de Latouche est une preuve de plus à l'appui de la liaison se déroulant en 1820. Car, si Marceline a suscité chez Latouche ce dévouement, ce souvenir si fidèle, cette admiration aussi, comment aurait-il pu, trois ans auparavant, la séduire pour l'abandonner (et avec un enfant !), partir pour l'Italie sans jamais donner signe de vie, la retrouver, la reprendre sans plus de façon et sans qu'elle-même, qui eût été dans cette hypothèse une première fois abandonnée, n'y vît aucun inconvénient ! C'est simplement inimaginable venant d'elle et de lui, et suppose de leur part à tous deux une légèreté et une hypocrisie à la fois qui n'étaient pas dans leur caractère.

## Pause

Si court que fût leur bonheur, je le regarde et je l'envie. Et j'envie la conviction de Marceline, qui dura toujours, d'avoir rencontré, fût-ce si peu de temps, le visage de l'amour vrai. Et j'envie même Latouche, à travers déceptions et mécomptes, de garder dans son âme inquiète et tourmentée cette même conviction : « Je l'ai perdu, mais c'était *cela*. »

Mais peut-être est-il insoutenable, pour une âme moins forte que celle de Marceline, que de se dire : « C'était cela » et « Je l'ai perdu » ?

Peut-être aussi évite-t-on de se le dire. Attend-on d'un autre que d'un être aimé ce bref sentiment d'illumination auquel on donne d'autres noms que l'amour ?

— J'aime les œuvres d'art, me dit Françoise Verny. Je n'aime pas la nature.

— J'y ai réfléchi. Je pense que c'est parce que, devant une œuvre d'art, on est deux : celui qui la contemple, l'écoute, la lit, et celui qui l'a un jour composée, peinte, écrite. Tandis que, devant le spectacle le plus admirable que puisse offrir la nature, on est seul.

Je ne sais pourquoi, parce que je parle d'un amour si vite brisé (ou accompli) je pense : on est seul comme quand on a un chagrin d'amour.

J'ai eu des chagrins d'amour. Comme tout le monde. Comme ce que tout le monde appelle des chagrins d'amour. On croyait être deux, on est seul. Seul avec le souvenir *et* l'image.

Peut-être pas si seul que ça ? Il y a ce que l'on a soi-même créé (d'accord, pas sans matériau, mais créé), et puis ce qui a été. Les deux images, apparemment jumelles, se séparent lentement l'une de l'autre, comme dans ce jeu que l'on appelait, quand j'étais enfant, décalcomanie. Il fallait tremper l'image dans l'eau, ni trop ni trop peu, l'appliquer sur une feuille vierge et, très doucement, la faire glisser d'une feuille sur l'autre. Parfois l'on réussissait et le motif apparaissait plus net et plus brillant ; parfois des lambeaux demeuraient sur le feuillet d'application et c'était raté. La plupart des chagrins d'amour sont ainsi : imparfaits, fragmentaires. On regrette ce que l'on a imaginé, au moyen d'un visage, d'une voix, autant que ce qui vous fut donné par un autre, tout à fait distinct de vous. Qu'on arrive à décoller avec soin l'un des feuillets, peut-être le chagrin se purifie-t-il de tout ce que nous y avons ajouté de festons et d'astragales, peut-être ne sommes-nous plus dédoublés devant l'être que nous nous étions approprié (indûment ?), peut-être sommes-nous seuls devant l'image impitoyablement autre, comme devant la nature ?

### Chagrin d'amour à la campagne

Nous sommes venues à la campagne pour achever un travail commencé.

C'est une maison qui va bientôt cesser de nous appartenir (les arrangements sont pris, sans mesquinerie, sans discorde), où nous avons vécu, dormi, travaillé, mangé, ensemble, pendant des années. Une de ces maisons qu'on prend le pli d'appeler « *la* maison ». « On fera le tri quand on sera à la maison », « On pourrait transporter ce truc à la maison ? », « Tu repasseras à la maison ? ».

Fallait-il y revenir, fût-ce pour huit jours ?

— Je prendrai la chambre d'amis.

— Comme tu veux.

Je prends la chambre d'amis. Dans la journée on travaille, avec plus ou moins de bonheur, on épluche des champignons, on ramasse ce qui reste de légumes dans le potager déjà abandonné. La nuit je dors peu. Je me raconte une histoire impossible : elle se lève et vient me rejoindre. Puis je prends des somnifères, vite, vite, avant que l'amère connaissance de la réalité ne me rejoigne (elle ne viendra pas, elle ne *peut* pas venir). Je me réveille avec cette gueule de bois spécifique de l'après-somnifère et du chagrin mal digéré, mal accepté.

Ce n'est pas « cela » ce chagrin. Trop de sentiments accessoires s'y mêlent, jusqu'à cet espoir sans espoir... Il faut réagir, casser cette attente, ce demi-sommeil sans vrai repos, ce ressassement de griefs envers moi-même (j'aurais dû dire ceci, faire cela) qui m'amène à ces douloureux cauchemars où le passé ressuscite, fardé de fraîches et fausses couleurs. Et pendant ce temps-là, elle dort (paisiblement ? mais oui) dans cette grande chambre aux poutres apparentes, au papier très ancien peint de fleurs de catalpa.

Je ne sais quelle décision prendre, qui soit énergique et de bon goût (oui, je me dis cela. Lointaine influence de Grand-Mère Choléra, de la femme de l'inventeur, de ma stoïque et cruelle mère), qui ne soit pas *mélo*, quoi.

J'arrête les somnifères.

Quand on pense que j'en ai pris de toutes sortes depuis l'adolescence, que je n'ai jamais pu dormir sans leur aide (au point de les considérer comme des lutins bienfaisants, comme ma mère, comme ma grand-mère, qui disaient : « Témesta », « Bellergal », comme des prénoms et non comme des marques pharmaceutiques), c'est une résolution.

Je vois l'obscurité, la solitude, en face. Le chagrin d'amour. Maintenant je le vois. Pendant ce qui me semble être des heures.

Comme Marceline, comme probablement Latouche, je me dis : « C'est cela. C'est vraiment cela. »

Et cette année d'amour, cette année 1820, je la vois bien. Je la vis bien. C'est « cela ».

Cet homme passionné, emporté, brillant, sincère, devait l'emporter sur l'époux que Marceline appelait dans une lettre à son frère Félix « un jeune homme estimable ». Elle fut touchée par une patience, sans doute obligée, mais dont il sut faire un envoûtement tendre. Malade, sans cesse retenue au lit, dans un état où les femmes se sentent à leur désavantage, Marceline ne pouvait qu'être reconnaissante envers ce jeune homme si fougueux, et qui pourtant montrait de la délicatesse. Lui-même y gagna de mieux la connaître, d'apprécier son courage discret, et même, tout paradoxal que cela paraît, le soutien qu'elle apportait à Valmore. Son désintéressement aussi. Malgré les instances de son éditeur, elle se refusa à demander une préface à Latouche pour la nouvelle édition des poèmes de juillet 1820. Mais ses conseils furent précieux, et c'est lui qui rediscuta son contrat. Elle lui faisait déjà une confiance absolue.

C'est sans aucune malice que je me demande si, au cours de ses visites à Marceline convalescente, Latouche lui lisait ses vers à lui. C'est bien vraisemblable. Outre cette passion de la rime (on n'ose dire de la poésie) si répandue alors, on lisait beaucoup à haute voix. Que ce fût théâtre, roman, élégie, on lisait à ses amis, dans des salons, à de petits groupes choisis avec soin pour répandre la bonne parole et précéder d'une favorable rumeur la parution ou la représentation des œuvres. On a toujours dans l'esprit la vignette romantique de l'auteur adossé à une cheminée et qui lit ou déclame son œuvre nouvelle. Lucien de Rubempré fait ses débuts dans le monde en lisant un poème dans le salon de Mme de Bargeton. Une lecture de Victor Hugo était un événement et l'on faisait des bassesses pour y être admis.

Je dois donc reconnaître que, selon toute probabilité, Latouche lisait ses vers à Marceline. Je crains même que, dans l'«éblouissement» de sa passion, elle ne les ait trouvés bons. À l'aveuglement de l'amour, on peut ajouter la modestie naturelle de Marceline voyant d'autres amis qu'elle considérait plus qualifiés qu'elle les admirer moitié par flatterie — Latouche avait du pouvoir —, moitié par conviction. Et son absence de culture solide renforçait la timidité de son jugement.

Plus tard, quand il se fut avéré que la carrière de Latouche tournait court, sa tendresse demeurant vivante, une solidarité bien naturelle envers cet homme qui l'avait tant aidée renforça encore ce sentiment ; elle se sert à plusieurs reprises du terme « génie méconnu ». Au demeurant, le « génie » de Latouche ne faisait-il pas partie des excuses qu'elle pouvait avoir de tromper si tôt et si totalement le malheureux Valmore ?

Un an d'amour, d'étroite communion, d'abandon tel qu'on pouvait l'attendre d'une âme aussi absolue que celle de Marceline. Mais abandon pleinement compris, accepté et rendu par un homme dont la susceptibilité et l'irritabilité croissantes venaient surtout de ce qu'il attendait trop des autres. La découverte de cet amour sans restriction, sans limites, fut pour Latouche une expérience unique. Pour Marceline, enfin, elle sentait que cette capacité d'aimer qui était en elle pouvait s'épancher, sans craindre de rencontrer l'ironie, le scepticisme, ou tout simplement la peur des complications, si puissante sur les petits esprits, et qu'elle avait croisée avec un douloureux étonnement (le « préjugé ») dans le passé.

Cette année-là, pour l'un comme pour l'autre, l'amour fut aimé.

Si j'éprouve pour Sainte-Beuve une incontrôlable antipathie, je me suis beaucoup attachée à Henri de Latouche. En dépit de ses mauvais vers. Et, sans avoir tout à fait pour lui « les yeux de Marceline », je leur trouve des excuses : je me dis que, replacés dans leur époque... Et je n'éprouve en tout cas aucun plaisir à les citer car on ne saurait les aimer.

> C'est l'Amandier qui porte l'espérance
> La soif du riche est dans le bouton d'or
> Le lilas blanc recèle la constance
> Un songe ingrat dans les pavots s'endort...
>                                      (Trilby)

Oui...
Dès qu'il ironise, qu'il agresse, il est moins fade : quand il raille le Hugo de *Han d'Islande*, il le fait assez drôlement :

> Monsieur a-t-il goûté l'eau des mers et le sang ?
> A-t-il pendu son frère ? Et lorsque la victime
> Rugissait palpitante au-dessus d'un abîme
> A-t-il, tranchant le nœud qui l'étreint sans retour,
> Vu la corde fouetter au plafond de la tour ?

Et, prétendant défendre (et même venger) les classiques, il affecte un ton solennel qui peut amuser :

> Prêtres des dieux de Rome et de la Grèce antique
> Étouffez au berceau le monstre romantique...

On remarquera que, même dans les plus réussis de ces vers, il s'agit au fond d'une prose redistribuée. Et, par ailleurs (je m'en voudrais de citer plus longuement ce texte : *Les Classiques vengés*), en faisant la critique et des uns et des autres, non sans pittoresque parfois, il se met à dos et les uns et les autres.

Bien que fort peu pamphlétaire, ces erreurs de carrière me rendent Latouche sympathique. Je n'en suis pas exempte — et d'ailleurs, faut-il faire carrière ? Faut-il, du moins, y penser ? Par irréflexion, Latouche perdit son ambition de vue. Si j'avais une ambition, c'est plutôt par excès de réflexion que je m'en écartai.


## Digression sur les loirs


Une de mes erreurs : un souci de politesse presque asiatique qui me hante et qui est, dans les rapports humains, la plupart du temps parfaitement inefficace.

Un critique d'une certaine importance venant me voir à la campagne — du temps où j'avais une maison de campagne —, il me sembla peu délicat de « profiter » de cette occasion pour parler de mon travail, et même de littérature tout court, lui donnant ainsi à penser que je l'avais invité pour tout autre raison que l'agrément de sa présence. Aussi lui parlai-je de jardinage, des loirs qui dévastaient mon toit, des curiosités de la ville la plus proche qui était Compiègne. Je me souviens même, dans mon désir éperdu de bien lui faire sentir qu'il n'était pas là en tant que « personnalité parisienne » mais en tant qu'ami potentiel, d'avoir fait une parenthèse assez saugrenue sur les Romains qui, avais-je lu quelque part, mangeaient les loirs confits dans du miel. Ce développement sembla le surprendre beaucoup. Il ne devait avoir aucune envie de se voir ainsi scindé de sa « personnalité parisienne », et ne portait aux loirs qu'un intérêt très modéré. L'amitié esquissée en resta là. Il mourut encore jeune. Dans son *Journal*, publié depuis, je trouvai quelques traces de cette conversation. Elle semblait l'avoir laissé perplexe. Depuis qu'il est mort, il me semble que nous nous comprenons mieux. Cela me confirme dans mon sentiment que, de naissance ou par naturalisation, j'appartiens à un ailleurs.

C'est dans ce pays, natal ou conquis, que je rencontre Marceline. Avec une admirable souplesse, elle y pénètre, elle en sort. Elle est Marthe et Marie, elle est la présence

138

et l'absence — elle est la parfaite, l'ingénue liberté, celle qui, pour l'instant, ne revendique ni ne se révolte. Elle aime, elle est aimée, à peine une nuance sépare ces deux amours aussi forts l'un que l'autre.

Nuance sensible dans les poèmes de Marceline qui datent de cette année-là. Heureuse, elle l'est, mais non dénuée de regrets, de remords. Son chant n'est pas de pure allégresse. Elle pressent les difficultés à venir, les choix qui fatalement se poseront.

Malgré sa jalousie, Prosper n'a pas démérité, et, cette année-là justement (ce qui explique aussi son aveuglement), il se débat dans mille difficultés à l'Odéon, qu'il allait finir par quitter. Il était impossible que Marceline n'en souffrît pas. Plus de dix ans plus tard, Flora Tristan, ayant fait sa connaissance, admirait, nous dit son excellente biographe, Dominique Desanti, la loyauté conjugale de Marceline. « À son mari, acteur sans talent mais homme tendre, elle prodigue son admiration. Le public siffle ? C'est que Valmore est trop intense, trop vrai. Le goût des gens est déformé par les " faiseurs ". La critique raille ? C'est qu'ils ne supportent pas l'originalité. Il ne trouve d'engagement que pour des tournées obscures ? Quel apostolat, d'apporter l'art aux masses ! »

L'auteur se montre ici un peu sévère pour Valmore, qui connut des succès. Mais cette attitude presque maternelle de Marceline, se jetant au-devant de toutes les critiques qu'on pouvait faire à son mari, pour le protéger, n'est assurément pas nouvelle. D'une certaine façon, elle continue à l'aimer. Rien de commun pourtant, surtout à ce moment-là, avec cette véritable communion des âmes qu'elle a trouvée chez Latouche. Dans *L'Atelier d'un peintre*, elle décrit ainsi l'amour de son héroïne, Ondine (et par parenthèse, je me demande si ce prénom qui lui est cher, et qu'elle donnera plus tard à sa fille, ne vient pas de l'intérêt de Latouche pour le fantastique allemand), pour le héros, l'Allemand Yorick : « Elle croyait se rappeler le connaître depuis longtemps, bien longtemps, avant qu'il ne vînt. » Et encore, dans le poème

*L'Étrangère*, où elle dépeint un certain malaise dans le monde « difficile » qui l'entoure, ces vers ne dépeignent-ils pas la rencontre de deux êtres dont l'un était aussi facilement blessé que l'autre :

> *Un seul être à moi s'intéresse*
> *Il n'a rien dit mais je le vois*
> *Et je vois même à sa tristesse*
> *Qu'il est étranger comme moi...*

Toujours elle a craint l'amour :

> *Pour les infortunés son charme est un poison,*

jamais elle ne l'a refusé. C'est cette douleur pressentie et acceptée :

> *Éviter ton regard, c'est repousser la vie*
> *Attache-le sur moi, je ne puis plus le fuir,*

qui fait dire à plus d'un qu'elle avait été « abandonnée » par Latouche. Là encore, c'est une certaine image de la femme, de l'amante, qui a paru à certains plus poétique et plus conforme. En fait, on pourrait presque dire, si elle n'en avait tant souffert, que ce fut elle qui l'abandonna.

On a vu que la carrière de Prosper Valmore, même à Bruxelles où le talent de sa femme, si on peut dire, « faisait bloc » avec lui, restait cependant discutée. Tantôt la critique lui était favorable, tantôt dure et peut-être injuste. Il était sujet au trac qui, par moments, le paralysait ; sa voix n'était pas très forte, on le voit plusieurs fois en butte au reproche de n'être pas entendu jusqu'au fond de la salle ; il semble aussi qu'il y ait eu en lui une sorte de refus, plus ou moins conscient, de certains rôles qu'il estimait ne pas lui convenir. Enfin il n'intriguait pas, ne flattait pas, ne se pliait pas aux petites lâchetés que comporte forcément la vie en société, et la vie d'artiste plus que toute autre. Ces difficultés, dues autant à ses qualités qu'à ses défauts, l'avaient suivi de la Monnaie à l'Odéon. Aussi, quand ce théâtre changea de direction, en septembre 1820, il devint évident que le contrat de Valmore ne serait pas renouvelé. C'était pour Marceline, à ce moment-là, une catastrophe. Dès qu'elle en fut informée, elle sut que ses jours de bonheur étaient comptés.

Depuis peu elle avait repris le petit Hippolyte, en nourrice à Saint-Rémy, et cherchait à le placer plus près de Paris. Elle espérait encore à ce moment-là y demeurer. En juillet son second recueil, *Poésies de Mme Desbordes-Valmore*, allait paraître et être bien reçu. Elle poursuivait la rédaction des *Veillées des Antilles*. Elle plaçait des romances. L'une d'elles plaignait les malheurs de Caroline de Brunswick, devenue reine d'Angleterre et qui, quoique séparée de son mari, d'Italie regagna la Grande-Bretagne, au grand déplaisir de son cousin et époux, George IV, qui s'empressait d'intenter contre elle une action en adultère. Ce geste fut impopulaire, en particulier en France, que Caroline de Brunswick avait traversée, et la romance *L'Écho anglais* connut une si grande vogue que le *Courrier des spectacles* y revint par deux fois : « Les mêmes dames qui ont lu le matin dans le journal la relation du procès de la reine d'Angleterre chantent le soir cette romance, et elles pleurent. »

Ce succès de sensibilité ne pouvait suffire à compenser la perte que subissait le ménage depuis l'abandon de la scène par Marceline. Là-dessus, la défection de l'Odéon les mit au pied du mur. Il leur fallait prendre une décision.

Combien de temps dure son incertitude ? Hésite-t-elle longtemps, et même hésite-t-elle ? Ne voit-elle pas, dans cette cruelle nécessité, son destin même qui lie pour elle la douleur et l'amour ? Il y a toujours eu, même dans les poèmes antérieurs à la rencontre avec Latouche, un sentiment profond du caractère éternel de l'amour et du caractère éphémère du bonheur. Dans la plus simple romance, on trouve une sorte de halètement anxieux, lié à la fuite du temps.

*On sonne ; on sonne ; on sonne encore*
*C'est lui. Dieu, qu'il m'a fait souffrir !*
*Mais il revient, mais je l'adore :*
*Éveillez-vous, courez ouvrir !*

*Embellis-toi, sombre retraite*
*Où si souvent il me trouva*
*Il va venir... Mon sang s'arrête ;*
*Il tarde encore... Mon cœur s'en va.*

*Je n'y vois plus. Le ciel se couvre*
*Soulève-toi, nuage épais,*
*J'étends les bras, mon œil s'entrouvre*
*Dieu ! c'est un songe, et je dormais...*

Et dans le poème un peu postérieur, *Un moment* :

*Une heure, une heure, Amour ! Une heure sans alarmes*
*Avec lui, loin du monde ; après ce long tourment*
*Laisse encore se mêler nos regards et nos larmes*
*Et si c'est trop d'une heure... un moment ! Un moment !*

on reconnaît le rythme oppressé de l'*Élégie* (publiée en 1819, c'est-à-dire *avant* la rencontre avec Latouche) :

*Ma sœur, il est parti ! Ma sœur, il m'abandonne !*
*Je sais qu'il m'abandonne, et j'attends, et je meurs...*

Ici il ne s'agit pas de l'amant passionnément aimé, mais d'un autre qui a déçu, qui a fait souffrir sans doute, mais surtout qui a fait revivre, dans le cœur toujours vibrant de Marceline, la triste aventure de Catherine-la-Fileuse. Y pense-t-elle, au moment où elle voit approcher l'inévitable séparation ? Inévitable car le jeune ménage ne peut survivre financièrement à Paris. Faudra-t-il partir ?

C'est sans nul doute le cœur brisé qu'elle finit par s'y résoudre. D'autant que le fougueux, l'emporté Latouche ne doit pas prendre la chose à la légère. Il doit tempêter, douter, chercher des solutions. Qu'elle reste à Paris ou qu'il la suive à Lyon, est-ce donc impossible ? Avec une triste patience, pendant les mois désolés qui vont suivre, elle lui répète ses arguments. Le plus puissant, celui qui pèse et qui tranche la question : Hippolyte. L'enfant est beau et fort ; enfin, après ses premiers deuils elle peut espérer le garder. Comment le pourrait-elle si, elle mariée, allait quitter son mari pour Latouche qui, bien que séparé de sa femme, est marié également ? Peut-être ne le dit-elle pas, mais il est possible aussi qu'elle pense que cet amour de Latouche, tendre et impétueux, ne durera pas toujours, ou plutôt ne se maintiendra pas toujours aussi fort. Et dans quelle situation se trouvera-t-elle alors ?

À Lyon (hélas ! car elle accepte cette solution avec répulsion), elle pourra, plusieurs années encore, aider son ménage à survivre par ses talents de comédienne.

À Paris, malgré une renommée naissante, elle ne peut pour le moment vivre de ses écrits, cela paraît démontré, malgré l'article flatteur du *Constitutionnel* qui la cite comme un des auteurs « qui ne doivent leur succès qu'à leur talent ». Malgré les lignes élogieuses du jeune Hugo, qui lui conseille de se tourner vers Dieu pour remporter un succès complet. C'est un bon début, ce n'est qu'un début. Il faudra du temps — moins qu'elle ne le croit toutefois — pour que sa renommée de poète s'installe et ne lui rapporte un revenu suffisant pour la délivrer du théâtre.

Il y a encore la solidarité, la tendresse vraie qui la lient à Valmore. Il l'a épousée. Sans une hésitation ; avec un désintéressement total. Cela compte. Et si, pris par ses difficultés professionnelles et malgré une jalousie qui n'a pas trouvé d'objet, Prosper ne se doute absolument pas de la liaison de sa femme avec Latouche (pour lequel il a plutôt de la sympathie), il viendra forcément un moment où les amants se trahiront. Latouche n'est pas un modèle de discrétion. Francis Ambrière cite comme exemple de son imprudence un mot par lequel, au nom de Marceline indisposée, il remet un rendez-vous avec Victor Hugo.

Toutes ces raisons s'additionnent, et la gêne qui menace la famille Valmore, et que Marceline ne connaît que trop bien, s'y ajoute : comment Valmore admettrait-il que, sans raison avouable, sa femme refuse de le suivre là où lui sera peut-être donnée une chance durable ?

> *... Adieu, toi que j'adore !*
> *Ne gémis pas. Ce soir je serre encor ta main*
> *Ce soir efforce-toi de me sourire encore...*

La saison du Grand Théâtre de Lyon devait commencer à Pâques 1821.

II

Une rupture ? Oui, si on veut, une rupture. Je n'exclus pas que Latouche comprenne et même admire la loyauté de Marceline vis-à-vis de Valmore. Sans doute l'a-t-elle trompé, mais elle ne veut pas le « laisser tomber ». Et, si elle a des remords, ils viennent plutôt de l'infidélité du cœur que de l'autre. Et si Valmore est jaloux, ce sera aussi de ce cœur ardent qu'il n'arrive pas à combler tout à fait. Rien de bas, rien de dégradant dans ces remords-là, dans cette jalousie-là.

Latouche souffre aussi d'une jalousie bien parti-culière. Il se sait aimé, préféré, et pourtant Marceline le quitte, elle part. Ce n'est pas Valmore son rival, c'est le besoin primordial de Marceline de préserver le nid, le cocon familial qu'elle est en train de bâtir. Son rôle de mère, maintenant qu'elle espère dans le petit Hippolyte, passe avant tout.

« N'est-ce pas que les mères sont adorables et un peu folles, et que Dieu aura toujours un sourire pour elles ? » écrira-t-elle plus tard à Mme Sainte-Beuve, la mère du critique. Et dans cet amour maternel, familial, elle englobe Valmore qui lui a offert la possibilité de le vivre. On le sent à la façon dont elle parle de lui : « Ce grand enfant prodigue, cachant sous un front grave un esprit imprudent » (lettre à Mlle Mars).

Latouche ne pouvait pas être jaloux de cette forme d'amour — et d'ailleurs, jusqu'à la crise de 39, ils eurent, Valmore et lui, l'un pour l'autre, plutôt de la sympathie —, mais ce départ le brisait. Il était trop intelligent et trop sensible pour ne pas comprendre les raisons qui déchiraient aussi Marceline. Trop intelligent aussi pour ne pas se méfier de lui-même. Mais une preuve de son amour persistant est le fait que lui, si prompt à s'offenser, à sentir le moindre tort qu'on a envers lui comme la fin de l'amitié, continue à rendre tous les services possibles à Marceline absente.

Alors est-ce une rupture ?

Marceline écrit ces vers tristes et mélodieux qui vont plaire pendant deux décennies :

> *Oh ! qui n'a souhaité redevenir enfant*
> *Dans le fond de mon cœur, que je le suis souvent !*
> *Mais comme un jeune oiseau, né sous un beau feuillage*
> *Fraîchement balancé dans l'arbre paternel*
> *Et qui voit accourir l'hiver dans un orage...*

Cet extrait du poème *La Vallée de la Scarpe* unit dans une même nostalgie le regret de l'enfance et le regret de l'amour :

> *C'est l'heure où l'âme enfin détrompée et flétrie*
> *Rappelle en gémissant l'âme qu'elle a chérie*
> *Elle répand partout des songes, du silence.*
> *Sans philtre, sans breuvage elle endort la douleur*
> *Sur nos jours fatigués, son aile se balance.*
> *C'est une halte du malheur...*

Unit dans une même métamorphose l'enfance transfigurée et l'amour qui, d'être absent, change de nature.

Marceline est à Lyon. Jamais elle ne se plut dans cette ville. Mais les débuts sont particulièrement difficiles. Elle s'est séparée de Latouche, le cœur brisé, par nécessité, alors que leur amour était encore tout neuf. Elle a dû reprendre le métier de comédienne qu'elle détestait de plus en plus. « La province ne ressemble pas à Paris pour un comédien. Ici, c'est un pur état de domesticité. » Sa fâcheuse belle-mère, de plus en plus malade, demande des soins. Pour comble, Marceline est à nouveau enceinte.

Même l'érudit, le méticuleux Ambrière ne saurait nous dire qui est le père de cette enfant, qui naîtra en novembre 1821. Partagée entre le doute et vraisemblablement le désir que la petite fille fût celle de l'amant tant regretté, Marceline la prénommera Marceline-Junie-Hyacinthe. On sait que Hyacinthe était le premier prénom de Latouche. Plus tard, et définitivement, la petite fille fut couramment appelée Ondine. Là encore, on peut voir une évocation du goût de Latouche pour le romantisme allemand. Tout cela ne prouve qu'une chose, c'est que la pensée de Marceline est toujours auprès de l'être aimé, qu'elle aime à l'évoquer, qu'elle continue à vivre, en parallèle à sa pénible vie quotidienne, une vie autre, toute de sentiment, d'élans, bientôt de doutes aussi et de douleurs, dans le culte de l'amant et de l'amour.

Cet amour est encore très incarné, tout proche. Elle craint d'en perdre l'écho dont elle perçoit encore le parfum, la mélodie. Elle n'en est pas encore au stade de la métamorphose, de l'élargissement de cet amour dans une dimension presque mystique.

> *Complice du malheur, effroi du tendre amour*
> *Sommeil, qui fait rêver l'adieu de ce qu'on aime*
> *Oh ! ne m'arrache plus ce bien cher et suprême*
> *Oh ! ne m'avertis pas qu'il faut mourir un jour...*

Est-ce que l'attente de cet enfant console un peu Marceline ? Est-ce qu'elle se dit, comme tant de femmes pour lesquelles la maternité est un couronnement : « Un enfant de toi, c'est encore toi » ?

## Un enfant de toi

J'ai pensé cela plusieurs fois. En particulier à l'âge où il est vraisemblable que cet espoir est le dernier. J'avais quatre enfants vivants déjà, mais est-ce tant que cela ? Un de plus eût été le bienvenu — j'avais encore de l'optimisme, à ce moment-là. Et je me disais : « Un enfant de toi », et je croyais y croire. Des complications survinrent. Je fis une fausse couche après plusieurs mois. J'en ressentis une déception disproportionnée. Quand je fus remise, je constatai que je n'aimais plus.

Alors, illusion, « Un enfant de toi » ? Je ne pouvais attribuer aucune responsabilité à celui dont j'avais pensé (cru penser) « Un enfant de toi... » Pourtant cela revenait au même. Un sentiment primitif ? Le « mauvais œil » ? J'avais déjà fait des fausses couches, et pour les mêmes raisons, et je n'avais pas cessé d'aimer... mais peut-être si. Peut-être avais-je cessé d'aimer sans m'en apercevoir. Ayant lu cette phrase au dos d'une biographie (de Catherine de Russie, je crois), ma fille Allie me demandait, quand elle était encore enfant, et trouvant un grand charme à cette tournure grammaticale, « Maman, est-ce que tu es plus mère que femme ? » Plus tard elle compliqua sa question : « Est-ce que tu es plus écrivain que femme ? »

Mais nous n'en sommes pas là.

Ici va se placer une longue période de déboires coupés parfois de brefs succès, un temps de poèmes griffonnés dans n'importe quelles circonstances, et qui sont beaux ; au théâtre les critiques ne louent l'un ou l'autre des Valmore que pour, à la création suivante, les déprécier.

Le 28 décembre de cette année 1821, Mme Anne

150

Valmore, mère de Prosper, mourra. Un mois après la naissance d'Ondine. A-t-elle su qu'au moment de quitter Paris Marceline était déjà enceinte ? Elle n'a pu en tout cas répandre à ce propos son venin habituel, et il est de fait que, quelques mois après ce décès, les rapports entre les époux s'améliorent et s'apaisent. L'absent n'en est pas moins là, le souvenir de la rencontre exceptionnelle subsiste. Marceline écrit sur l'amour, elle n'écrira pas que sur l'amour, mais ce sont ces poèmes-là, pleins de chaleur, d'une tendresse, d'une douleur aussi qui ne faiblira pas, qui feront d'elle cette figure emblématique — et l'on revoit en l'écoutant la triste Catherine sur le rivage de Saint-Barthélemy —, mais aussi ce chant mélodieux qui ne s'éteindra pas entretient en Marceline l'amour absent, approfondit la blessure ; car bientôt elle va s'interroger sur Latouche, resté à Paris. Sans doute il l'aime encore, mais il vit dans le milieu littéraire animé de l'époque, il rencontre des femmes de lettres, des comédiennes. Il ne vient pas à l'esprit de Marceline d'enquêter, d'espionner. Du reste ne se sent-elle pas, elle qui est partie, en tort vis-à-vis de celui qui l'a si passionnément aimée ? Petit à petit, elle va se résigner à l'idée que, sans doute, des rencontres, des passades, vont survenir dans la vie de Latouche. Elle ne cessera pas, pour autant, de l'aimer.

Ici on se demande, devant cette flamme qui ne faiblit ni ne vacille jusque dans les dernières années de Marceline, si, n'écrivant pas, elle aurait gardé vivant ce culte d'un homme qui s'était tout de même éloigné d'elle.

Au début du premier séjour à Lyon, elle souhaite de toutes ses forces retourner à Paris, fût-ce pour un court séjour. On ne l'y a pas oubliée. Par ailleurs, le petit Hippolyte s'y trouve encore, sous la garde de l'oncle Constant. Ne pourrait-elle aller le chercher ? Ce qui serait une occasion de reprendre des contacts. Elle fait aussi plus d'une démarche qui permettrait à Valmore de retrouver à Paris un engagement équivalent à celui qu'il a encore (pour peu de temps) à Lyon. Mais la question d'argent, la terrible question d'argent, intervient à nouveau — interviendra toujours. Peut-être Valmore, soutenu par Talma, pourrait-il rentrer à la Comédie-Française, mais en qualité de « pensionnaire » seulement, et le traitement était trop peu de chose pour ce ménage dont les charges s'étaient accrues d'un enfant. Après bien d'autres palabres, Valmore finit par accepter les offres du Grand Théâtre de Bordeaux. Ces offres ne comprenaient pas d'engagement pour Marceline. Malgré leurs difficultés, elle en fut soulagée. À Lyon elle avait été en butte à de si méchantes attaques, à des rivalités si perfides, que quitter la scène, écrivit-elle à son oncle Constant, était « un genre de bonheur qu'elle ressentait aux larmes ». Mais elle n'avait pu se rendre à Paris.

Toute sa vie, Marceline fera des tentatives, mettra tous ses amis en campagne, pour trouver à son mari, soit dans le théâtre, soit même dans une administration, une situation qui leur assurât un peu de sécurité... et lui permît de vivre à Paris. « Vraiment », s'écrie Jacques Boulenger * qui semble avoir nourri une vive antipathie pour le pauvre Valmore, « pour que tant de personnes influentes n'aient jamais réussi à lui trouver un bon emploi, il fallait que l'incapacité de Valmore fût grande. » C'est peut-être faire trop bon marché des difficultés de l'époque et de la vanité de bien des promesses, faites de bonne foi peut-être mais vite oubliées. On trouve dans les lettres de la jeune et jolie Mélanie Louason, l'une des premières maîtresses de Stendhal, la première sûrement avec laquelle il ait vécu, ces déménagements, ces engagements temporaires qui la mènent de ville en ville, Marseille, Lyon, Grenoble, et, de retour à Paris, elle hésite, vers 1806, à partir pour Naples où on lui fait une offre **. C'est la même vie, ce sont les mêmes incertitudes.

On n'oubliera pas non plus que Marceline « soutenait » de son mieux, avec son admirable solidarité familiale, son frère Félix, malade mais aussi incapable (Valmore,

---

* *Marceline Desbordes-Valmore, sa vie et son secret*, Grasset.
** Jacques Laurent, *Stendhal comme Stendhal*, Grasset.

dans une lettre sévère, ne le lui enverra pas dire !), à l'occasion ses sœurs dont les maris ne réussissaient pas, et « il y avait enfin ses amis et même les connaissances » (Boulenger). Il faut voir ses innombrables démarches, en tout temps, en tout lieu, non seulement pour les siens, mais encore pour tous ceux qu'elle croisait sur son chemin et qu'une inlassable bienveillance la poussait à aider. Que l'on compare ces deux fragments, toujours cités par Boulenger : « Demain je porte sa lettre [celle d'un jeune acteur] à Mlle Mars, pour l'appuyer, en allant chez Pauline, bien malade, réconciliée avec toi, et où je dois voir Mme Dorval. Après, j'irai chez M. Jars qui m'attend à midi [Jars s'occupe de l'édition de ses œuvres]. De là, chez Mme Paradol et à cinq heures chez Mme Nairac, jusqu'à neuf, où je rentrerai pour recevoir Mme Favier, sa sœur et Pétrus... » Ces visites ne sont pas des visites mondaines, ni de désœuvrement. Il s'agit toujours d'obtenir une aide pour l'un ou l'autre, de distraire un malade, de recommander quelqu'un, ou d'en être recommandée pour joindre les deux bouts. Et qu'on compare ce simple exemple à cet extrait de lettre à son mari : « J'envoie tout à l'heure à Rouen 161 francs pour le billet Lainé. J'ai envoyé pareille somme le mois dernier. Le billet Landrin, plus le blanchissage et 14 francs pour frais de billet à renouveler en gage total ... Tout cela est un allégement à nos dettes qui peut te faire un peu respirer, j'espère. » Et la pauvre femme ajoute sans amertume : « Ce qui me nuit c'est de ne pouvoir travailler. J'en pleure, mais il faut du repos, car j'ai voulu recommencer [à écrire] et la fièvre m'a ressaisie. »

Travailler, c'est rêver aussi. Travailler, c'est échapper un instant aux additions angoissantes, aux soucis des enfants, aux démarches (même si, bien souvent, c'est son bon cœur seul qui l'oblige à les faire), au réconfort qu'elle apporte sans trêve et sans relâche à Valmore, dans ses difficultés. Mais travailler, pour Marceline, c'est aussi puiser de la force dans le souvenir qui devient peu à peu un mythe. Il serait éclairant, ici, de posséder les lettres qu'elle écrivit à Latouche dans cette période. On n'en sait pas même le nombre *.

Quand Latouche mourut en 1851, il laissait son « ermitage » de la Vallée-aux-Loups et ce qu'il contenait à Pauline de Flaugergues, l'amie de ses vieux jours. En 1871, Pauline vivait toujours lorsque des officiers prussiens logés dans la maison s'emparèrent non seulement de la bibliothèque, mais encore de manuscrits inachevés, de dessins, de lettres, parmi lesquelles celles de Marceline, les papiers d'André Chénier, et, nous dit notamment Boulenger, « tout cela fut envoyé en Allemagne ». Frédéric Ségu pense, lui, que « tout avait été détruit ou emporté », sans se prononcer. Dans le cas où ces livres, ces documents, auraient été emballés et envoyés en Allemagne, on pourrait espérer, peut-être, qu'un collectionneur jaloux ait souhaité garder pour lui seul ces souvenirs romantiques. Hélas, un siècle ayant passé sans que rien n'en ait été retrouvé, n'ait reparu dans une vente ou dans un catalogue, peu d'espoir demeure d'en retrouver trace. Mais les poèmes sont là, qu'on aurait tort sans doute de prendre au pied de la lettre, comme une exacte autobiographie, mais qui éclairent néanmoins sur l'évolution de cet amour.

On a tendance, quand on écrit « c'est de la littérature », à déprécier l'intensité d'un sentiment. « ... Un sentiment qu'on passe sa vie à mettre en vers finit par devenir jusqu'à un certain point un sujet... Il y eut peut-être dans l'éternel amour de Mme Valmore un peu de littérature » (Boulenger). Mais pourquoi un sujet serait-il moins réel, moins profondément vrai, qu'une parole, qu'une lettre, qu'un journal intime (le journal intime me paraît, pour ma part, plus suspect — j'en ai tenu un, longtemps, je devrais savoir). Peut-être imagine-t-on, ainsi que dans un miroir, voir son visage inversé, (on le reconnaît à peine), ou, comme la voix enregistrée semble d'un registre différent, que les mots opèrent sur le sentiment une sorte de

---

* Francis Ambrière en affirme l'existence.

transmutation qui leur ôte et leur ajoute une qualité ?
Une valeur au sens mathématique ?

*Bilingue*

Je suis près de l'admettre quand je me souviens de mes
rêveries d'enfant, élevée en français et en flamand, du
fait de deux mots différents désignant la même chose.
En français : *tasse*. En flamand : *kopje*. Et en italien ?
demandai-je à ma grand-mère. Et en anglais ? Et je rap-
prochais ma perplexité de ce jeu où « si c'était un livre,
ce serait *La Princesse de Clèves* », « Si c'était une boisson,
ce serait du thé de Chine », « Si c'était un animal, ce
serait un cygne »... Mais, bien que l'on puisse trouver à
l'image du cygne, à l'arôme du thé, et même à l'écriture
de Mme de Lafayette une qualité commune de pureté
sèche, d'absence d'emphase, de dignité un peu rigide, le
plaisir qu'on y prend (si on en prend) est d'essence tout
à fait différente, et le rapprochement reste approximatif.
C'est bien d'un jeu qu'il s'agit.

La traduction, si fidèle soit-elle, d'un poème, n'en res-
tituera jamais qu'un profil, qu'une silhouette découpée
dans le papier, qu'un *sujet*. Ou sera un autre poème. Mais
quand un souvenir me viendra et que je souhaiterai
l'écrire, sera-ce une façon de m'en dépouiller (de lui
donner un autre nom, comme la *tasse* devenue *cup* n'est
plus tout à fait le même objet), ou une façon de voir plus
clair en moi, de distinguer, prenant de la distance, plis-
sant un peu les yeux pour mieux voir (ce qui, répété
régulièrement, donne des rides à la racine du nez)
l'ensemble de l'événement, son retentissement sur moi
ou sur les autres ?

Sur les autres : il y a cela aussi. Les autres (critiques,
admirateurs, détracteurs de Marceline) ont cherché,
recoupé, « traduit » tel ou tel poème pour y déchiffrer

une autobiographie qu'ils fabriquaient plus ou moins. Les autres. Il y a encore cela : on écrit pour les autres, peut-être parce que l'on n'ose pas parler, peut-être parce qu'écrivant, on crée un interlocuteur idéal, subtil, sensible, auquel pas une virgule n'échappe. Mais quand on en vient à la vraie communication, la transmission (comment dit-on « j'écris » en italien ? Non, ça n'y ressemble pas), on a parfois des *surprises.*

C'est la grande surprise, on pourrait même dire la stupeur, du premier lecteur, de la première lectrice, qui demande à vous rencontrer. Qui, moi, moi l'auteur ? Tout de même, ça crée une émotion ! Mon premier lecteur était une lectrice. D'un âge convenable, la quarantaine assez pimpante. D'un aspect convenable, visage plaisant, tailleur pincé à la taille, pas du tout, mais pas du tout, l'air d'une folle, j'insiste. L'endroit était décent aussi, le café des Marronniers, boulevard Saint-Germain, et l'heure : seize heures trente. On se rencontrait pour un thé. Nous le prîmes, elle me loua, je rougis, mais je n'attendais pas l'estocade, qui vint avec l'addition — qu'elle paya, soyons juste. Le *Rempart* traite surtout du rapport d'une adolescente avec la maîtresse de son père (fameux scandale devenu tout anodin). Aussi peut-on imaginer ma surprise lorsque la dame au tailleur pincé conclut d'un ton sans réplique : « Et ce qui m'a surtout plu dans ce livre, c'est que c'est absolument mon histoire. Seulement, moi, c'était un légionnaire, et il était blond. »

De nouveau perplexe devant la pile de mes « journaux intimes » j'y cherche cette anecdote qui m'est toujours restée présente à l'esprit, dans son apparente absurdité. Je ne l'y trouve pas. D'ailleurs qu'est-ce que j'y trouve, en dehors de quelques brèves annotations du type : « Daniel bien maigre en ce moment », « Vincent, seize ans aujourd'hui » ? La suppression du verbe doit bien signifier quelque chose, mais quoi ?

— Pourquoi ne racontes-tu pas des choses qui te sont arrivées ? demande Marie-Paule qui n'aime pas les romans.

— Je raconte des choses qui me sont arrivées. Ou plutôt les choses que je raconte me sont arrivées.

— Après ?

Je ne veux pas me faire passer pour un médium. Et « après » ne me paraît pas le mot juste. *À côté*, ce serait bien ça, mais je crois que Marie-Paule y verra une échappatoire. Alors je parle du chat-fantôme, ressurgi quarante ans après dans ce qui est, indiscutablement, un roman. De mon grand-père dont la silhouette hante pour moi certaines parties de la ville où il n'allait pas [les bassins de radoub]. De...

— Mais où est-ce qu'il habitait « en vrai » ? Et pourquoi est-ce que tu ne le dis pas ?

Parce que le carrefour, planté de très vilains immeubles dits modernes où résidait mon grand-père dans les dernières années de sa vie, ne lui allait pas, jurait avec sa personnalité d'artisan, d'homme rude et traditionnel, comme ces décors que l'on plaçait, chez les photographes d'antan, derrière le sujet : petite barrière de campagne, salon, cheminée garnie de vases... Mais aussi parce que la silhouette de mon grand-père était devenue celle d'un armateur qui lui ressemblait par certains traits seulement, parce qu'il était passé de l'autre côté du miroir...

— Tiens, comme l'héroïne du *Rempart* est passée dans une autre dimension quand elle est devenue un « légionnaire blond ».

— En somme, elle traduit, ta lectrice ? dit Marie-Paule qui est fine, devine où je veux en venir mais ne veut pas, jolie chèvre de M. Seguin, y aller.

Et elle ajoute :

— C'est bien son droit, mais quel besoin a-t-elle de ton roman ? Elle n'a qu'à dire ce qui lui est arrivé.

— Si elle ne peut pas autrement ? (Je me sens tenue de défendre ma lectrice, quoique avec moins d'assurance qu'il n'y paraît.)

— On peut toujours... un cri..., soupire Marie-Paule.

Je pense à Barbey, je reviens à Marceline.

Marceline « traduisant » ses émotions et ses révoltes dans ces poèmes, si spontanés qu'ils soient, peut-on les décrypter comme tant l'ont fait, au gré d'une interprétation touchante mais partiale ? N'est-ce pas un contresens que de borner cet acte d'écrire à une transcription dans un autre langage ? C'est pourtant ce que Baudelaire, ce que Barbey, apprécient en Marceline : le « Cri ».

Je crois qu'ils voient dans cette spontanéité, souvent admirable, parfois négligée, le propre de la femme. Et dans l'autobiographie, la forme privilégiée sous laquelle il lui est donné de s'exprimer. Et sans doute, notamment dans les trois ou quatre premiers poèmes à Délie, Marceline exprime une progression de sentiments réellement vécus : dégoût du théâtre, peine à assumer la *légèreté* de Délie, chagrin de voir le peu de profondeur de ses attachements, et enfin rancune — vite dissipée — envers l'amie qui sans le vouloir l'a attirée dans un piège où elle s'est blessée. Mais cette blessure était là avant Délie, avant Latouche. Cette blessure remonte à l'enfance, aux dissentiments du père et de la mère, de Catherine et de Saintenoy, douleurs précoces dont elle ne parlera jamais que par métaphore (les oiseaux se battant et détruisant leur nid, dans *L'Atelier d'un peintre*). Cette longue description, inutile dans l'économie du récit, n'est-ce pas aussi un « cri » ? Un « cri » ne peut-il se traduire par une métaphore ? Et voilà le mot traduire qui revient, et mon malaise à l'écrire, car s'il suffisait, évidemment, d'être en possession d'un certain langage...

Mais n'est-ce pas plutôt le langage qui prend possession de vous et devient la vraie langue natale, maternelle ? L'autre, celle de tous les jours, celle de tous les autres, vous procurant de plus en plus cette difficulté, ce léger retard dans l'expression qu'on a à s'exprimer, même si l'on en possède une teinture, dans une langue étrangère — celle d'un pays qui est de moins en moins le nôtre ?

Sans le vouloir, sans le savoir, Marceline à Lyon, et bientôt à Bordeaux, se créait un pays à elle.

La voici à Bordeaux. Elle aima cette ville. Le soulagement de n'avoir plus à se produire en public compensa un peu les difficultés de la vie. Elle écrivait, vaquait aux soins du ménage, riait parfois. Ses amis (elle s'en est fait, alors qu'à Lyon elle se sentait seule) la dépeignent « racontant fort bien ».

Ce don du récit, on le retrouvera dans toute sa correspondance, et presque jusqu'à la fin. L'amour de la vie, l'intérêt qu'elle éprouve pour autrui, arrivent, dans les pires circonstances, à créer une vivacité, une sorte de gaîté douce dans son style, et l'on sent tout le charme d'une personnalité que sa légende même affadit.

À un moment particulièrement difficile de sa vie, elle se trouve à Paris, cherchant un engagement pour Valmore, des ressources pour la famille, et Dumas lui a fait des promesses sur lesquelles elle ne compte qu'à demi, mais enfin ne faut-il pas tout tenter ? Elle attend donc Dumas... et c'est Mélanie Waldor, amie de Marceline, certes, mais aussi maîtresse délaissée de Dumas, qui vient lui rendre visite. « ... L'heure approchait pour Monsieur Dumas qui est mon Messie. On frappe, je cours... Madame Waldor ! Ah, mon Dieu ! "Savez-vous, lui dis-je, qui j'attends ? Monsieur Dumas !" Elle s'assied, imperturbable et se décide à braver l'émotion. On refrappe. Allez, c'est Dumas lui-même avec Charpentier. Dumas, grand comme Achille, bon comme le pain, et qui se baisse en deux pour arriver à me baiser la main. Il demeure courbé ainsi, dans son étonnement de trouver sous le chapeau qu'il salue Madame Waldor, pâle comme un papier. J'ai tout mis à l'aise en parlant à tort et à travers pour leur donner le temps de se rasseoir. »

C'est pour distraire l'anxiété de Valmore qu'elle bavarde avec cet enjouement. Mais il n'a rien de forcé. Elle écrit au fil de la plume, au gré de son humeur ; un pleur succède à un sourire, un éclat de révolte à un soupir de résignation. Cette sensibilité si spontanée charme ses amis et, avant tout, son mari qui écrira après sa mort, avec quelle nostalgie : « Elle avait la gaieté et l'imprévu du moineau franc, qu'elle appelait si bien le paysan des oiseaux. Les inflexions de sa voix étaient fraîches, naturelles, étourdies comme le gazouillement d'un étourneau... »

Cet « imprévu », cette fantaisie, qui relevaient sa profonde bonté, lui firent toujours des amis.

À Bordeaux elle était encore plongée dans le regret de son amour perdu, et peut-être aussi espérait-elle encore une rencontre, une entrevue, qui eût sans doute été douloureuse mais pouvait-elle ne pas l'espérer ? Pourtant elle s'efforce à la gaîté ; elle est l'âme de sa petite famille ; elle ne s'abandonne pas à cette tristesse cachée. Elle fréquente le salon des Nairac, une famille d'armateurs protestants, elle fait la connaissance de Vigny ; elle invite, dans des missives enjouées, l'oncle Constant à venir les rejoindre. Est-ce à dire qu'elle oubliait Latouche ? Non. Sa correspondance avec Sophie Gay, rencontrée du temps de Lyon, et avec Pauline Duchambge qui fit de jolies musiques sur les jolies romances de Marceline, en témoigne.

Pauline, qui devait rester toute sa vie — et elle fut longue — amie de Marceline, avait été la maîtresse du musicien Auber, et resta son amie. Elle exploita ce chagrin, que Marceline adopta comme frère du sien. Pauline méritait-elle le jugement sévère que certains portèrent sur elle ? Quoi qu'il en soit de la sincérité de ses plaintes, elle fut bonne correspondante et amie fidèle. Octogénaire, immobilisée chez elle, passablement démunie, elle envoyait encore billet sur billet à Marceline également souffrante, que cette affection soutenait. Sans doute l'aveugle confiance de Marceline avait-elle, comme il devait arriver souvent, produit son effet lénifiant.

On n'en saurait dire autant en ce qui concerne Sophie Gay, cette « jolie brune piquante » à laquelle Sainte-Beuve trouvait une si louable vitalité, qui intrigua, aima, écrivit et eut même des succès. Il y a dans ses romans, nous dit Sainte-Beuve toujours perfide, « des parties très distinguées ». Ce n'est sûrement pas un jugement littéraire que Marceline portait sur Sophie Gay ; mais tout en lui étant reconnaissante d'une amitié qu'elle proclamait et d'une admiration presque excessive, Marceline, qui avait l'oreille fine et musicale, détectait fort bien l'affectation et le manque de naturel de tout cela. Pourtant elle poursuivit un certain temps cette correspondance. Pourquoi, alors qu'elle craignait, et assez vivement, que Mme Gay ne se mêlât (elle jouait parfois les agents littéraires) de la troisième édition des poèmes qui se préparait ?

C'est que Mme Gay connaissait fort bien Latouche. C'est qu'elle en parlait — remuant le fer dans la plaie (mais Marceline aimait jusqu'à sa blessure) — dans des termes si violents : « le démon » ou « le démon incarné », qu'ils permettaient, pour le moins, de supposer que leurs rapports n'avaient pas été purement littéraires ou mondains. En 1824, elle publia même un poème (qu'elle ne manqua pas de communiquer à Marceline) et où, sous le titre de *L'Inconstant*, elle faisait de Latouche un portrait plus cruel que nature :

> *... D'une amante nouvelle*
> *Sent-il frémir la douce main ?*
> *Son cœur prévoit l'instant qu'il va s'éloigner d'elle...*

C'était exagérer beaucoup, que ce portrait de Latouche en Casanova. Sans doute n'en fut-il pas flatté, puisqu'il écrivit à Sophie Gay pour s'en plaindre. « Au milieu de ses griefs, écrit Sophie à Marceline, il m'accuse de lui avoir enlevé votre affection. » Cette phrase allait à l'encontre de son but. Ne prouvait-elle pas que Latouche tenait toujours à l'« affection » de Marceline, ne l'oubliait pas, ne lui en voulait pas ? Il devait le prouver peu après, dans un article du journal *Le Diable boiteux* où, tout en faisant l'éloge des *Élégies et Poésies nouvelles*, et du caractère de son auteur, il n'en parsème pas moins son texte de pointes vengeresses à l'adresse d'une autre femme-poète, qui dut bien se reconnaître.

Francis Ambrière croit voir une plainte, un appel, dans cette phrase de Latouche, extraite du même article (sur les femmes-poètes) : « Je croirais plutôt que l'amour des arts, qui les fait renoncer à des faiblesses vulgaires, les affranchit aussi de toutes les faiblesses d'un autre amour... » Il est possible. Mais on ne peut déduire que « Marceline... répondit... comme si elle n'avait pas compris » en se fondant sur une lettre à Constant Desbordes où Marceline le prie de remercier Latouche, un peu cérémonieusement. Elle a pu lui écrire directement — nous n'en saurons jamais rien — ou par un autre truchement. Un argument invoqué par F. Ambrière en faveur d'un refroidissement de Marceline, est aussi le fait qu'Inès Valmore, qui naîtra le 29 novembre, a été conçue à cette époque. Où voit-on que jamais Marceline, quels qu'aient été ses sentiments vis-à-vis de Latouche, ait rejeté son mari, se soit, pour dire les choses crûment, refusée à lui ? Son incertitude quant à la filiation d'Ondine — et son remords, ce sentiment de culpabilité, nouveau chez elle — ne s'expliquent pas autrement. Dans la nouvelle édition, comme dans celle de 1830, on trouvera au contraire une majorité de poèmes écrits au long des années 30, et inspirés bien évidemment par les sentiments qu'elle continuait à porter à Latouche. On trouve notamment dans *L'Indiscret* (publié en 1825, repris en 1830) des allusions à une infidélité possible de Latouche et, plus clairement, un écho des médisances transmises par Sophie Gay.

> *Quelle est donc cette voix importune et cruelle*
> *Qui déjà me détrompe avec un ris moqueur ?*
> ...
> *Au bord de ma tombe ignorée*
> *Ciel ! par cette langue acérée*
> *Faut-il qu'un nom trop cher puisse m'atteindre encore*
> *Pour m'apprendre, nouvelle affreuse,*
> *Que j'étais seule malheureuse*
> *Et qu'on m'oublie avant ma mort ?*

Tout le reste du poème, haletant, coupé d'interjections douloureuses, développe ce thème « Je n'étais pas aimée... » et montre combien le souvenir de ce qui fut était encore, pour l'amante, une forme de consolation. Les poèmes de cette période montrent du reste plus de souffrance, de jalousie rétrospective, et même de désespoir, que de résignation. La certitude d'avoir été aimée, de l'être encore, fût-ce en esprit, pourrait seule apaiser la fièvre du poète. Mais après une période où la présence de l'être aimé était encore toute proche, où la confiance l'apaisait, le doute est survenu. Sans chercher à prêter à ces vers une application autobiographique trop étroite, les beaux vers désespérés de *L'Isolement* ne sont pas d'une âme tranquille :

> *Quoi ! ce n'est plus pour lui, ce n'est plus pour l'attendre*
> *Que je vois arriver ces jours longs et brûlants ?*
> *Ce n'est plus son amour que je cherche à pas lents*
> *Ce n'est plus cette voix si puissante et si tendre*
> *Qui m'implore dans l'ombre ou que je crois entendre ?*
> *Ce n'est plus rien ! Où donc est tout ce que j'aimais ?*
> *Que le monde est désert ! N'y laissa-t-il personne ?*
> *Le temps s'arrête et dort. Jamais l'heure ne sonne.*
> *Toujours vivre, toujours ! On ne meurt donc jamais ?*

De 1822 à 1827, pendant son premier séjour à Lyon et la longue halte à Bordeaux, les poèmes se succéderont, tantôt tourmentés, tantôt simplement tristes, et ces derniers souvent ont une douce harmonie monotone de complainte, une berceuse au regret qui ne désarme pas. À les lire, on ne peut s'y tromper. C'est bien le personnage de la « douce Marceline », l'amante éplorée mais sans amertume, la mère trouvant une consolation auprès de ses enfants, dont elle s'occupe avec dévouement, l'épouse essayant de rendre le foyer agréable, quels que soient ses soucis personnels. Et tout cela est vrai, sincère, et ses amis pensent, comme Baudelaire et Barbey, que c'est « toute la femme », y compris dans sa générosité parfois inconsidérée, voire ses petits accès de coquetterie qui déséquilibrent son budget.

C'est à cette période que s'applique le mieux l'expression « le Cri » qui m'a tant fait réfléchir. Sans doute mon amour pour mes enfants (et pour ce que je découvrais d'enfance chez l'un ou chez l'autre) était de tous mes sentiments le moins complexe, le moins contrarié ; celui qui jaillissait de moi avec le plus d'élan. Et pourtant, en reprenant avec Marie-Paule notre éternelle controverse sur la spontanéité, sur « le cri », en me remémorant tel poème de Marceline, je me disais que la peinture (je n'emploie pas ce mot au hasard) que j'avais voulu faire de mes enfants dans *La Maison de papier,* ce n'était pas cela, ce n'était pas « le Cri ».

C'était des moments, des photographies, des « flashes » pris sur le vif, rien n'y était faux, mais du fait même de cet aspect fragmentaire, du choix de ces moments en tenant compte non seulement de leur importance mais d'un certain équilibre dans la construction du livre, du souci de ne pas me répéter (alors que la vie trébuche sans cesse sur ces répétitions), rien n'y était *tout à fait* spontané. Le peu de concertation qui s'y trouvait suffisait à en faire autre chose que la relation d'un fait, la transcription d'une phrase. Mais, après tout, écrire en vers n'est pas non plus une expression tout à fait spontanée. Et, bien qu'elle ait peu corrigé et peu repris (sensible cependant, mais par modestie plutôt que par perfectionnisme me semble-t-il, aux critiques de ses amis qui se font volontiers censeurs), Marceline est un écrivain.

Je me répète : « Marceline est un écrivain », mais je ne sais pas si cela me justifie.

Parus dans *Le Kaléidoscope,* et dans *Le Mémorial de la Scarpe* en 1827 (publiés seulement en 1830 mais écrits antérieurement à 1828), deux poèmes différents de ton et d'inspiration nous montrent Marceline sous un jour nouveau. Le premier, *Un bruit d'autrefois,* vise la loi sur la liberté de la presse conçue par le comte Peyronnet, dont le nom reste attaché aux mesures préconisées par les ultras (29 décembre 1826). Paru en 1827, ce poème montre donc une vivacité de réaction dont Marceline n'est pas coutumière. À la lecture du projet (que Peyronnet avait ridiculement qualifié, dans *Le Moniteur*, de « loi de justice et d'amour », nom qui lui resta, on devine dans quel sens !), Casimir Périer devait s'écrier : « Autant vaudrait proposer un article unique : l'imprimerie est supprimée en France au profit de la Belgique ! »

> *On dit que loin de nous la liberté s'envole*
> *On dit qu'il ne faut plus se taire ni parler*
> *Qu'il faut peser trois fois le mot le plus frivole*
> *Liberté ! comme toi je voudrais m'envoler !*
> *...*
> *Que je plains les mortels ! Que je me plains moi-même !*
> *Sais-tu, veux-tu savoir ce que je deviendrais*
> *Si l'on me défendait de chanter ce que j'aime ?*
> *J'obéirais un jour, et le soir je mourrais.*

Voilà qui nous montre une Marceline dont la position vis-à-vis du pouvoir est nettement établie. « Marceline a réussi cette prouesse d'y unir (dans ce texte), sans faute de goût, satire et élégie ; la portée humaine du fait politique y est dite sans fracas et sans fadeur », écrit justement Marc Bertrand *. Éloge applicable aussi à *Un jour de deuil* où elle déplore la mort du général Foy, l'orateur parlementaire connu pour ses opinions libérales, et, dans une moindre mesure, au poème écrit sur la première captivité de Béranger, qui fait un peu plus « pièce de circonstance », d'autant que certains vers trop hardis en ont été retirés.

Mais voici autre chose : également publié en 1826, donc écrit antérieurement, repris en 1827 (dans le *Kaléi-*

---

* *Édition complète des Œuvres poétiques de Marceline Desbordes-Valmore*, établie et commentée par Marc Bertrand, Grenoble, 1973.

*doscope*), puis dans l'édition de 1830 — ce qui prouve que l'auteur ne le renie pas —, *Le Mendiant* contient une virulente critique anticléricale. Sans doute le poème est-il sous-titré *Imité de l'anglais*. Mais Marc Bertrand le rapproche du passage de *L'Atelier d'un peintre* où un abbé se voit refuser tout secours par un prêtre qui lui dit avec dureté : « Nous avons nos pauvres. » Cette note de satire se retrouvera dans les poèmes qui suivent les émeutes de Lyon, dans la correspondance aussi, un peu plus tard, mais elle est déjà présente, montrant que, si Marceline continue, et continuera toujours, à parler d'amour, la notion de liberté éveille en elle un autre écho. Elle, à qui l'on a pu reprocher de mêler le sacré et le profane, pour laquelle il n'y a, au fond, rien de profane, est très sensible aux abus de pouvoir de toute structure organisée. Fût-elle d'Église.

## Une pension

Latouche, familier de Mme Récamier, lui avait parlé de la situation de Marceline et de son « beau talent ». Celle-ci, désirant lui venir en aide, offrit, comme une sorte de don privé, les jetons de présence que l'Académie servait à Mathieu de Montmorency, qui venait d'y être élu. Cette élection avait ému l'opinion ; on disait, entre autres choses, qu'il privait de ressources un véritable écrivain qui eût pu être élu à sa place. Mme Récamier lui parlant de Marceline, le duc vit là une réponse à cette critique qui le gênait ; il offrit ses jetons. Tous ces gens se voyaient à la Vallée-aux-Loups, et Latouche venait chez Mme Récamier en voisin. Mais il perçut tout de suite que l'offre du duc avait un peu trop l'air d'une charité, et il avait prévu que Marceline la refuserait. Elle refusa en effet. Latouche loua cependant le duc (son adversaire politique) d'un geste qu'on ne pouvait qu'estimer et, toutes ces bonnes volontés s'épaulant, on finit par obtenir pour Marceline une pension « officielle » qu'elle ne pourrait pas refuser.

Elle ne l'accepta pas pourtant sans des scrupules de conscience dont la clé se trouve précisément dans le poème *Un bruit d'autrefois*. Pense-t-elle aussi au « milliard des émigrés » voté un an auparavant ? À la condamnation toute récente de Lamennais ? « On ne commande pas à la reconnaissance » écrit-elle à Jars, un ami proche, à un moment où, malgré ses charges écrasantes, elle espère encore « échapper » au versement de cette pension. Et, non sans une ironie qu'on n'attend pas chez elle, « je suis pensionnaire de ce gouvernement qui ne commet peut-être qu'une nouvelle injustice en me donnant un prix que je n'ai pas mérité ». On voit que les scrupules de Marceline, qui précisait : c'est « une chose assez gênante pour ma conscience », étaient plus vifs que ceux du républicain Latouche, qui avait sollicité pour elle, et même, en l'occurrence, adouci sa plume redoutable.

On va découvrir peu à peu une Marceline qui prend parti, sans pour cela jamais être d'un parti. Est-ce pour cela qu'on attache moins d'importance aux textes, aux correspondances, qui témoignent de sa position toujours nette ? Qu'on ne la considère pas, si peu que ce soit, comme un écrivain « engagé » ?

Engagé... On pense à George Sand, bien sûr, un peu à Flora Tristan, mais ce n'est pas tout à fait un écrivain ; à Mme de Staël ? Tant critiquées, pauvres chères femmes, alors que quelques décennies plus tard François Mauriac reprochait à Colette (1927), au moment de la parution de l'admirable *Fin de Chéri*, son « parti pris de ne rien voir, de ne rien connaître que les mouvements de la chair », qu'Henri de Régnier parle à propos du héros des deux romans de « destinée toute animale » et que Paul Souday qualifie le malheureux jeune homme d'« ombre falote ». Ces critiques, qui s'accompagnent d'ailleurs d'hommages au talent de Colette, montrent combien, à cette époque déjà, l'image de la femme a évolué. Aucun de ces critiques ne dira de Colette qu'en se cantonnant ainsi au

167

concret, elle est plus femme, totalement femme à la façon dont le duo Baudelaire-Barbey l'entendait — à la façon, en somme, dont l'entendait Liszt quand il disait de Marie Duplessis (la Dame aux camélias), qui avait été sa maîtresse, qu'elle était « l'incarnation la plus absolue de la femme qui ait jamais existé ». C'est l'image de la femme-victime qui fait se rejoindre la courtisane et l'écrivain, la malade et la délaissée — sans que l'on détecte la force sous la plainte, la vitalité sous les pleurs, sans que l'on mette en avant la révolte sous l'élégie.

> *Ouvre-toi, cœur malade ! Et vous lèvres amères*
> *Ouvrez-vous ! Plaignez-moi ! Dieu m'oublie ou me hait*
> *Sa pitié n'entend plus mon désespoir muet*
> *Sa main jette au hasard mes heures éphémères*
> *Comme des oiseaux noirs dans le vent dispersés*
> *Lasses avant d'éclore et sans bonheur perdues*
> *Elles traînent sur moi leurs ailes détendues*
> *Et Dieu ne dit jamais : « C'est assez ! C'est assez ! »*

C'est un cri, au sens où l'entendait Barbey, mais il se termine en un élargissement qui est déjà une prière :

> *Mais si quelque trésor germe dans nos alarmes*
> *Laissez aux pieds souffrants leurs sentiers douloureux*
> *Dieu ! Tirez un bienfait du fond de tant de larmes*
> *Et laissez-moi l'offrir à quelque malheureux*
>                     (La Crainte, *recueil* Les Pleurs)

C'est un vœu plutôt qu'une conviction acquise, que ce *mais si*. Croyante, Marceline n'appartient pas plus à une Église qu'à un parti. Elle ne s'oppose pas non plus à l'Église quand celle-ci se manifeste sous l'aspect de la charité, de l'amour. On pourrait dire qu'elle en éprouve un soulagement, comme chaque fois qu'elle aperçoit (ou croit apercevoir) chez un être disgracié une lueur de bonté, un rachat possible. Il y a là, sans doute, un trait essentiellement romantique, le rachat de l'être moralement ou socialement exclu.

Mais pour Marceline il s'agit moins d'un être que du mal dans le monde, dont elle est de plus en plus consciente, dont elle souffre, mais qu'elle ne renonce pas d'une certaine façon à rédimer par l'écriture.

Sans doute cette douloureuse appréhension du mal se manifestera surtout après la double révolte de Lyon, qui la marquera à jamais. Mais ce pressentiment, cette sensibilité à la dissonance du monde, elle les a eus toute petite, et quand elle se réfère à son enfance « heureuse », c'est au temps, si bref (a-t-il même existé), où cette dissonance ne lui était pas encore connue.

### Un pont

Ici, je me réfère à mes propres souvenirs, car il me semble que cette perception je l'ai toujours eue. Pas d'éden, pas d'ignorance heureuse. Mais vite, une scission entre une vie — à laquelle sans cesse j'accrochais, comme un vêtement dans une haie d'épines —, et l'écriture qui s'en éloignait de plus en plus. C'était une démarche qui aurait pu, si j'en avais eu conscience, passer elle-même pour romantique, le romantisme d'un Senancourt écrivant : « Un rêve est une vie particulière qui s'intercale dans une vie terrestre », ou d'un Nerval sortant d'une crise d'aliénation pour déclarer : « Au fond, j'ai fait un rêve très amusant et je le regrette. J'en suis à me demander s'il n'était pas plus vrai que ce qui me semble explicable et naturel aujourd'hui. »

Je vois bien, en relisant un livre écrit à trente ans, et le seul autobiographique que j'aie écrit (*La Maison de papier* étant une aquarelle, un prélude, un *keepsake*), que je n'avais que trop réussi dans mon entreprise qui consistait à *couper les ponts*. Mes enfants, ceux que j'aimais, telle ou telle

169

scène, tel paysage, telle mélodie, je les embarquais comme Noé sur l'arche — le déluge était partout, hormis sur la frêle embarcation. Tant qu'elle tiendrait, j'étais sauve : j'écrivais. Une grande tranquillité émanait de ce livre, que je redécouvre en le parcourant. Les enfants poussaient « *et le blé dans le pré* » — les personnages venaient à moi sans peine, et le très vieil enchantement des conteurs m'habitait sans que j'en aie prévu les dangers. Beaucoup d'épisodes, de péripéties, m'étaient *donnés* sans que je m'interroge sur leur provenance — un magot, un coquillage posés là sur une étagère, et on se dit, sans insister : « Qui a mis cela là ? » Parfois on le change de place.

Mais il arrive que la « vie terrestre » offre tout à coup une ressemblance étrange avec l'autre, la vraie, celle où tout signifie : lors d'une promenade à la campagne, mon premier éditeur, René Julliard, ralentissant puis arrêtant sa voiture pour ne pas écraser un fourmillement de perdrix nouveau-nées essayant de voler sans tout à fait y parvenir ; nous restâmes un moment immobiles dans la voiture ; il y en avait des dizaines, de ces toutes petites perdrix, c'était étonnant ce grouillement d'où, de temps en temps, un vol s'élevait et retombait. René Julliard sortit de la voiture sans bruit, s'avança doucement à hauteur du capot ; alors je vis cette chose étonnante : voletantes, s'agrippant de leurs pattes minuscules au tweed épais de son costume, les toutes petites perdrix couvrirent en un instant les bras et la poitrine de cet homme émerveillé. Puis l'une tomba, l'autre s'envola, et ce fut fini. « Je crois qu'il faut que je fasse marche arrière », dit-il d'une voix troublée. Je gardai en moi, indéchiffrable, l'image de l'homme couvert d'oiseaux et qui devait mourir de façon imprévisible quelques semaines après.

Sa mort, que j'appris de cette façon impersonnelle dont vous l'annonce la radio, mit un moment à m'atteindre. Et puis l'image des oiseaux me revint — les oiseaux devenus soudain signe et promesse, ayant jeté un pont entre le souvenir et la fable —, je sus que cet homme pour lequel j'avais de l'affection était mort, sous les deux espèces. J'en conçus du chagrin et comme un peu d'effroi. Maintenant le danger était là. Le pont.

*Et le va-et-vient*

Ce pont, Marceline le franchit sans peine. Sans le savoir. Sans le craindre, donc.

Je la regarde, je l'admire, et, parfois, j'en suis un peu agacée. Cet effort que j'ai mis toute une vie à tenter, elle n'en a pas conscience.

Elle est libre. Mon admiration — mon agacement — commence à cette période où Marceline se révèle être tout autre chose que la rêveuse, que la fleur languissante se nourrissant de l'eau de ses *Pleurs*. Une femme présente au monde et le quittant quand elle veut, une sorte d'elfe, le « sang léger » le plus pur de la poésie française.

Publié en 1831 (il faut toujours décaler un peu la date de composition, forcément antérieure), au moment où Marceline est bouleversée par les événements de Lyon, un poème comme *La Sincère* y apporte un étonnant contrepoint :

> *Veux-tu l'acheter*
> *Mon cœur est à vendre.*
> *Veux-tu l'acheter*
> *Sans nous disputer ?*
>
> *Dieu l'a fait d'aimant*
> *Tu le feras tendre*
> *Dieu l'a fait d'aimant*
> *Pour un seul amant.*
>
> *Car pour nos amours*
> *La vie est rapide*
> *Car pour nos amours*
> *Elle a peu de jours.*

171

*L'âme doit courir*
*Comme une eau limpide.*
*L'âme doit courir*
*Aimer ! Et mourir.*

Cet harmonieux murmure aura son écho dans Verlaine, dans Baudelaire même (*L'Invitation au voyage*). Et pourtant entre *Un bruit d'autrefois* et *La Sincère* la vie n'a pas épargné Marceline. Son contrat avec Bordeaux terminé, Valmore s'est vu obligé de travailler à nouveau à Lyon. Marceline se voit contrainte de déménager à nouveau et pour retourner dans une ville qu'elle n'aime pas, et où elle va vivre de dures épreuves. Chaque fois qu'elle déménage ainsi, il semble qu'elle ait bazardé son sommaire mobilier et racheté le strict nécessaire là où elle débarque. D'où le peu de reliques qui nous restent d'elle, même dans le charmant musée de Douai.

Mais, avant de rejoindre Lyon, elle fera un détour par Paris.

### Reconquérir

Y apprend-elle les « infidélités » de Latouche ? Ou est-elle déjà édifiée sur ce point par ses correspondantes, Pauline et Sophie, qui ne lui ménagent pas la critique ? Il est évident qu'il a continué à vivre, à publier, mais aussi à s'occuper de l'œuvre de Marceline. « Vers 1825-26, Latouche choisit la matière des recueils de Mme Valmore, il classe les manuscrits qui lui paraissent dignes d'être publiés, corrige les épreuves, provoque l'insertion dans les revues répandues » (Frédéric Ségu *). Marceline en a, à diverses reprises, manifesté sa reconnaissance.

---

\* *Henri de La Touche*, Les Belles Lettres, 1931.

Il est vrai que l'on retrouve dans sa correspondance de cette époque, à plusieurs reprises, l'assertion : « Il ne m'écrit pas », et si elle fait mention d'un mot de Latouche où il lui donne des conseils, c'est une lettre à l'oncle Constant qui semble avoir servi de truchement. Est-ce une plainte, ou dissimule-t-elle ? Se rend-elle à Paris, comme le croit Francis Ambrière, avec l'espoir de le « reconquérir » ? En dépit d'une bien jolie citation d'une de ses lettres : « J'ai un chapeau charmant comme tu les aimes, et un petit béret tout nu, tout blanc, comme auréolé de neige », on ne saurait l'affirmer. La belle-fille de Sophie Gay, Mme O'Donnel, n'avait pas manqué de dire à Marceline, venue la visiter, « un mal affreux » de Latouche. Avait-elle mentionné la rumeur qui lui prêtait pour maîtresse Joséphine Fodor, cantatrice, pour laquelle il était intervenu dans un conflit qui l'opposait aux Beaux-Arts ? La chose, si elle put attrister Marceline, ne dut pas la surprendre outre mesure. C'était d'un commun accord que Latouche et elle s'étaient séparés en 1820. Qu'ils aient ou non correspondu, il est certain (les démarches de Latouche) qu'ils n'étaient pas brouillés. Le caractère de Latouche ne permet pas d'en douter : s'il avait trouvé des torts à Marceline, cela se serait su. Mais de là à rester fidèle à celle dont il n'espérait pas le retour...

C'est avant de l'avoir revu que Marceline pleurait l'absent dans plus d'un poème. Elle devait bien savoir que Latouche n'avait pas l'étoffe d'un amant platonique, mais elle avait pu souhaiter, indépendamment d'aventures passagères, que Latouche lui eût gardé cette fidélité du cœur à laquelle elle tenait avant tout. Il était pour elle l'emblème d'un amour qu'elle avait renoncé à vivre (n'oublions pas la naissance d'Inès), mais non à rêver. Ce n'est pas, je le crois fermement, de ce côté-ci du miroir qu'elle voulait le « reconquérir », son aimé. Mais elle eût souhaité — elle souhaitera toujours — l'entraîner dans son domaine propre, celui de la poésie et de l'enfance reconstituée, celui d'un « manque » compensé

173

par la mélodie intérieure dont elle ne cessera de reprendre le thème.

Fut-elle déçue ? Il paraît invraisemblable qu'ayant fait le voyage de Paris, elle ne l'ait pas revu. La gratitude même l'y obligeait. Mais dans quelles circonstances ? Ambrière suppose (mais ce n'est qu'une supposition) qu'elle a pu, au cours d'une sortie à l'Opéra avec Pauline Duchambge, l'apercevoir exhibant sa nouvelle maîtresse Mme Fodor. Il est plus vraisemblable qu'une ou plusieurs entrevues lui aient montré un Latouche toujours affectueux et serviable, mais très loin de cette pure exaltation qu'elle ressentait elle-même. Encore touché par le sentiment qu'elle lui portait, mais distrait, sans méchanceté, de leurs souvenirs communs, par ses ambitions, ses travaux, ses querelles : il travaillait à une *Correspondance de Clément XIV et de Carlo Bertinazzi* qui devait paraître l'année suivante et remporter « beaucoup de succès » (Boulenger). Il a en projet *Fragoletta* dont il parle à Balzac, avec lequel il n'est pas encore brouillé et qui l'encourage au contraire : l'un se faisant l'imprimeur (Balzac) de l'autre, l'autre se faisant l'éditeur de l'un. Il conseille, il suscite des projets (et quels que soient sa susceptibilité, son mauvais caractère, il faut lui reconnaître cette générosité intellectuelle, cette vocation de découvreur qui a rencontré autant de réussites que, bien souvent, d'ingratitude). Et il ne semble pas, au milieu de ses multiples activités — auxquelles il faut ajouter ses articles et une correspondance fournie (notamment avec Balzac pendant son séjour en Bretagne) —, que Latouche ait le loisir de mener une vie de débauche. Mais, sans aller jusque-là, il y a plus de quatre ans que Latouche n'a pas vu Marceline et, même s'ils ont correspondu (ce que j'incline à croire, l'un et l'autre étant grands épistoliers), l'absence a fait son œuvre, et Latouche n'avait pas le tempérament d'un moine.

Si Marceline ne l'a pas su, elle l'a senti. L'amour, sans doute, est toujours présent, mais voilé de nostalgie et non plus passionné, comme elle l'a connu. Souffre-t-elle ? Elle souffre. Mais elle savait. Elle savait depuis si longtemps. « N'embarque pas. » En quittant Latouche pour suivre sa famille à Lyon, elle savait que, d'une certaine façon, elle le perdait. Le bref séjour de 1827 le lui confirme.

Alors, le reconquérir ? Oui, mais autrement. Par l'écriture.

Comme tout le monde, alors ? Comme la plupart des écrivains, bons ou mauvais ? Comme Balzac se vengeant de la duchesse d'Abrantès, comme Nerval magnifiant Jenny Colon, comme Stendhal se dédoublant : beau, jeune, élégant amant de Mathilde, ou de Clélia Conti ? Pour voler plus bas, comme Eugène Sue se muant en justicier, comme... comme moi ?

Toujours le chat-fantôme, l'amant-fantôme, la traduction ? Ou la découverte, l'approfondissement de l'amour des chats, de tous les chats, de tous les hommes, à travers ce chat, cet homme ? Tu ne vas pas un peu vite ?

Oh ! ce matin j'ai revu un chat, un autre chat, que je crois immortel. En promenant mon chien, je traverse une petite rue mal pavée de Bruxelles, je passe devant la vitrine d'un brocanteur et, parmi les livres poussiéreux, toujours les mêmes (tomes dépareillés du Robert, polars début de siècle avec en couverture une femme en robe du soir, décolletée, avec des perles — non, c'est moi qui ajoute les perles ; incorrigible !), je vois un chat blanc et roux, assez laid, qui me regarde avec antipathie. Il me regardait ainsi il y a cinq ans, il y a trois ans. Et pendant ces mois entiers d'absence que j'ai passés à Paris, il n'a pas bougé ; il est couché à la même place, exactement — plus accoudé que couché —, et il me regarde avec la même calme antipathie.

La question se pose : ce chat est-il immortel ? Ou, par des moyens qui lui sont propres, est-il entré dans la fable ? Quoi qu'il en soit ce chat a accédé à une région d'où il ne bougera plus, quoi qu'il devienne, quoi que je fasse. Un jour je le retrouverai sur mon chemin, il prendra son sens définitif.

Un rapport avec Latouche ? Élémentaire, voyons !
Marceline est sur le pont qui rejoint les deux mondes.
Marceline traverse les limbes, va-t-elle les franchir ? Je la
regarde ; je me regarde. Elle a débuté plus tard, mais
quelle avance elle a pris !

Les limbes ! Il y a un poème de Casimir Delavigne
(auteur bien décrié mais qu'André Gide cite — peut-être
à cause du sujet — dans son *Anthologie poétique*) sur les
limbes :

> *...C'est je ne sais quoi d'incertain*
> *Que cet empire*
> *Lieux qu'à peine vient éclairer*
> *Un jour qui sans rien colorer*
> *À chaque instant près d'expirer*
> *Jamais n'expire.*

Et encore :

> *...mais dont aucun éclair ne sort.*
> *Ce morne éclat n'est pas la mort,*
> *N'est pas la vie...*

Est-ce que cette description ne s'applique pas exactement au Chat immortel, à l'Amant absent, à l'expérience
vécue en train de devenir « un sujet » ?

Les Limbes, les Fantômes, le va-et-vient...

Latouche n'est pas encore un fantôme pour Marceline,
pas encore un souvenir.

Elle quitte Paris après son bref séjour, déçue sans
doute et sûrement triste : inutiles le petit béret blanc et
le chapeau tout neuf, inutile l'élan d'un cœur qui pouvait vivre d'un regard, d'un mot, mais pas de rien du
tout, inutile, pour le moment du moins, le domaine doucement magique où elle avait su l'attirer, lui, le bien-
aimé. Elle va repartir pour Lyon, cette ville qu'elle
n'aime pas, elle va repartir vers les soucis de ménage et

176

d'argent, et, sur ses genoux ou sur la table de la cuisine où, l'ouvrage de couture repoussé sur le côté, elle va écrire, écrire encore. Et ce qu'elle écrira ne sera jamais une compensation, ne sera jamais « de la littérature » au mauvais sens du terme.

J'ai dit jamais. J'ai écrit « jamais », non sans agacement, non sans envie. Le piège est là, dont elle ne s'aperçoit même pas mais autour duquel je vais louvoyer toute ma vie.

J'y échapperai peut-être grâce à un fantôme encore (c'est le dernier, je m'y engage).

### Fantôme enfant

À trente ans, je contemplais les livres déjà écrits avec sérénité. À quarante : mes enfants. Mais c'est une erreur de croire que c'est la vie quotidienne qui évolue et le livre qui ne bouge pas. À travers la joie, l'élan d'écrire, remonte doucement une interrogation qui se durcit, qui finit par blesser rétrospectivement. À travers le plaisir enjoué de peindre un moment de la vie de mes enfants, apparaît en transparence la petite fille de dix ans, douze ans, qui écrit, qui n'arrêtera plus d'écrire, avec un sentiment de revanche et presque de colère qui est très loin de la sérénité.

Une amie me demanda :

— Pourquoi tu dis *vous* aux enfants ? Pourquoi tu ne les tutoies pas ?

— Parce que j'ai été enfant, furieuse d'être enfant, révoltée d'être enfant, et que je me sens tenue, à ceux qui subissent ce sort heureusement provisoire, de marquer des égards.

Pourquoi est-ce que je peins mes enfants avec amour et gaieté, sinon parce que je sais que ce bonheur de l'instant va s'évanouir, sinon pour consoler — enfant adopté, fantôme recueilli au coin d'un souvenir — cette petite fille-là, peut-être ingrate, qui ne possède plus en propre que la guerre, la pluie, et ce cahier où elle épuisait sa patience. Au bout de tant d'années, elle est revenue, intolérante, butée, silencieuse, se servant tantôt d'un personnage, tantôt d'un paysage, d'une péripétie, pour me faire savoir à moi, discrète, patiente, résignée à l'ordre du monde et à mes propres limites, qu'elle est toujours là, qu'elle ne désarme pas, *qu'elle ne me tient pas quitte*. Que la fiction n'est pas faite pour consoler, pour fuir, mais pour révéler dans son langage à elle le secret devant lequel on se bouchait les yeux.

Ainsi, à travers son propre chant, sa propre plainte, Marceline découvre non pas l'absence d'amour (ce ne sera jamais vrai), mais l'insuffisance d'amour de Latouche. Et sa propre exigence. L'exigence de l'enfant d'un ménage désuni, d'une femme abandonnée par son premier amant, d'une toute jeune mère délaissée, d'une comédienne qui avait travaillé autant qu'une ouvrière, d'une femme qui ne renonçait jamais à sa dignité de femme, qui allait ouvrir les yeux de plus en plus sur le malheur du monde, mais ne s'y résignerait jamais. D'un poète, d'un vrai poète.

Marceline chemine dans les limbes, Marceline marche sur les eaux.

On peut suivre au fil des romances, des poèmes, de sa correspondance, la douloureuse métamorphose d'un amour encore trop incarné, hélas, pour s'apaiser facilement. La vie est difficile à Lyon. D'abord pourvue d'un appartement agréable, à la suite d'une diminution des appointements de Valmore (due aux ennuis financiers du théâtre, et dont il n'est pas responsable), la voilà contrainte de déménager encore une fois dans un trois pièces humide et exigu. Et les enfants ont la scarlatine ! Et l'oncle Constant vient de mourir ! Et, pour comble, sans que l'entente entre les époux Valmore en soit durablement ébranlée, tout de même ce froid, cette secrète incompatibilité de deux caractères très dissemblables, qui se manifeste à propos de Félix.

Hé oui, Félix, le soldat de l'Empire, le prisonnier des pontons, est devenu pour Marceline un souci de plus, d'autant plus qu'elle ne peut le partager avec son mari. Relâché après une longue captivité, d'hôpitaux en hospices, de petits emplois dus à la charité (il fut même quelques semaines, à l'horreur de Marceline, gardien de prison !), il s'était mis à boire, et même à commettre de petits vols qui le faisaient renvoyer de partout et qu'apprenait avec retard la pauvre Marceline, qui les cachait à son mari. Elle essayait de rembourser les victimes de son frère (vraisemblablement en cachette de Valmore). Elle le plaignait : « Pauvre garçon ! Tout cela n'est pas de sa faute. » Et quand elle apprit qu'il négociait la correspondance de sa sœur — autographes qui avaient acquis une certaine valeur —, elle ne fit que soupirer : « Devient-on comme cela dans la misère ? »

Là, c'est encore la « douce Marceline » qui réapparaît, sa tendresse invincible pour toute sa famille. Et il est assez compréhensible, dans les difficultés quotidiennes qui l'assaillent, que Valmore trouve, sans les connaître toutes, que les libéralités de Marceline vont trop loin. Il considère Félix comme un incapable, paresseux et intempérant, capable de tous les subterfuges pour éviter un travail honnête qui lui pèserait. Et sans doute n'a-t-il pas tort. Mais, pour Marceline, c'est toujours le petit Félix de Douai, le petit frère tant aimé, dont elle se demande, avec ce douloureux étonnement que lui cause le spectacle du monde, comment il a pu devenir « cela » — et peut-être comment elle peut l'aimer encore ?

Et elle ne peut pas prévoir le pire : Félix écrivant, Félix rimant à son tour, Félix se servant de la renommée grandissante de sa sœur pour faire publier un volume (en 1835) : *Souvenirs et délassements d'un prisonnier*, dédié sans pudeur « à Marceline Desbordes-Valmore, ma sœur ». La dédicace vaut d'être citée ; l'impudence y éclate : « Tu as déjà lu, ô ma bonne Marceline, ces petits éclairs de génie dont tu me glorifiais. Il te sera bien doux, j'en suis sûr, de voir ces peintures franches et naïves sortir de la poussière de l'oubli par les soins généreux de quelques hommes de génie qui t'honorent et qui t'aiment *. » Ces vers que cite abondamment mon défunt collègue — montrant là moins de charité qu'il n'en témoigna d'habitude —, sont pires que ceux de Latouche, pires que ceux de Sainte-Beuve, enfin pires que tout ce que l'on peut imaginer dans cette époque où l'alexandrin foisonne comme l'ivraie au milieu du bon grain trop rare. Pour sauvegarder mon salut éternel, je me limite à :

> *Le cruel montagnard dans un plaisir féroce*
> *N'en assouvit pas moins une vengeance atroce..*
> *Un Français reste-t-il éloigné de ses rangs*
> *Des milliers de vautours lui déchirent les flancs..*

Une allusion un peu crue à Fulbert et au malheureux Abélard m'arrête. Oublions Félix versificateur.

C'est dériver un peu sur Félix que de donner ces détails, mais on va voir de ces deux douleurs — Latouche inconstant, Félix indigne — naître un élargissement de la vision de Marceline, une élévation dans le ton, un approfondissement de la réflexion qui seront de plus en plus sensibles à dater du recueil des *Pleurs*. De la force secrète qui grandit au fond de cette douceur, elle va avoir bien besoin dans ce Lyon des années 30.

La nostalgie de l'amour unique est toujours là. Comment ne penserait-on pas à Latouche en lisant cette fable des *Deux Peupliers*, dont les racines s'entrelacent et qui mourront en même temps, ce désir exprimé si discrètement d'un amour qui, à travers les obstacles et l'absence même, se perpétue ? Mais « nous jetons vers le ciel des

---

* Cité par Lucien Descaves.

vœux qu'il n'entend pas », soupire-t-elle déjà. Et reprend son invocation pourtant, sans se lasser, dans cette prière :

*Laisse alors s'embrasser dans leur étonnement*
*Et pour l'éternité, deux innocentes flammes.*

Déjà le chemin vers l'amour mystique, le Pur Amour, s'ouvre devant elle. « Aimer... et mourir. » Mais cela ne va pas sans soubresauts de ce « cœur ardent » qu'elle tient de sa mère. La touchante *Oraison* de 1828 (après son retour de Paris) où elle demande l'oubli à la Madone — si Lui ne doit pas en souffrir — montre bien qu'elle se débat encore, et se débattra longtemps, entre l'amour sacré et l'amour profane, essayant de faire le lien, et n'y parvenant pas toujours.

*Je reviens à vos pieds, Marie*
*Me sauver du malheur d'aimer*
*L'oraison qui m'avait guérie*
*Ne vaut plus rien pour me calmer*
*...*
*Je viens donc essayer d'apprendre*
*Un secret, vous en avez tant*
*Pour qu'il ne puisse me surprendre*
*Et qu'il devienne heureux pourtant*

*Mais si je dois être guérie*
*Sans qu'il y trouve le bonheur*
*Il n'est pas d'oraison, Marie*
*Que je puisse apprendre par cœur.*

L'image de Latouche, à travers ces années difficiles, est toujours là. Tantôt invoquée avec un retour de passion : « Hélas ! Je devrais le haïr... », tantôt avec une plainte jalouse : « Une autre le verra, tendre et triste, auprès d'elle... », voire avec un espoir fou. Et puis une résignation momentanée revient dans le joli poème de *L'Espoir* qui n'en contient guère :

181

*Je voudrais aimer autrement*
*Hélas ! je voudrais être heureuse*
*Pour moi l'amour est un tourment*
*La tendresse m'est douloureuse*
*Ah ! que je voudrais être heureuse !*
*Que je voudrais être autrement !*

Pour revenir, avec *Le Dernier Rendez-Vous*, dernier poème recensé avant la parution des *Pleurs*, à cette aspiration à un amour au-delà des contingences terrestres, au-delà de la mort même :

*Et comme deux ramiers fidèles*
*Séparés par de sombres jours*
*Pour monter où l'on vit toujours*
*Nous entrelacerons nos ailes !*
*Là, nos heures sont éternelles*
*Quand Dieu nous l'a promis tout bas*
*Crois-tu que je n'écoutais pas ?*

Nous sommes à Lyon. En 1828-29, bientôt 30. Marceline vit toujours dans la crainte de voir révoquer le contrat de Valmore, de voir la santé de ses enfants s'altérer, de voir son mari apprendre les multiples sottises de Félix (qui en 1829 dérobait cinquante francs à M. Duthillœul, ami de la famille et qui n'avait cessé de lui rendre des services), de devoir déménager, de ne pouvoir joindre les deux bouts. Elle écrit cependant, elle rêve encore à Lui, petit à petit il devient l'Amour, il se dépouille des traits trop quotidiens, des défauts, des originalités, des qualités même qu'il a, pour s'épurer, pour devenir presque un symbole... Sans qu'elle s'en doute le moins du monde, Marceline court un autre danger que tous ceux qui l'entourent : celui de devenir un poète comme un autre.

Ou est-ce que je me l'imagine ? Ou est-ce que je le souhaite, parce que, à force d'écrire, le danger m'en est apparu ? Si c'en est un.


*Tour d'ivoire*


Duneton attribue la paternité de l'expression à Sainte-Beuve, à propos de Vigny :

> .... *Vigny plus secret*
> *Comme en sa tour d'ivoire, avant midi, rentrait.*

On employa longtemps cette locution (un peu ridicule) pour désigner la solitude nécessaire à l'écrivain, mais aussi, je pense, cette protection dont il s'entoure qui le garde de la « vie » et le coupe d'elle. Une œuvre peut jouer ce rôle. Un amour aussi, à condition d'être à quelque distance. Latouche sans doute, écrivant à Marceline mais ne la voyant pas, ou si rarement, Latouche, d'une certaine façon, chérissait toujours le souvenir de Marceline ; mais il avait sans conteste des liaisons (ce qui, à la fois, entretenait la flamme de Marceline et non le désir de revoir l'être aimé, car le revoir c'était souffrir), et se trouvait dans les conditions requises pour devenir ce fantôme, ce prétexte, ce que j'appelle un bouclier et M. Boulenger, un peu improprement, un « sujet ».

Ce n'est pas tant dans la forme que dans le fond que les sentiments de Marceline se transforment. L'amour qu'elle continue à porter à Latouche devient moins incarné, la figure de l'amant plus idéale, plus symbolique, elle attire autour d'elle les réminiscences des amours passées, des déceptions qui sont restées cuisantes sans devenir amères, des chagrins de l'enfance tenus secrets jusque-là. Elle pourrait devenir la voie d'un mysticisme dont Marceline n'était pas éloignée. Elle le frôlait, elle en avait l'intuition, allait-elle s'y perdre ?

Bien des années plus tard, Sainte-Beuve, dans un article qu'il consacrait à Marceline, se fit l'écho de réserves du critique Vinet qui écrivait dans le journal protestant *Le Semeur* (cité par Marc Bertrand). Critique, dit Sainte-Beuve, « qui n'a pu s'empêcher de voir, lui, chrétien positif, une sorte de sacrilège dans cette confusion d'adorations par laquelle elle mêlait Dieu et les anges à ses diverses amours, et même au plus orageux de tous ». J'aime l'expression « chrétien positif », une de ces trouvailles dont Sainte-Beuve a le secret. Mais la critique nous montre à quel danger Marceline, une fois de plus, a échappé, celui d'être cataloguée, étiquetée, embrigadée d'une façon ou d'une autre, et, bien qu'elle fût sensible au reproche de Vinet qui restait respectueux, elle s'en évade, elle s'en échappe, elle reste libre dans sa foi sincère comme elle le sera dans ses convictions politiques. On croit la tenir, elle glisse entre les doigts. Ce n'est pas, pour un poète, un défaut. Le danger auquel je pensais, c'est que ce refus informulé de tout parti pris ne devînt lui-même un isolement, une prison volontaire où, petit à petit, la vie n'accède plus. La tour d'ivoire. C'est une tentation aux êtres vulnérables que de s'enfermer ainsi en soi-même, d'être charmé par une image qui tient lieu de paysage vivant.


*Détour*


J'avais quatorze ans quand je fus amoureuse pour la première fois — du moins je le crus — d'un jeune libraire qui écrivait bien — je le crus aussi. De temps en temps, ma mère, qui traversait une période d'indulgence, m'autorisait à le voir. Pas souvent. Du reste il n'habitait pas la même ville. Nous faisions des promenades, presque

184

muets, autour d'un lac qui se trouve dans le bois dit de la Cambre, à Bruxelles. J'étais fière de marcher à côté d'un « vrai jeune homme ». Il avait bien vingt-cinq ans. Il encourageait mes premiers essais littéraires, il m'écrivait des lettres que je conservais précieusement dans une boîte à boutons. Il me paraissait beau ; il l'était peut-être, mais était d'une réserve que mon âge expliquait.

J'étais timide et, pour l'instant, ne souhaitait rien de plus que ces promenades, que ces lettres. Ce n'était pas pourtant ce qu'on appelle des lettres d'amour : « Vous dites que vos proches vous sont lointains ; c'est qu'il se fait un espace autour de vous. Si tout ce qui est proche vous semble loin, c'est que cet espace touche les étoiles, qu'il est déjà très étendu. » De telles phrases me fascinaient et m'étonnaient à la fois, suivies souvent d'un éloge passionné de la solitude. Et quand nous marchions au bord du lac, salués par des chiens familiers, bousculés par des enfants à tricycle (parfois il renvoyait gentiment un ballon égaré), je me demandais souvent s'il m'estimait au-delà de mes mérites (pour parler ainsi de poésie et de solitude à une à peine jeune fille de quatorze ans) ou si, m'écrivant, il se parlait plutôt à lui-même qu'à moi, élaborant peut-être une œuvre, un poème dont je n'étais que le prétexte.

Vint un moment où ces promenades silencieuses qui semblaient pouvoir durer éternellement — comme éternellement il me semblait que j'aurais quatorze ans — me lassèrent. Nous eûmes un printemps, un demi-été, ce fut la fin de la guerre, enfin j'allais avoir quinze ans. Je relisais ces lettres, je ne faisais plus le lien entre le timide amoureux du lac et l'ombre que j'accueillais chaque soir dans ma chambre et qui murmurait : « Ô nuit sans objets, ô fenêtre sourde au-dehors, ô portes closes avec soin ; pratiques venues d'anciens temps, transmises, vérifiées, jamais entièrement comprises. Ô silence dans la cage de l'escalier, silence dans les chambres voisines, silence là-haut, au plafond. » J'aurais pu m'enfermer dans ce chuchotement. Je répondais à l'Ombre des lignes que je

185

n'envoyais pas car elles ne s'adressaient plus à ce jeune homme brun, aux beaux yeux qui louchaient un peu.

Finissant par s'apercevoir de mon exaltation, ma mère, absorbée jusque-là par d'autres soins, finit par s'emparer de mon trésor (la boîte à boutons), parcourut les feuilles — belle écriture presque gothique sur papier rogné — et rendit son verdict d'un mot : « Rilke. »

— Comment ?

— Rilke. Il t'envoie des passages de Rilke à peine retouchés. Là c'est *Malte Laurids Brigge*, là les *Lettres à un jeune poète...*

Et gentiment, tout cela lui paraissant de peu d'importance, elle conclut :

— En somme, tu es amoureuse de Rilke, voilà tout.

Et me laissa à mes réflexions.

Cette ombre qui avait pris tant de place, qui avait éclipsé son double, victime de son propre subterfuge, je l'ai regrettée bien après, quand j'ai été amoureuse de nouveau, d'un vivant. Elle est à l'origine, sûrement, de cet imperceptible manque auquel je suis devenue sensible dans toutes les amours humaines et qu'on peut appeler le sentiment de Dieu, ou celui de la poésie, de ce refuge offert aussi devant les soubresauts lassants de toute existence — qui pourtant sont matière et matériau —, bref : la tour d'ivoire.

Y a-t-il un rapprochement à faire entre tour d'ivoire et *Maison de papier* ? Sans doute. Il m'était impossible de tenir à distance ces vivants privilégiés, mes enfants. C'est donc autour d'eux, de nous, que j'élevais cette barrière, que je creusais ces douves, et je n'abaissais mon pont-levis dérisoire que devant la poésie et non l'orthographe, la couleur, la musique, dépouillées de leurs ronciers techniques. L'amour dépouillé de sa blessure. Je les contaminais.

J'ai dit là un mot dur, un mot que j'aurais voulu ne pas écrire et sur lequel pourtant je reviendrai.

Ces images que je garde en moi précieusement — une petite fille au piano, un visage d'enfant (est-ce mon

second fils encore tout jeune ?, ma plus jeune fille adolescente ?) penché sur un livre, ces promenades, ces lec-
tures faites ensemble dans un accord (des mois, des
années ?) qui faisait dire à Daniel, prophétique aîné :
« Ce n'est pas une famille, c'est une ethnie » —, tout cela
qui était leur enfance, et la mienne recréée, faut-il avec
la distance les entacher de suspicion, les condamner
peut-être ?

Les ai-je, ces enfants et moi-même, fait vivre dans ce
nuage qui entoure Marceline quand elle s'autorise (tout
à la fin de sa vie) à écrire *Les Petits Flamands*, « ce rêve
doux et grave » d'une Flandre « où les petits enfants sont
heureux » ? Du moins ne pouvait-elle « contaminer »
personne alors que, bien des fois, lisant sur le visage de
ces adultes que sont devenus mes enfants une incompréhension étonnée, prête à devenir douleur, je me suis dit :
« Est-ce ma faute ? »

Mais cela c'est presque le bout du chemin.

Durant « notre » enfance, mes petits groupés autour de
moi dans leurs pull-overs identiques, j'écrivais dans un
effort paisible, sachant que je faisais ce que je pouvais
faire de mieux à cet âge-là, à ce moment-là. Et je me repo-
sais dans mon effort. Tout près et très loin de Marceline
qui compensait par la musique du vers la musique perdue
de sa voix, qui était en chemin de faire une Ombre d'un
homme blessé, hérissé, difficile, mais vivant. Tout près,
par cet effroi que suscite le monde regardé en face — très
loin, parce que le chemin vers l'acceptation de ce monde
(j'entends l'acceptation qu'il soit, ce qui n'exclut pas la
révolte et même l'implique), elle va le prendre tout de
suite, maintenant, en 1830, à Lyon, et que j'en suis toujours à me blesser les pieds sur des cailloux et des tessons
dont je détourne le regard.

Tentation donc de Marceline ? Tentation d'idéaliser ?
Tentation du « sujet », si on veut ? Elle est à Lyon, ville
qu'elle détestera toujours, bien qu'elle s'y fasse des amis
et des admirateurs nombreux. Valmore a toujours des

succès éphémères auxquels succèdent des revers impré-
vus qui l'abattent au point de le faire penser, par
moments, au suicide. Marceline le soutient, le réconforte,
est « parfaite pour lui », jamais un reproche, toujours
patiente, vaillante, s'occupant des enfants qui sont
malades, guérissent, exigent temps et attention, elle se
multiplie, elle est partout, et pourtant le mot de Bernard
Shaw (prêté à bien d'autres ensuite), à propos d'une
actrice, me revient en mémoire : « Elle est parfaite, sans
plus. » Cela s'appliquant uniquement à son sentiment
pour Valmore, qu'elle aime tendrement, loyalement,
qu'elle défendra contre vents et marées, mais dont il
n'est pas exclu que la fragilité (et la jalousie, qui perdu-
rera) provienne de ce « sans plus », de cette absence de
passion qui est tout et rien, et dont l'œuvre de Marceline
lui fait sentir que, en sa femme, elle existe *pour un autre*.
Peut-être ne se dit-il pas même, *pour un autre*. Seulement
qu'il y a en elle une force, une potentialité d'amour-passion qui ne lui revient pas. Les enfants, oui — Hippolyte
surtout, que pour cette raison Valmore n'aimera pas, sauf
dans les toutes dernières années de leur vie de famille.

Cette jalousie de Valmore, cette exigence qui s'exaspère de n'être jamais tout à fait satisfaite, rendent parfois
le mariage lourd à porter pour Marceline. À son
amie Caroline Branchu, elle écrira un jour de lassitude
(novembre 1834) :

« ... Mais je te répète ce dont il faut bien te persuader, chère
Caroline, c'est que je suis enchaînée autant qu'une femme peut
l'être, et que mon mari ne comprend pas du tout que je puisse
quitter trois heures ma maison ... Il y a déjà trois ans que mon
âme si ardente, si remplie d'illusions (puisque les espérances du
bonheur ne sont pas, dit-on, autre chose), se ploie à ne plus rien
vouloir pour elle-même ... parce que j'éprouve une lassitude de
désirer l'impossible, et que je remets à une autre vie tout ce que
celle-ci me refuse. Voilà pour la situation de mon cœur, sauf
quelques orages muets que j'apaise avec des larmes, et des
larmes, et des prières. »

Derrière cette plainte si discrète on sent toujours le regret de l'amour perdu. Valmore aussi le sent ; il s'en plaint ; il s'en plaindra toujours. Et elle toujours s'en excusera, cherchera des alibis, avec la maladresse des sincères :

« *Ces poésies qui pèsent sur ton cœur soulèvent maintenant le mien du regret de les avoir écrites ... Ce sont des impressions observées souvent chez d'autres femmes qui souffraient devant moi ... *»

En parallèle à cette tendresse réelle, à cette vie quotidienne qui lui est consacrée, les poèmes continuent à éclore, à mener une autre aventure tourmentée. Elle ne pourra jamais cesser d'écrire. Parfois, rarement, une certaine amertume se manifeste, réflexion peut-être sur la condition féminine de l'époque.

> *La femme qui pleure*
> *Trahit son pouvoir*
> *Il faut qu'elle meure*
> *Sans le laisser voir.*
> (L'Adieu tout bas)

Par contre, *Ne me plains pas*, dont le refrain est « Sois libre, sois heureux », est d'un mouvement de totale générosité, qui retombera en larmes dans *Je ne crois plus*. « En vain ! Je ne crois plus que l'on aime toujours. » Et que dire de ce sursaut de passion, qui ne pouvait que blesser celui qui n'en était pas l'objet (le sujet en est l'amante qui entend parler des infidélités de l'être aimé) :

> *J'ai senti tout mon cœur s'élever contre toi*
> *J'ai supplié la mort d'éteindre ma mémoire*
> *Oui ! j'ai haï ton nom ! Oui, j'ai haï ta gloire !*
> *Ah ! c'est que je t'aimais alors : pardonne-moi*
> (Réveil)

Il y a là comme un cri qui ne s'éteindra jamais tout à fait, mais qui, au-delà de la personne de Latouche, s'élargira aux dimensions d'un amour plus vaste, d'une compassion universelle pour tout ce qui, sur cette terre, aime et n'est pas aimé. Elle avance vers cette transfiguration, Marceline, quand elle s'épouvante et se réjouit de la Révolution de 1830, écrit un texte ému sur la révolution belge, en hommage au pays où elle a vécu (*Sous une croix belge*), quand elle écrit *La Fiancée polonaise* et *Le Vieux Pâtre*, au refrain de chanson populaire, au texte « engagé » mais simple et fort, digne d'Aragon qui dut l'aimer :

*Pleurons sur nous, prions pour eux*
*Notre bon roi les abandonne.*

Ce « bon roi » c'est Louis-Philippe, et le thème du *Vieux Pâtre* porte sur l'insurrection polonaise contre le tsar Nicolas Ier. Cette insurrection avait soulevé les sympathies, et même de violentes manifestations de solidarité à Paris. Marceline et son mari, après l'exaltation de la révolution de Juillet, qu'ils avaient saluée avec enthousiasme, avaient quelque peu espéré en la République, mais s'étaient momentanément résignés au roi-citoyen dont ils attendaient des réformes. Très vite, ils déchantèrent. Et se retrouvèrent dans l'opposition. Marceline, qui attendait encore la République (se sentant probablement, bien qu'à distance, en accord profond avec Latouche), allait jusqu'à écrire, elle si tendre, si pitoyable : « Heureux morts de Juillet !... Vous me parlez de chanter à travers tant d'émotions. Ah ! Monsieur ! quelle voix en ce moment vaut la voix du peuple ! »

Car pour Marceline, toujours installée à Lyon en 1832, les émeutes qui vont ensanglanter la ville seront le choc décisif.

Sans doute s'est-elle toujours émue tant de la misère des canuts que de la détresse des prisonniers (et il est bien caractéristique de Marceline qu'après le poème écrit sans ambiguïté contre cette « loi de justice et d'amour » dont Peyronnet est responsable, à peine, après les Trois Glorieuses, Peyronnet est-il arrêté qu'elle prend pitié et s'attendrit sur lui). Félix, le frère indigne, sera toujours aimé d'elle, et dans l'immense lamento des femmes mal aimées ou abandonnées qu'elle consolera, il n'est pas une détresse qu'elle ne croise et à laquelle elle ne soit sensible. Mais Valmore ne peut-il pas supposer que la source de cette immense compassion est dans le deuil de l'amour passé, de la qualité d'amour qu'elle n'aura jamais pour lui ? Elle aura beau lui écrire, lors d'une absence : « À force d'être rigide avec toi-même, tu ne crois pas assez que les autres t'aiment, t'aiment, t'aiment. » On sent la volonté de l'entourer, de panser ses blessures, on sent la tendresse, même physique, de ces phrases — mais, au fond, c'est une tendresse qui reste maternelle.

L'ombre de Latouche est toujours là. Elle pourrait devenir prétexte, prison, délire : les événements tragiques des années 1832 et 1834 vont donner à la passion de Marceline une dimension plus vaste et lui ouvrir un dépassement nouveau.

« Madame Valmore, née dans la classe du peuple, était restée une âme plébéienne ; mais elle l'était sans prévention, sans parti pris, sans mettre sans cesse en avant ce qui divise et ce qui sépare », écrit Sainte-Beuve dans sa *Vie de Marceline Desbordes-Valmore*. Du moins, à travers l'embarras qu'on lui sent, ne nie-t-il pas cette composante inséparable de la personnalité de Marceline, une soif de justice et d'égalité qui peut aller jusqu'à la révolte. C'est cette « puissance d'orage » dont parle Michelet écrivant à son fils « Mon cœur est plein d'elle [Marceline]. L'autre jour, en voyant *Orphée*, elle m'est revenue avec une force extraordinaire et toute cette puissance d'orage qu'elle seule a jamais eue sur moi. »

C'est encore cette puissance d'orage, cette profonde et parfois violente liberté intérieure, qu'Aragon reconnaîtra et aimera en elle. Combien différente George Sand qui, avec des aspirations du même ordre, saura les faire reconnaître (et parfois détester) grâce à une assise sociale bien établie. De George Sand qui pouvait se permettre la provocation qu'on n'eût pas admise d'une petite comédienne sans argent, ni même, plus tard, quand la célébrité sera venue, d'un poète dont on exige une féminité idéale, quitte à en mutiler quelque peu l'œuvre et la correspondance. Un exemple : en 1829, Aurore qui vivait encore plus ou moins avec son mari et s'appelait encore Aurore, invitée à un bal chez le sous-préfet de La Châtre, y interpréta avec son ami Duteil une chanson de leur composition (il y avait donc préméditation) dont le refrain était : « Vexer la bourgeoisie ! » On n'imagine pas Marceline, ni à Bordeaux, ni à Lyon, agissant ainsi dans les salons où elle était reçue.

L'orage pourtant vient, et vient de l'extérieur. En novembre et en décembre 1831, l'insurrection lyonnaise se préparait. L'industrie de la soie occupait à l'époque près de cinquante mille personnes. La crise économique et la concurrence étrangère amenèrent les « soyeux » à baisser les prix et donc à diminuer les salaires des canuts, réduits à la misère de ce fait. Ils se groupèrent en une sorte de société de secours mutuel. Le préfet du Rhône, Bouvier-Dumolard, voulut arranger les choses, prévoyant des violences, et organisa une réunion bilatérale pour fixer un salaire minimum. « Je souligne, dit à cette occasion et exactement Bordonove *, la hardiesse de cette

_____

* *Louis-Philippe*, Pygmalion.

192

mesure. Il s'agissait en effet du premier contrat collectif entre employeurs et salariés. » On l'a bien oublié, ce M. Bouvier-Dumolard. Homme de cœur ou simplement homme de bon sens ? Les tarifs ne furent pas — ou rarement — appliqués. Les canuts, abandonnant leurs métiers, envahirent le centre-ville, porteurs de drapeaux noirs en signe de deuil. Vingt mille hommes firent mouvement sur Lyon, commandés par le maréchal Soult et le duc d'Orléans. Les canuts, sans chefs, sans vraie direction politique, furent découragés. Bouvier-Dumolard, brièvement baptisé le « père de l'ouvrier », fut révoqué ; le tarif supprimé ; la Croix-Rousse fortifiée.

Marceline résume ces journées en écrivant à Gergerès : « Les cris de joie se font entendre [après l'acceptation du tarif minimum]. Le soir, ces pauvres hommes illuminent en signe de reconnaissance... Huit jours après, on leur refuse ce tarif. On les raille. Un fabricant a la bêtise de mettre un pistolet devant un réclamant en disant : " Voilà notre tarif ! ". Alors le feu s'est mis à la tête et au cœur de cette portion formidable de Lyon, et l'insurrection a suivi. »

Sa compassion est immense. Elle continue, elle continuera à écrire des poèmes d'amour, à avoir la nostalgie de l'amour absolu, mais la notion s'est élargie, la douleur est moins subjective et presque métaphysique.

> *Pitié de moi, j'étais l'eau douce*
> *Un jour j'ai rencontré la mer.*

C'était l'immense étendue du mal dans le monde qui s'était révélée à elle dans sa cruauté, et dans son ambiguïté aussi. Car si elle plaignait avant tout les morts ouvriers de Lyon, elle n'était pas moins navrée de l'exécution de trois cents soldats sans défense, massacrés avant l'arrivée des troupes de Soult (Francis Ambrière). Et, extrapolant peut-être un peu une discussion qui avait eu lieu entre lui, Barbier (l'auteur des *Iambes*) et Marceline, Briseux, ami, républicain, poète romantique bien oublié, traduisait la déploration de Marceline par ce raccourci : « Elle aime la liberté à laquelle elle ne croit plus. »

Ceci est excessif. On le verra en 1834, au moment de la seconde insurrection.

*... elle ne croit plus*

En 1944, au moment de la libération d'Anvers, de l'autre côté de la rue, je vis tomber un homme frappé par un éclat d'obus. On m'entraînait vers un abri ; je ne vis qu'une petite mare de sang, pas davantage, encore l'ai-je peut-être imaginée. L'incident me frappa étonnamment peu. Une maîtresse d'école, rassemblant autour d'elle son troupeau de fillettes effarées, louait Dieu : « Dire que ça aurait pu être nous ! » Une enfant de mon âge dit alors ce que je n'osais pas dire, parce que j'avais un sens exacerbé de la prudence et des convenances :

— C'était un obus anglais ou allemand ?

Ce qui souleva l'indignation. La maîtresse était patriote. Les bombes, les obus, les tirs anglais ne faisaient mal qu'aux Allemands, voyons ! J'avais à cette époque une notion bien nette du Bien et du Mal dont j'ai parfois la nostalgie. Le Bien : les Alliés, nous, les pauvres prisonniers, etc. Le Mal : les Allemands et (notion plus subtile) leurs partisans, les collaborateurs, ceux qu'on appelait en Belgique les « inciviques ». On attendait dans la fièvre la Libération qui fut à Anvers, en grande partie, le fait de troupes canadiennes. Et grisée par la présence sous notre toit de ces uniformes, par le désir de me procurer des insignes, un calot, n'importe quelle fourniture militaire frappée de la feuille d'érable (et faisant comprendre au sergent Delorme — comme Marion ! — et au soldat Valère que j'accepterais volontiers, en dépit de mon âge avancé, une tablette de chocolat), j'en oubliai quelques jours la question qui s'était formulée dans mon esprit pendant que j'attendais, dans l'abri à odeur d'ammoniaque, quant aux sentiments que pouvait éprouver l'homme que j'avais vu tomber et dont je ne connaîtrais jamais le sort. Il n'avait pas d'uniforme. C'était un passant, ne prenant apparemment aucune part à l'événement prodigieux que nous attendions : les Canadiens pénétrant dans la ville. « Ç'aurait pu être nous ! » comme disait la maîtresse. Je savais bien que les guerres font des victimes civiles. Et si ç'avait été moi — je m'imaginais un bras blessé, ou un genou, tout de même pas morte, ce qui aurait résolu la question —, aurais-je *préféré* que cet éclat d'obus fût allemand, ce qui m'aurait permis de détester l'ennemi davantage, ou allié, ce qui mettait en quelque sorte nos libérateurs « dans leur tort » ? Mais comment admettre cela sans miner cette construction de plusieurs années, les petits drapeaux piqués sur la carte dans le placard de l'office, les écoutes passionnées de Radio-Londres, les rumeurs qui passaient de boutique en boutique, de bureau en bureau, le livreur, le facteur, la couturière à domicile, déployant toutes les ressources d'une imagination qui avait jusque-là peu servi pour magnifier les exploits des uns, stigmatiser les crimes des autres ? C'était si simple ; cela avait accompagné notre enfance comme un Credo, évident comme une image d'Épinal, et, aujourd'hui...

J'oubliais un peu Rilke que je jugeais, à ce moment-là, avec ma suffisance juvénile, trop suave pour mes grandes préoccupations. J'appris que l'on avait enfermé quelques « inciviques » dans les cages vides des animaux du zoo. Ma mère se refusa à aller vérifier la réalité de l'information. Je fis des cauchemars où j'étais contrainte de passer entre des cages par une allée étroite, et de vrais lions étendaient la patte et tentaient de me happer. Puis vinrent les révélations atroces sur les camps de concentration. Les photos dans les magazines, les récits, les disparus que l'on comptait. C'était beaucoup, c'était trop pour quinze ans. Le plus insoutenable étant certains regards, certains visages détournés : ceux qui avaient su. Toutes proportions gardées, comme à la lecture de Montherlant, je me disais « Ils ont été capables de cela ». Ils, c'était les Allemands, les nazis. Mais comment supposer que c'était un cas unique dans l'histoire de l'humanité ? C'était trop lourd à porter, cette connaissance.

Je revins à Rilke et même, régression effarouchée, à Jules Verne, à Walter Scott, à Balzac, lu, relu, trop vite. J'écrivis des poèmes où je parlais de la mer, des saules, de la tristesse des soirs. Pas de « ces choses », pas de la guerre. J'écrivais tous les jours : un bouclier. On ne revient pas en arrière.

De la petite fille qui écoutait tomber les bombardements sur le port sans penser aux riverains et qui disait « C'est bien fait » (comme tant d'adultes, du reste), on passe à l'adolescente à qui on montrait des photos, des témoignages, « il faut qu'ils sachent » (les enfants) et « les monstres ! » et plus c'était affreux, plus c'était « monstrueux » plus l'idée, sans cesse rejetée, sans cesse remontant insidieusement comme une marée, « ce sont tout de même des hommes » faisait son chemin, m'emmenant vers mes seize ans, mes dix-sept, une solitude butée, « quand je voudrai y penser, j'y penserai. Encore un petit moment, monsieur le bourreau ! » et ce moment, parfois, dure une vie.

*Et puis Marceline*

Sa voix éclate. J'anticipe un peu. Je saute quelques déménagements, des ennuis d'argent (il y en aura tout au long de sa vie), sa sœur Cécile abandonnée après tant d'années et d'enfants par son amant César Bigo, le petit Hippolyte mis en pension à Grenoble, non sans déchirement pour sa mère, un séjour à Paris fort occupé par des discussions avec ses éditeurs, et même un séjour à Rouen (j'y reviendrai peut-être, après tout) d'où une cabale

196

força les Valmore à repartir, ayant une fois de plus vendu leurs meubles. Ils en rachètent à Lyon où les voilà revenus, s'installent rue de Clermont (cette rue n'existe plus). Le temps a passé, mais la situation n'a guère changé. Après une nouvelle diminution de salaire, qui amena une grève partielle, le procès des « meneurs » provoquant un début d'émeute, il fut remis de quelques jours (autre imprudence) et, provocation des militaires répondant aux provocations des républicains, Lyon prit feu.

On est au 9 avril 1834. Le 13, des émeutiers parisiens voulant soutenir l'action des canuts élevèrent des barricades dans le Marais, qui tombèrent. D'une maison au-dessus de la barricade de la rue Transnonain, il semble qu'on tira un coup de feu. Le 35e de ligne fonça et investit les lieux, massacrant « tout ce qui s'y trouvait : vieillards, malades, femmes, enfants. Ce fut une boucherie abominable... » (Bordonove *). Ce « massacre de la rue Transnonain » fut immortalisé par Daumier. À Lyon, ce fut pire encore. Une semaine de véritable guerre civile avec les atrocités que cela comporte.

> *J'ai vu d'un noir tableau se broyer les couleurs :*
> *Quand le sang inondait cette ville éperdue*
> *Quand le rouge incendie, aux longs bras déployés*
> *Étreignait dans ses nœuds les enfants et les pères...*
> *... J'étais là ! Quand brisant les caveaux ébranlés*
> *La mort disciplinée et savante au carnage*
> *Étouffait lâchement le vieillard, le jeune âge*
> *...mais le soldat farouche*
> *Ilote outrepassant son horrible devoir*
> *Tuant jusqu'à l'enfant qui regardait sans voir...*

En prose, en vers, sa voix éclate, proteste, pleure avec les malheureux, « toutes les misères à Lyon passant à travers la mienne, vingt, trente mille ouvriers cherchant

* Louis-Philippe, op. cit.

par jour un peu de pain, un peu de feu, un vêtement pour ne pas tout à fait mourir... ». En prose, en vers, elle souffre et s'indigne.

> *Savez-vous que c'est grand tout un peuple qui crie*
> *Savez-vous que c'est triste une ville meurtrie*
> *... Écrasée au galop de la guerre civile*
> *Savez-vous que c'est froid le linceul d'une ville*
> *Et qu'en nous revoyant debout sur quelques seuils*
> *Nous n'avions plus d'accents pour lamenter nos deuils.*

« Le désordre de ces vers tient surtout à cet état de fièvre et de profonde tristesse où j'étais quand ils me sont venus » (à Latouche, cité par M. Bertrand). En prose et en vers elle intercède pour les prisonniers, de Barbès condamné à mort à Peyronnet — si loin de ses opinions à elle, mais « c'est qu'il a grandi des maux qu'il a soufferts » — et adresse à la reine Marie-Amélie le touchant *Cantique des Mères*, sorte de « ballade du temps jadis » (Sainte-Beuve) :

> *Reine pieuse aux flancs de mère*
> *Écoutez la supplique amère*
> *Des veuves aux rares deniers*
> *Dont les fils sont vos prisonniers*
> *Si vous voulez que Dieu vous aime*
> *Et pardonne au geôlier lui-même*
> *Priez d'un salutaire effroi*
> *Pour tous les prisonniers du roi !*
> *...*
> *Ne sentez-vous pas vos entrailles*
> *Frémir des fraîches funérailles*
> *Dont nos pavés portent le deuil ?*
> *Il est déjà grand le cercueil !*
> *Personne n'a tué vos filles*
> *Rendez-nous d'entières familles*
> *Priez d'un maternel effroi*
> *Pour tous les prisonniers du roi !*

En vers et en prose. À Mélanie Waldor : « Je ne veux pas vous dire ce qui m'arrache l'âme, jugez. Non, non, jamais Paris n'a de ces aspects, de ces attitudes, de ces longs désastres tout nus. Ah, les puissants n'oseraient pas laisser arriver la faim au fond de tant de familles ouvrières... Mélanie, on n'ose plus manger, ni avoir chaud, contre de telles infortunes » ; et à Gergerès, cette phrase dans laquelle on sent, chose rare chez Marceline, de l'ironie : « Quand je passe devant ces sentinelles de nos geôles, je leur fais des yeux à m'attirer des coups de fusil, mais on ne leur permet maintenant de nous tuer que la nuit. »

On pourrait citer encore, dans l'agacement où l'on est de voir Marceline dont on a de tels textes limitée à la « tendre et plaintive poétesse » comme la qualifie André Maurois. On pourrait tirer des extraits de sa correspondance qui, pleins d'une indignation généreuse et qui reste digne, stigmatisent tous les abus, s'élèvent contre les injustices de toutes sortes :

À Caroline B., Lyon, avril 1834 :
« ... *mon billet écrit en haletant encore de nos quatre premiers jours d'une si sanglante semaine. Mais je n'ai pu tenir le vœu que je formais de te rassurer car Valmore qui voulait aller aux informations ... venait d'être arrêté au bas de l'escalier de la rue par la sentinelle qui faisait rentrer à la hâte, sous peine de la vie. Ce serait replonger une âme dans l'eau-forte que de te raconter tout ce que nous venons de voir et de souffrir. Toutes les horreurs de la guerre civile ont désolé Lyon pendant six jours et demi et six nuits d'épouvantables terreurs. Le canon, les balles, le tocsin permanent, l'incendie partout, les maisons écroulées avec leurs infortunés habitants consumés sans secours dans les flammes, et la triste tentation de regarder aux fenêtres punie partout de mort ... Si la résignation la plus profonde peut être appelée du courage, j'en ai eu sur tout ce qui m'était personnel, mais mon âme se brisait pour tout ce qui m'entourait. Jamais la pitié n'a déchiré un cœur plus horriblement que le mien... »*

À Mlle Mars, Lyon, 6 mai 1834 :

« ...*Tout a été horrible ici. Après six jours et demi de tocsin, d'incendies, de massacres inutiles (car les femmes, les vieillards, les enfants, étaient égorgés) et six nuits plus épouvantables, pendant lesquels nous nous attendions à sauter dans nos maisons, après avoir vu tout ce que l'on peut voir sans mourir, nous nous sommes retrouvés vivants, et comme tristes d'avoir survécu à ce grand fléau.* »

Et à Mélanie Waldor :

« *Je ne peux pas me figurer que je sois en France. Oh ! non. Les barbaries que j'y ai vues n'ont jamais été rêvées par des Français contre des Français. C'était une chasse aux lièvres, une chasse ouverte par les soldats, une débauche de sang ... Tomber ainsi en martyr sous l'atroce barbarie des rois, c'est aller au ciel d'un seul bond ... nous faisait par moment envier l'élite qui montait à Dieu. À présent ce fanatisme est amorti en moi* ».

Et encore à l'ami Lepeytre :

« *Quand je vois un échafaud, je m'enfonce sous terre, je ne peux ni manger ni dormir. Les galères, mon Dieu ! pour six francs, pour dix francs, pour une colère, pour une opinion fiévreuse, entêtée ... Et eux, les riches, les puissants, les juges ! Ils vont au spectacle après avoir dit : à mort \* !* »

On pourrait citer d'autres lettres, beaucoup d'autres. Je me limite à ces quelques vers encore, douloureuse interrogation plus que conclusion, (il s'agit encore de Lyon en 1834, et du calme qui retombe), après tant d'atrocités, sur la « ville flagellée » :

> *Je ne sais à quel arbre, à quel mur solitaire*
> *Un rossignol caché, libre entre ciel et terre*
> *Prenant cette stupeur pour le calme d'un bois*
> *Exhalait sur la mort son innocente voix...*

---

\* 1834, cité par Lucien Descaves.

Vieille, éternelle question qui, tôt ou tard, se pose : est-il innocent d'écrire ?

Marceline a le chic pour vous poser des questions qu'elle ne se pose pas à elle-même. Elle, elle fait des démarches, elle court les ministères, elle écrit aux amis proches ou lointains pour qu'ils interviennent, secourent. Et souvent ils le font. Elle donne quand elle peut. Elle donne son temps, ses forces ; elle n'a jamais cet instinct de s'économiser pour l'œuvre, comme beaucoup d'écrivains ; elle écrit quand elle a un moment, quand elle en sent l'irrépressible besoin. Et comment se poserait-elle cette question de savoir si elle a le « droit d'écrire », si ce qu'elle écrit est « innocent » ou « engagé », puisqu'elle est prête à tout moment à se lever, à laisser là la page commencée, et à courir où on l'appelle, où on a besoin d'elle. D'où des négligences, une rédaction hâtive qui parfois donne ce rythme haletant, vivant, au vers, mais parfois suscite la critique, que Marceline accepte avec la plus grande modestie — parfois trop grande, car ce qu'un Latour ou un Gergerès, amis fidèles, lui reprochent doucement, des inversions, l'irrégularité des vers, ce mètre changeant qui en fait le charme, n'est pas peut-être ce qu'il conviendrait de corriger. Le fond non plus n'est pas sans susciter leur appréhension. Le poème d'une si grande force, « une des plus pures protestations de toute l'histoire de la poésie française, en face de l'exploitation de l'homme par l'homme » (Aragon), *Dans la rue*, elle ne put arriver à le faire paraître. Encore une citation ? Allons, c'est la dernière pour un bon moment :

> *Nous n'avons plus d'argent pour enterrer nos morts.*
> *Le prêtre est là, marquant le prix des funérailles*
> *Et les corps étendus, troués par la mitraille*
> *Attendent un linceul, une croix, un remords.*
>
> *Le meurtre se fait roi. Le vainqueur siffle et passe*
> *Où va-t-il ? Au trésor, toucher le prix du sang.*
> *Il en a bien versé, mais sa main n'est pas lasse*
> *Elle a, sans le combattre, égorgé le passant*

201

*Dieu l'a vu. Dieu cueillait, comme des fleurs froissées*
*Les femmes, les enfants qui s'envolaient aux cieux*
*Les hommes... les voilà dans le sang jusqu'aux yeux*
*L'air n'a pu balayer tant d'âmes courroucées*

*Elles ne veulent pas quitter leurs membres morts*
*Le prêtre est là, marquant le prix des funérailles*
*Et les corps étendus, troués par la mitraille*
*Attendent un linceul, une croix, un remords.*

*Les vivants n'osent plus se hasarder à vivre*
*Sentinelle soldée au milieu du chemin*
*La mort est un soldat qui vise et qui délivre*
*Le témoin révolté qui parlerait demain*

*Prenons nos rubans noirs, pleurons toutes nos larmes*
*On nous a défendu d'emporter nos meurtris*
*Ils n'ont fait qu'un monceau de leurs pâles débris*
*Dieu ! Bénissez-les tous, ils étaient tous sans armes !*

Voilà ce que chantait, en 1834, le « rossignol inno-cent », la « tendre et plaintive » Marceline. Il faudrait avoir cette voix, et ce cœur, pour que l'acte d'écrire soit réellement un acte.

Elle souhaitait, sans craindre de se compromettre, que ces vers fussent publiés tout de suite. Comme je l'ai dit, elle n'y parvint pas : « Pas un journal à Paris n'a osé les publier de peur de déplaire à ceux qui nous font en ce moment tant de bien. » Eût-elle réussi si elle avait fait appel à Latouche ? Eût-elle réussi si elle avait disposé de relations suffisantes dans l'opposition ? Souhaitait-elle s'engager de cette façon-là ?

Sans doute, elle avait « le cœur libéral, populaire, voué à tous les opprimés, à tous les vaincus » (Sainte-Beuve), mais elle n'était pas aveugle, et bien que son choix fût fait, et résolument, elle ne se dissimulait pas que des excès avaient aussi été commis de ce côté-là. Est-ce ce

202

qui l'empêche de « s'engager » au sens où on l'entend aujourd'hui, c'est-à-dire par des articles réguliers dans une presse sans cesse menacée, et qui l'eût peut-être entraînée plus loin qu'elle ne voulait aller ?

Cela était difficile pour une femme chargée de famille, pourvue d'un mari ombrageux, déjà victime d'une cabale à Rouen (qui s'adressait, à travers lui, à elle) et dont la célébrité croissante était entièrement bâtie sur le chant d'amour de « l'innocent rossignol ».

Fallait-il compromettre ces maigres ressources pour se lancer dans une démarche politique pour laquelle elle n'avait pas de goût, peu d'ouvertures, et peut-être lui manquait-il aussi le don polémique qu'il eût fallu. Francis Ambrière nous dit cependant qu'on parlait couramment et beaucoup de politique chez les Valmore à cette époque ; il invoque à ce sujet les souvenirs d'Ondine, qui a bientôt treize ans, et d'Hippolyte qui en a quatorze. Mais autre chose est de discuter en famille (Valmore étant autant, sinon plus, opposé au pouvoir en place, que sa femme) et de se joindre à des groupes qui certes existaient, mais disséminés, mais violents parfois. L'intérêt ne jouait aucun rôle dans la relative abstention de Marceline, elle qui, en 1848, après un nouveau changement de régime, écrira : « On dit ma petite pension supprimée, mais je n'ai pas le temps de penser à cela. » Bien plutôt cette nostalgie de pureté, tentation de tant d'écrivains : les mains propres, la tour d'ivoire, la maison de papier...

Mais comment ne pas s'indigner quand on lit ces lignes de Dumas (si sympathique quand on oublie les petits détails : la pauvre lingère par lui abandonnée et à laquelle, de surcroît, on enlève son enfant), Dumas qui, ayant mis la main sur le poème *La Maison de ma mère* évoquant son enfance et Douai, écrit : « Lyon sera bien humilié lorsqu'il apprendra que le bruit de ses trente mille métiers inspire de pareils vers ; il est vrai qu'il se consolera en pensant que madame Valmore n'est pas du commerce... » Quelle légèreté ! Et il connaît Marceline ! Il a écrit la préface des

*Pleurs* avec bonne volonté, « cette voix éolienne », plus qu'avec compétence. On se demande par moments s'il a lu plus d'un ou deux poèmes du recueil. « Lyon sera bien humilié » ! Cela donne envie de bondir, comme la correspondance de Bossuet avec son neveu.

## Tour d'histoire

Oui, mais Bossuet, c'est loin. Et la Guadeloupe en 1802, ce n'est pas tout près. Est-ce que cette indignation, cet élan que je freine tant bien que mal, ne sont pas, à mon insu, désamorcés par la distance ? L'attrait que j'éprouve pour l'histoire ne vient-il pas de là ? Tour d'ivoire, tour d'histoire.

Pourtant je continuais à penser, comme à un événement dont j'aurais été le témoin, aux exactions de l'affreux La Crosse qui, après ses promesses de libération, ses déclarations enthousiastes mêlées d'embrassements, et son ostentatoire bonnet rouge, en proie à une sorte d'ivresse d'un pouvoir qu'il s'était lui-même attribué, condamnait à des années d'emprisonnement, fers aux pieds, de jeunes conscrits qui avaient osé murmurer contre lui (il en fit même exécuter un qui, sous l'empire de la boisson, avait protesté plus fort que les autres). Je pense à la fidélité bornée du colonel Pélage, ancien esclave engagé dans les armées de la République pour conquérir sa liberté, et qui ne put jamais croire que le pouvoir qui avait proclamé cette liberté voulut se démentir. Pendant que La Crosse écrivait à Paris à son ministre, stigmatisant les « misérables » qui troublaient l'harmonie du pays et semblaient regretter « l'affreux régime de 93 * » (régime qu'il avait contribué lui-même à instaurer), Pélage résistait aux allu-

---

* Dr André Nègre, *La Rébellion de la Guadeloupe*, Éditions Caribéennes.

204

sions d'autres officiers, Gédéon et Ignace, qui complotaient pour renvoyer La Crosse en France.

Ignace, menacé d'arrestation, exhorte officiers et soldats à la révolte. Bientôt, avec toutes les confusions que cela comporte, l'émeute est dans la rue. Sous la direction d'Ignace, un mouvement anti-Blancs se dessine. Pélage essaie de ramener au calme les agités de toutes sortes. Ignace lui offre le commandement des troupes dites « rebelles » ; Pélage accepte pour empêcher le bain de sang mais, sentant le piège derrière cette offre, il refuse le titre de général que veulent lui attribuer les « rebelles », titre qu'il n'accepterait, dit-il, que du Gouvernement consulaire. Il tente de parlementer avec La Crosse qui alterne menaces et promesses.

Le commandant Delgrès, autre mulâtre, d'une grande intelligence et d'une intégrité totale, hésite longuement avant de se joindre à l'insurrection.

Je suis sur la carte l'avance de Richepance, la défense désespérée, parfois féroce, d'Ignace, la retraite de Delgrès, leur suicide à tous les deux.

On voit comme je glisse au présent de l'indicatif, et ces hommes, qui ont vécu trente ans à peine avant l'insurrection de Lyon, sont archétypes de tous les temps. Marceline les aurait reconnus à la lueur de son expérience : le tyran, le militaire héroïque et borné, la « force de la nature », l'intellectuel torturé entre deux devoirs. Ne pourrions-nous pas les désigner du doigt ?

Mais leur pérennité n'est pas une arme, ni pour ni contre eux. Et, si passionné qu'on soit pour la rébellion de la Guadeloupe, pour les émeutes de Lyon, en parler, même en leur donnant toute leur portée symbolique, n'est-ce pas un peu tard ? N'a-t-on pas beau jeu de plaindre des malheurs auxquels ont ne peut rien ? C'est aujourd'hui, c'est maintenant qu'il faudrait dénoncer...

C'est le grand mot de notre époque : dénoncer. Il y a aussi « transparence » — au sens financier de ce mot que j'aimais ; il y a eu « bonne conscience », qui passe un peu de mode. La « dénonciation » (y compris de ce qui mérite d'être dénoncé) est devenue un véritable métier, un métier lucratif. Alors ?

Perplexité. Souvenirs.

Je me retrouve à l'Odéon, en 68, écoutant des déclarations très diverses : une seule me marque vraiment, et elle est si anodine que j'hésite presque à la rapporter : un vieil homme qui dit qu'il a passé trente ans dans la même usine, et que l'on continue à lui minuter le temps qu'il passe aux toilettes. « Même à l'école, on ne fait pas cela ! » « Tu n'es plus un enfant, eh, con ! » crie quelqu'un. Être au pouvoir de quelqu'un, c'est être un enfant, me dis-je ; c'est pire, c'est être infantilisé. Je me retrouve en 61, vêtue d'une épaisse veste molletonnée, participant à une manifestation non violente devant l'Élysée, pour l'indépendance de l'Algérie. La veste (ainsi qu'un collant de laine), c'est pour le cas — prévu — où la police traîne nos corps inertes vers les paniers à salade ; la non-violence, c'est pour ma conscience inquiète. La police débarque, une partie des manifestants, héroïque, se laisse traîner sur le gravier. Une autre partie fuit à toutes jambes. Pas héroïque, je fuis avec un groupe qui me rassure... « Enfin, dit quelqu'un, peut-être touché d'un fugitif remords, on a fait nombre. »

Je me retrouve, à la même période, intimidée et frappée d'un total mutisme, dans une assemblée que semble présider Simone de Beauvoir pour protester contre les tortures en Algérie et, plus précisément, pour évoquer le cas de Djamila Boupacha. Il y a là Gisèle Halimi, que je connais un peu. Je retrouve trace de cette rencontre dans le tome II de *La Force des choses* où ma « drôle de tête ronde aux cheveux coupés court » se retrouve comme sur une vieille photo, et je ne la reconnais pas. Pas plus que je ne sais ce qu'on a fait, ensuite, pour la malheureuse jeune femme : une pétition sûrement ? J'ai dû la signer.

Mais après ? Il faudrait pour « s'engager » dans cette immense toile d'araignée de l'action, qui amène à une autre, puis à une autre encore, avoir du temps, de la santé,

206

et dans tous les sens du mot ; j'ai souvent entendu dire :
« Il en a une santé ! » de quelqu'un qui ne s'arrête pas à
une broutille, et cette broutille c'était souvent la justice.
L'impossible justice. Je retrouve dans le *Sartre* de Bernard-
Henri Lévy son cri : « Tout antisémite est un chien ! » et
ma perplexité, entre l'accord à ce blâme et l'horreur de
cette violence, qui semble en appeler d'autres. Mais peut-
on s'engager sans violence et avec efficacité ?

Il est bien évident que le souci du quotidien grignote ce
souci de justice, d'action, toujours remis au lendemain.
Marceline, si sincère dans ses élans, pouvait-elle (souhaitait-elle) faire autre chose qu'écrire ? Se posait-elle la question — la question se posait-elle —, ces années-là ? Sous
cette forme ? Dans ces années 1830-40, George Sand, qui
s'était laissé persuader par Lamennais de collaborer au
*Monde*, avait entamé une série : *Les Lettres à Marcie*, dans
lesquelles sous l'apparence d'une fiction elle abordait des
questions hardies : l'instruction des femmes, la misère du
peuple. Quand elle en vint à la question du divorce
qu'elle souhaitait défendre, Lamennais, qui l'avait déjà
passablement censurée, mit fin à leur collaboration malgré l'intérêt que les *Lettres* suscitaient dans le public.
C'était là un travail noble et généreux, mais un travail de
journaliste. Marceline n'était pas journaliste pour un sou.
Et il est impossible de lui appliquer la citation — entièrement admirative — de Henry James à propos de George
Sand : « En tant qu'homme, madame Sand était admirable. » Et il ajoute : « George Sand ne s'enferma jamais
dans la tour d'ivoire de l'art. »

J'ai souvent pensé à cette comparaison qu'on est
amené à faire, sur ce plan de l'engagement, entre
George Sand et Marceline. Et il m'a été presque désagréable, en dépit de mon admiration pour elle, de me
trouver plutôt du côté de Marceline.

Quand George Sand, ayant écrit une satire assez
piquante sur la peur que le gouvernement de Louis-
Philippe avait de l'opposition, voit *Le Figaro* saisi mais les
poursuites assez vite abandonnées, elle s'écrie : « Tant

pis ! Une condamnation politique eût fait ma réputation et ma fortune. »

On n'imagine pas Marceline tenant ce raisonnement. Non par pusillanimité certes, mais par cette connaissance profonde — qui vient de l'expérience autant que de l'intuition — du mal dans le monde, qui s'introduit subtilement (et à des degrés évidemment divers) dans tout ce qui est groupe, parti, idéologie.

Et quand j'en viens à me dire, parfois, que cette connaissance de Marceline, sans avoir connu les mêmes épreuves qu'elle, je la partage, je reste perplexe encore sur son utilité. Dès qu'on se tourne vers une action concertée, on en aperçoit tout de suite les excès inévitables, les interprétations diverses, les dissensions intérieures, les stratégies, les disciplines. Quand Simone de Beauvoir écrit : « *Nous* avons approuvé ce film ... *Nous* n'avons pas aimé ce livre », ce nous-là me donne le frisson. On sent bien que si on n'était pas d'accord, de ce groupe-là comme d'un autre, on serait rejeté.

Je crois que, essentiellement, de groupes humains j'en vois surtout deux : ceux qui savent (croient) qu'ils ont des *droits*, et ceux qui savent que, les circonstances aidant, on peut leur faire impunément n'importe quoi. Là, je me rapproche de Marceline, je m'abrite dans son ombre, et l'agacement fait place à l'humilité car qu'elle ait su (et quand j'emploie pour elle et pour moi le verbe savoir, j'entends savoir physiquement, dans ses os, dans sa chair, que la maladie, la misère, la cruauté et la mort sont là, tout près, et que si bien des choses sont révoltantes, très peu, même dans l'horreur, sont étonnantes), par expérience et par hypersensibilité, que le mal était dans le monde et ne pourrait, sinon par brindilles, en être extirpé, c'est évident. Que cette connaissance ne l'ait jamais abattue, jamais découragée, sur le plan individuel, n'ait jamais diminué en elle ni la générosité ni la compassion, est admirable.

Et j'admire, moi qui peux à peine supporter d'être *vue*. Quand une femme que j'avais aimée mentionna notre liaison dans un livre, sans mauvaise intention aucune, cela me fut extrêmement désagréable. « Ce n'est pas que je me cache, c'est que je n'aime pas me montrer. » J'imaginais le déplaisir de mes enfants, au moins de certains d'entre eux, confrontés brutalement avec une image de moi qui pouvait être assez cruellement exploitée. (Ça aussi, je le savais.) Quand une autre dame, au moment où j'achetais des cigarettes au bar-tabac, en face de chez moi, bondit de derrière son café-crème et, m'étreignant l'épaule, s'écria : « Madame ! J'ai lu... [un autre livre, d'une autre amie] ... je compatis à vos souffrances », je ne sus pas si elle faisait allusion à une récente intervention que j'avais subie, ou à une maladie de mon fils qui m'avait longtemps préoccupée. Mais je me serais bien fourrée sous une table du bar, si je l'avais pu. Je pus lui échapper et fuir. Il n'y avait certes pas de quoi rougir d'avoir « souffert » comme elle disait. Mais il n'y avait de quoi rougir non plus d'avoir, il y a quelque trente (ou quarante ?) ans le prix Femina, et, tout en me réjouissant, le sentiment d'être *vue* m'était intolérable. Cette panique à elle seule m'eût dissuadée de signer le Manifeste des 121 si on me l'avait proposé.

Manque de courage ? Délicatesse excessive ? Car il est bien difficile souvent de départager l'exhibitionnisme de l'intrépidité. Et est-ce pudeur, goût de la fable, est-ce mon langage à moi qui passe par la fiction pour y voir plus clair, qui fait que, au cours d'un séjour en Belgique prolongé par une maladie propice, je me mets à prendre des notes et à élaborer des plans sur la Guadeloupe en 1802, alors que je pourrais, enfin, parler de ma mère ?

*Ma mère, toute sa vie...*

Ma mère, toute sa vie, incarna pour moi le pouvoir. Celui de l'adulte quand j'étais enfant, et, plus tard, celui de l'amour. Car je l'aimais, je l'admirais et je lui dois

209

cette triste science que l'amour et la douleur sont en moi (et peut-être étaient-ils en elle), inextricablement liés, comme deux tiges de plantes différentes mais plantées sur le même tombeau.

Nos rapports ne furent longtemps qu'un combat. Mais un combat à l'ancienne. Fontenoy, Marignan, et jusque dans la courtoisie qui y demeurait présente, jusque dans l'estime que, combattant, nous nous portions, la métaphore militaire se justifie. Est-ce un trait flamand ou anversois ? Ce n'est pas impossible, car mon père, lors de l'épisode où je lui mordis le pouce parce qu'il ne voulait pas m'emmener en week-end (et je n'ai jamais pu éclaircir ce point : ma jalousie s'adressait-elle à lui ou à ma mère ?), en tira une certaine fierté et, plus tard, montrait avec complaisance ce pouce qu'il avait depuis une certaine peine à mouvoir. Mais cet épisode fut unique. Nous ne nous affrontâmes plus.

Avec Maman, l'affrontement fut d'abord quotidien, puis au hasard de nos rencontres, mais ne manqua jamais de se produire. Il y eut des trêves ; il y eut des traités. Puisqu'il était entendu que nous écrivions toutes les deux, ma mère avait délimité nos territoires. À moi la fiction, la nouvelle, le roman — avec une exclusion sur le théâtre bien qu'elle eût très tôt cessé d'en faire. À elle la philosophie (que je ne lui disputais pas) et le vaste domaine de l'essai, où bientôt elle se signala par un livre que je considère comme son chef-d'œuvre, et comme un chef-d'œuvre tout court : *Le Journal de l'Analogiste*. Dans la conversation j'avais droit aux sciences naturelles, à l'histoire de l'art, au cinéma, mais le féminisme et, en général, le rôle de la femme et, en particulier, le rôle de la femme dans l'amour étaient totalement exclus : c'était la sonnerie des trompettes, le tocsin, le signal qui indiquait la réouverture des hostilités. Maman se considérait comme une spécialiste de l'érotisme, domaine dans lequel j'étais, d'après elle, restée une enfant et, brandissant Sade et Bataille comme la lance de ce tournoi, soutenait que la subordination de la femme dans tout ce qui était rapports amoureux était une composante indispensable à la réussite de ces rapports.

Maman avait été l'une des premières femmes avocat de Belgique, dans les années 1930. Elle avait divorcé d'un premier mari à une époque où l'on ne divorçait guère. Elle affichait une grande liberté de pensée et de comportement. Aussi cette abdication dans un seul domaine m'exaspérait-elle :

— Mais tu entérines de cette façon le pouvoir masculin dans la société ! protestais-je non sans grandiloquence.

— Tu n'y comprends rien. C'est du théâtre, une représentation que le couple se donne, un rite qu'il accomplit. Comme si l'on se travestissait, si l'on mettait un masque, un domino, pour faire l'amour. Une peau de bête, un costume d'époque...

— Comme dans les bordels d'autrefois il y avait une Bretonne, une Alsacienne, une fausse danseuse avec des bas résille...

— Exactement. Un trompe-l'œil. Cela n'implique en aucune façon que la femme soit bretonne ou andalouse.

— Mais ça implique qu'elle soit une putain. Ce que l'on appelait autrefois une *fille soumise.*

— Elle joue le rôle d'une putain. Ce n'est pas toi qui vas refuser la notion de jeu. Enfin, Françoise, c'est de la fiction !

Je pensais : la fiction est dangereuse, la fiction comporte un message. La fiction est peut-être un jeu mais il n'est pas sans conséquences. Elle est reliée à la plus douloureuse réalité comme la fille à sa mère, par un cordon ombilical, comme toi à moi, comme moi à toi. Il n'y a pas de fiction pure !

Mais je ne le disais pas parce qu'il aurait fallu remonter trop loin. Recommencer d'autres batailles, rouvrir des plaies... je riais. Je riais souvent avec ma mère. De vrais fous rires, pour une allusion, un sobriquet que nous donnions à quelqu'un, une plaisanterie éculée que nous répétions traditionnellement sans que jamais elle perdît son pouvoir (ainsi quand je me plaignais à Maman de ne pouvoir dormir, me répondait-elle rituellement : prends un des derniers livres de Simone de Beauvoir). Et puis un autre rire quand elle m'avait blessée, dont je percevais très bien la différence ; elle appréciait, en loyale combattante qui ne sous-estime pas la valeur de l'adversaire. Ce rire était un bouclier, un *masque* ; ainsi le pouvoir vous contraint-il à adopter son langage.

Parfois je la voyais arriver de très loin, portant le bouclier de Méduse dont il convient de détourner les yeux. Elle amenait la conversation sur un sujet qu'elle allait exploiter. Ainsi du livre réédité de Robert Merle sur Oscar Wilde, poussé devant elle comme une machine de guerre, comme, eût-elle dit (elle avait la passion des mots rares et curieux), comme un *mangonneau*, et qui amenait une réflexion à plusieurs degrés sur la prison, l'homosexualité et ses néfastes effets. Rompue à la manœuvre, je glissais sur la syntaxe de la *Ballade de la geôle de Reading*, je découvrais dans le rythme de Wilde un je ne sais quoi de simple et de touchant qui l'apparentait à certains textes d'Aragon ; je citais, même, n'étant pas sans munitions.

Maman échappait au piège tendu, s'attendrissait sur le grand nom du marquis de Queensbury et, malgré mes feintes adroites, finissait par conclure, le regard posé sur son Bouddha préféré : « Au fond, ils n'avaient pas tellement tort, ces victoriens. Tous ces homosexuels, je les verrais bien regroupés dans une île... ou dans une prison, pourquoi pas ? »

J'éclatais de rire. (Ce rire-là, cette fois-là, fut particulièrement réussi.) Il fallait qu'il le fût, car Maman se décontenança quelque peu — cela lui arrivait rarement — et quelques minutes après entérina ce demi-échec en regardant d'un œil critique un chemisier neuf que j'inaugurais ce jour-là, en murmurant : « Évidemment, à ton âge, on peut encore porter ces petites choses mal coupées... »

Cette perfidie (de celles que l'on appelle, bien à tort, féminines, extrêmement rares chez elle) me fit sentir qu'elle flanchait. Cela me fit presque de la peine. Mais enfin, la guerre, c'est la guerre. Tant d'années, tant de guerres suivirent. De longues trêves aussi. Maman vieillissait sans concessions, toujours élégante, toujours légèrement provocante, ne renonçant à ce qu'elle appelait l'amour qu'aux environs de quatre-vingts ans. Dans des circonstances difficiles elle me montra une loyauté féodale, me prêtant de l'argent, un appartement, sa voiture, sans nul attendrissement perrichonesque.

Elle agissait toujours selon un code qui remontait aux Valois, et selon lequel l'ennemi en difficulté, s'il appartient à la même caste (bien que de nation différente), doit être secouru. Obéissant à la même convention, j'écrivais, je rendais visite, et, bientôt, Maman devenant incapable de se déplacer seule, je l'emmenai en vacances. Nous « fîmes » le lac de Garde et visitâmes ensemble Mantoue, la vallée où Dante situa le Paradis, et le *Memoriale* de D'Annunzio où Maman me récita d'un trait et sans hésitation plusieurs poèmes en italien. Quelques prises d'armes, plus proches du tournoi que de la véritable bataille rangée, animèrent ces vacances. Nous fûmes aux Baux, et aux sources qui inspirèrent Pétrarque. Maman (qui dépassait alors quatre-vingt-dix ans) me récita sur les lieux mêmes quelques sonnets bien choisis. Son italien était parfait. Ce pèlerinage sur les traces de Pétrarque se déroulait pendant nos dernières vacances.

J'avais loué une maison aux environs de Maussane. Là se déroula la dernière bataille. Elle fut sans merci, de part et d'autre. Maman pratiquait l'agression, moi la non-violence — technique dans laquelle j'excellais. Dès le matin, impeccablement vêtue d'un léger tailleur blanc, coiffée d'un chapeau en lin évoquant le casque colonial, Maman se faisait descendre sur la terrasse. Elle avait pris son petit déjeuner, les premiers jours à sept heures, puis à six. Elle dormait peu, et dès son réveil s'agitait, anxieuse, désirant parler, désirant son café, désirant voir s'agiter autour d'elle les habitants de la maison : moi, une amie, une de mes nièces. Elle voulait qu'on se levât quand elle se levait, qu'on fît la sieste quand elle la faisait, et, surtout, qu'on fût — que je fusse — à son service à tout moment et particulièrement si cela paraissait me déranger dans une autre occupation. Cela pourrait paraître odieux. Mais j'avais vite perçu, derrière ces exigences accrues, constantes, de parti pris, une sorte de désespoir, un défi, un pari. C'était la dernière chance. Mais la dernière chance de quoi ?

Je renonçai tout de suite à travailler, à lire, à faire quoi que ce soit en dehors des courses et de la cuisine, sinon me tenir à sa disposition. Je relevais le défi, quel qu'il fût. Ce n'était pas du masochisme, ce n'était pas tout à fait de l'amour. Ni la complaisance que l'on a pour une personne très âgée qui n'est pas tout à fait consciente des efforts qu'elle vous demande. Quand j'étais assise à côté d'elle sur la terrasse, elle toujours impeccablement vêtue de blanc, de jaune pâle, parfois de gris perle, ses cheveux bien coiffés sous un chapeau de soleil assorti, et qu'elle me demandait pour la dixième, la douzième, la quinzième fois : « Françoise, est-ce que tu voudrais être assez gentille pour aller me chercher ma crème solaire..., mon roman..., pour m'apporter un fruit..., pour me faire une tasse de thé, celui de ce matin n'était pas assez fort... », sous ses paupières alourdies je voyais luire un regard attentif, aigu. J'avais un livre à la main, j'étais assise sur un tabouret, et j'avais tous les muscles tendus comme un coureur sur la ligne de départ. À peine Maman avait-elle formulé ses exigences que j'étais debout, je bondissais. Je revenais parfois pour entendre : « Oh ! je suis désolée, ce n'est pas ce livre-là..., c'est la crème dans le tube orange, pas rose..., j'aurais dû te le dire... » Et je bondissais à nouveau : « Mais ça ne fait rien, Maman. »

J'avais relevé le défi, et la compétition finissait par me faire plaisir. Elle ne me prendrait pas en défaut. Vingt fois, trente fois, j'étais prête à remonter les escaliers sonores de cette maison de location, à rapporter un livre pour un autre, à échanger le jus d'orange contre un jus de pamplemousse, puisque c'était cela que Maman avait voulu dire. Et, devant cette disponibilité totale, je voyais parfois l'aurore d'une surprise, pas forcément déçue, sur ce vieux visage impassible, toujours contrôlé. Je goûtais aussi l'étrange soulagement de n'avoir aucune liberté, aucun choix à faire, aucune volonté propre, volontairement abdiquée. Les « blancs » qui se situaient entre deux demandes, entre deux tâches à remplir, étaient de vrais blancs, sans projets, presque sans pensée. C'était le bref repos de l'esclave, du militaire, peut-être de la nonne. Et très vite c'était reparti. Je n'avais pas d'aide ménagère, je lavais son linge, je faisais trois kilomètres à pied pour faire le marché (il valait mieux ne rien oublier), je faisais des potages différents chaque jour. Je n'aspirais qu'à en faire davantage. À prouver... À prouver quoi ?

Et elle ? C'était une femme d'un tempérament impérieux, exigeant. Mais c'était aussi une femme d'une grande courtoisie, d'une élégance de pensée et de comportement qui rendait impossible la supposition que ses exigences fussent inconscientes, involontaires. Elle cherchait à provoquer chez moi un agacement, un refus. Un rejet ? Elle cherchait la limite de mon consentement ; elle ne la trouvait pas. Je cherchais la limite de ses exigences, je savais que je la trouverais. Je devais l'emporter. C'était mathématique. Nous étions toutes les deux, je crois, secrètement exaltées.

C'était une lutte pour le pouvoir. En le lui concédant, en le lui concédant en totalité, je le dévalorisais à ses yeux. Mais que la possession même de ce pouvoir, désormais incontesté, la torturât, je ne l'avais pas encore compris. Et cette dernière chance qu'elle s'accordait, pour laquelle elle bandait ses dernières forces, je n'avais pas compris encore que c'était une chance de perdre.

Je lui faisais prendre son bain, je l'aidais à se changer. J'organisais ses sorties. Je lui faisais la lecture à haute voix des heures entières. Je ne sais pourquoi elle avait choisi un livre assez ennuyeux sur la dynastie belge. De temps à autre, en levant les yeux, je rencontrais son regard. Grave, un peu perplexe. Le mois prévu pour son séjour passait. Ma nièce qui regagnait également Bruxelles devant prendre le train avec elle, veiller à ce qu'elle embarquât saine et sauve dans la voiture qui, de la gare, la ramenait chez elle. La veille de son départ elle me dit, d'un ton léger, capricieux, un peu forcé : « Je n'ai pas confiance dans la petite. Elle est trop jeune. J'ai peur qu'il m'arrive quelque chose en chemin. Tu ne veux pas m'accompagner jusqu'à Bruxelles ? » En un moment je mesurai la difficulté des bagages à faire en une nuit, de la maison à remettre plus ou moins en ordre, des clés à déposer à Avignon... Je dis du même ton, volontairement sans poids : « Je vais téléphoner à la gare pour savoir s'il y a encore des places disponibles dans ce train. » Maman se tut un moment. Son regard qui avait été si bleu et qui s'était un peu délavé sans s'adoucir, se fixa sur moi au-dessus de ma tête, et elle dit d'une voix calme et sans inflexions : « Je ne savais pas que tu m'aimais. »

Il ne fut plus question de train. Il ne fut plus question de rien. Quatre mois plus tard, le 11 décembre, Maman mourait dans mes bras, en un instant, au sortir d'un restaurant de la place des Sablons à Bruxelles. Nous nous étions revues plusieurs fois depuis les vacances. Nous n'avions jamais reparlé de rien. Mais le ton de nos conversations avait changé. Nous nous parlions avec précaution, avec délicatesse, comme si quelque chose entre nous était mort, était né. Nous évitions de nous heurter, ce n'était plus la peine. Nous évitions de nous attendrir, ce n'était plus la peine non plus. Ce qui était né (ce qui s'était révélé), c'était un amour timide, prudent. Un perce-neige qui avait enfin réussi à pointer un tout petit peu à travers la terre glacée. Ce qui était mort, c'était le pouvoir.


Alors je pus penser à la Guadeloupe. Cette hantise de l'ombre même du pouvoir, d'un pouvoir quel qu'il soit, je pouvais maintenant en parler.

Je partis pour Bruxelles, malade, fatiguée. Je pensais pouvoir m'y concentrer mieux. Le douloureux conflit personnel avait perdu son aiguillon, j'allais pouvoir l'élargir aux dimensions d'un grand sujet, d'un drame collectif, comme l'amour malheureux de Marceline s'était élargi aux dimensions d'une compassion universelle, d'une douleur qui avait dépassé même ses deuils les plus cruels.

Mais cet itinéraire de Marceline est-il proprement littéraire ? Et, tout de suite, existe-t-il un itinéraire proprement littéraire, parallèle à un approfondissement personnel, intérieur, ou peut-être antagoniste, compensatoire ? Ou tout cela forme-t-il un seul chemin zigzagant à travers la vie inacceptable ? Mais puisqu'on vous dit qu'elle l'accepte, elle, ce poète, cette mère en deuil, cette amante blessée, cette femme pauvre, épuisée, malade — elle n'accepte ni le régime, ni la dictature de l'argent, ni celle de la science (que d'avance sur nous !) ni... —, mais la vie, la vie inacceptable, malgré sa lassitude, l'accepte-t-elle ?

L'écriture est sa respiration, tantôt aisée, tantôt oppressée, la poésie est dans son regard avant même qu'elle n'en ait conscience. Quand elle commence à publier, à avoir des lecteurs et même à vivre de ses écrits, cela ne représente pas dans sa vie une étape, un changement. Elle continue à vivre comme avant, comme au temps où elle rêvait, où elle chantait au lieu d'écrire. Où elle souffrait, bien sûr, où elle se révoltait. Mais il n'y a pas chez elle ce brusque réveil, ce je vois je crois je suis désabusée, pas même ces éclairs, l'orage dans la nuit, à la lueur blanche desquels on aperçoit un arbre foudroyé, un corps, Abel et Caïn comme ils sont dans la grosse vieille Bible, leur mimique excessive, l'enfant battu, l'animal malmené. Je ne dis pas qu'elle ne les voit pas ; je dis qu'elle n'en est pas étonnée. Je dis — mais là je tâtonne, mais là j'hésite, je hasarde — que peut-être Marceline, mon témoin, ma pierre de touche, acceptait la vie inacceptable ?

Accepter ne veut pas dire se résigner, se taire ; le parallélisme des poèmes de Lyon, des poèmes de l'insurrection polonaise, de la véhémente supplique à la reine Marie-Amélie et de la correspondance de Marceline

217

montre combien la réalité de la vie est présente pour elle. Mais ses romances les plus suaves, ses poèmes les plus éthérés, ne font pas écran, ne font pas « bouclier ». Ces *Pleurs* ne sont pas versés que pour un homme, ils le sont pour cette vie difficile où tout est mêlé, où l'on erre en essayant de croire à un amour imparfait, à une liberté impossible. Ainsi je la vois passer dans mes moments de doute, figure silencieuse et mélancolique d'une légèreté triste, remords fugitif, douleur sans violence qui « demandait le soir ». Ainsi je l'admire de cette aisance à se mouvoir dans un élément pareil à ces mers que parcourent en même temps des courants chauds et froids, parfois désespérée, découragée jamais. Ainsi je l'admire. Ainsi elle m'exaspère de temps en temps, un petit moment.

Cette aisance, oui. Et cette intrépide façon d'aborder tous les thèmes (les autres feront, sans elle, l'injuste tri) sans se demander jamais — la question ne se pose même pas — si c'est « un sujet pour elle ».


*Un sujet pour moi*


Ce doute qui s'insinue en nous, entre le jaillissement spontané de l'émotion et la formation d'un projet, elle n'a pas dû le connaître. Moi, si.

Après un voyage en Afrique, où j'avais visité les ruines du Zimbabwe (il y a de petits serpents jaunes et verts entre les pierres), ces ruines si étendues et dont l'histoire est si controversée, sinon ignorée, je rêvai longtemps à ces pierres mystérieuses qui inspirèrent en partie au romancier Ridder Haggard les aventures de *She.* Je rêvais aussi à ce que l'on m'avait alors raconté, que des archéologues cherchaient l'origine de ce qui avait été peut-être une ville, un marché d'esclaves, un immense palais.

— Mais les dirigeants sont plutôt en faveur du palais,

me dit-on, et ont tendance à favoriser les savants qui vont dans ce sens.

— Pourquoi ?

— Un pays si neuf doit se trouver un passé, une histoire, me dit ce guide qui s'abritait du soleil sous un très grand parapluie jaune, pour la fierté, vous comprenez...

Je comprenais. Je comprenais l'aventure d'un pays neuf qui se cherchait une identité ; je comprenais Ridder Haggard ébloui par cet espace si évocateur et vierge d'histoire, j'entrais avec lui, avec eux, de l'autre côté du miroir, escortée de cette ethnie Shona qui fait de belles sculptures modernes, autrefois sous le contrôle, me dit-on, des missionnaires (encore un mystère : comment cette idée leur est-elle venue, à ces missionnaires ?). Bref, toutes modernes qu'elles étaient, ces statues, comme le « palais », m'enchantaient, je leur cherchais moi aussi une histoire, et j'étais encore mentalement au Zimbabwe quand une voix éditoriale, d'ailleurs bienveillante, (avec une nuance de paternalisme ?), répondit à mes propos exaltés :

— Voyons, Françoise, ce n'est *pas du tout* un sujet pour toi !

Pourquoi un sujet que j'ai ressenti, et dans une certaine mesure inventé, n'est-il pas un « sujet pour moi » ? Il y a donc chez les autres, lecteur, éditeur, critique même, une idée bien nette de ce qui est un sujet pour moi, ou un autre, que l'on me déconseillait fermement d'aborder. Je me souviens de ce début d'article, bien souvent relu, « M. X. s'est attaqué cette fois... » et il est bien évident que l'attaque a été repoussée par le sujet inaccessible. Mais je ne voulais attaquer rien ni personne ; seulement continuer avec des mots ma promenade dans ce site grandiose, où la pierre est si noire, le sable si blanc, les petits serpents craintifs si rapides à fuir quand on frappe dans les mains, et où les ruines de ce qui a dû être des portes s'ouvrent sur un ciel vierge de nuages ; une promenade qui eût été aussi une histoire.

Mais là j'avais senti la limite que, gentiment, l'on

m'assignait. Moi, mon moi habituel, inoffensif, pouvait se promener tant qu'il voulait et où il le voulait ; mais l'écrivain, l'auteur de, qui vient de signer un contrat avec, se doit de choisir un sujet qui est « pour lui », pour son public, pour son éditeur, pour qui encore ? La promenade, la rêverie, c'est comme les bonnes œuvres, les multiples interventions de Marceline pour Barbès condamné, pour Raspail prisonnier, pour le fils d'une pauvre concierge, c'est *autre chose*.

Moi, cachant ma mauvaise humeur :

— Bon. Eh bien, je vais me mettre à mon sujet sur la Guadeloupe. J'ai toujours eu envie de le faire, j'y suis allée trois fois, j'ai un tas de notes...

Voix éditoriale (d'une suspecte douceur) :

— Oui, oui, c'est déjà plus intéressant... quoique...

— Quoi encore ? Ce n'est pas pour moi ? Pas pour l'époque ? C'est vrai qu'il y a en moi, peut-être coupable, une tentation du gigantesque, du un peu plus grand que nature, allons, disons-le, du mythe.

— Voyons, voyons !

— Et *Le Roi des Aulnes*, de Michel Tournier ?

— Tu n'es pas un homme, tu n'es pas Michel Tournier, ton public ne s'attend pas...

J'aime tant Michel Tournier que ce propos ne me vexe pas mais, tout de même, est-ce que je n'ai pas un droit à l'erreur, après tant d'années de bonne volonté ?

— Pourquoi tu ne fais pas la biographie de Marceline Desbordes-Valmore, dont tu parles toujours ?

— Ce n'est pas une bio que je veux faire.

— Fais comme tu le sens. Tu es entièrement libre. (Ah, oui ?) Ce ne sera pas plus mal si tu rajoutes quelques détails personnels...

— Deux femmes ?

— Voilà ! Exactement.

Et c'est ce que je fais, n'est-ce pas ? En trichant un peu.

En glissant de ces deux femmes à ces deux écrivains comme sans m'en apercevoir. Comme elle aurait fait. Seulement, elle, aurait été de bonne foi.

En 1834, Marceline entame alors son troisième séjour à Lyon. Elle a tout tenté pour l'éviter ; elle a fait appel à toutes ses relations ; elle a réussi brièvement, lors d'un séjour à Paris, après la cabale de Rouen, à faire engager Valmore à la Porte-Saint-Martin, mais ce sera de courte durée. Durant ce séjour Marceline rencontra Balzac. Ondine, admirant une statue du sculpteur Bra, se mit à faire, à son tour, des vers. Le vieux M. Valmore mourut, et Marceline, pour épargner la douleur de son mari, s'interrompant dans la rédaction de *L'Atelier d'un peintre* promis à Charpentier, déménagea, une fois de plus, de la rue de Lancry au boulevard Saint-Denis.

Elle ne devait pas y demeurer longtemps. La Porte-Saint-Martin était en déficit, Valmore craignit de se retrouver une fois de plus sans emploi et s'en retourna à Lyon, où on lui faisait de nouvelles propositions. Il comptait bien que Marceline l'y rejoindrait. Il partit en janvier 34. Après avoir tout tenté pour lui obtenir l'entrée à la Comédie-Française elle dut enfin renoncer, et rejoignit Lyon fin février. Un mois après c'était la deuxième émeute des canuts, pire encore que la première. C'est à ce moment-là qu'elle écrit le fameux poème impubliable *Nous n'avons plus d'argent pour enterrer nos morts.* La révolte s'accompagnait chez elle de dépression. Ambrière cite un fragment de lettre de Valmore qui contient peut-être une explication : « Il n'existe pas un seul gouvernement qui vaille la peine d'épouser sa querelle. Tous ont leurs prôneurs et leurs détracteurs, et tous les hommes n'aiment et ne haïssent que par intérêt personnel. Il n'y a plus d'âme assez généreuse pour préférer le bien de l'humanité au sien propre. »

Crise de misanthropie ? Esprit de contradiction, assez fréquent entre époux ? Marceline est moins désabusée ; elle conserve l'espoir d'un renversement de régime qui libérerait tant de prisonniers, dont certains d'entre eux, dans la cave de l'hôtel de ville, chantent « avec rage » et qu'elle entend de sa fenêtre.

Et pour ajouter à sa détresse, le Grand Théâtre ferme ses portes. Dénuement. Il faut déménager encore. Valmore refuse de retourner à Paris (est-ce bien uniquement parce que le public parisien, si moqueur, lui fait peur ? Ou est-ce — sans parler de Latouche — le fait que, à Paris plus encore qu'à Lyon, Marceline, admirée de Lamartine, de Balzac, de Dumas, est une manière de personnage, presque une célébrité, ce qui met son mari — qui pourtant n'est pas mesquin — dans une situation gênante ?).

C'est donc Lyon avec ses affreux souvenirs. Hippolyte vient en vacances ; il a beaucoup grandi ; travaille moyennement, adore sa mère. Son père voudrait le voir entrer à l'École polytechnique, mais l'enfant ne manifeste que peu de penchant pour les mathématiques. À vrai dire, il est encore incertain de son avenir, et Valmore traite ce garçon sensible et timide avec une rigueur qui n'est pas de nature à lui donner confiance en lui-même. On ne saurait en dire autant d'Ondine qui, avec Inès, est entrée en demi-pension dans une institution lyonnaise et, dans un journal local, a publié, à treize ans, un poème dédié à Lamartine pour la mort de sa fille Julie.

La pension de Marceline est légèrement augmentée, sur l'intervention du député Martin, dit Martin-du-Nord. « La solidarité flamande jouait une fois de plus. » Et le Grand Théâtre rouvre, après quatre mois d'interruption. Petit à petit, la dépression de Marceline s'atténue. Elle retrouve un peu d'espoir, de joie de vivre, fait quelques brefs séjours chez des amis qui possèdent des maisons de campagne. Les relations conjugales s'apaisent. Est-ce ce fond d'estime qu'elle garde toujours pour Valmore ? Est-ce résignation ? Est-ce l'âge qui vient ? Ses espoirs, sinon ses affections, se déplacent cependant du mari trop différent d'elle, trop porté à l'autodestruction, pour se reporter sur ses enfants.

Nous y voilà. À nouveau les enfants, un sujet pour nous. Plus épineux cependant au fur et à mesure qu'ils grandissent. Hippolyte va se découvrir une vocation pour la peinture, qui n'aboutira pas à grand-chose. Inès s'affaiblit, maladive, jalouse de son frère, de sa sœur. Ondine... Ah ! Ondine !

*Telle mère...*

Ondine est un personnage intéressant, sur lequel il est difficile de se faire une opinion. Qu'elle rime çà et là un petit poème classique n'a rien d'extraordinaire ; quel jeune homme, quelle jeune fille, n'a pas rimé, en pleine période romantique ? Les vers qui nous restent d'Ondine sont froids, un peu cérémonieux, très classiques, nullement ridicules.

Au moment des événements tragiques de 1834 qui ont tant marqué Marceline, Ondine a treize ans et comprend, partage, l'émotion de sa mère. J'ai noté plus haut qu'on parlait beaucoup de politique chez les Valmore. Ondine, à cette époque, enfant précoce, d'une vive intelligence, ne peut pas ne pas s'apercevoir que l'accord n'est pas parfait, sur ce sujet, entre son père et sa mère. Antiroyaliste, anticlérical, Valmore n'avait pas adopté les opinions bonapartistes de Marceline, et, en règle générale, souhaitait un retour à l'ordre républicain qui se fît sans trop de dégâts. Il n'y croyait pas beaucoup du reste : il restait dans une opposition de principe, assez désabusée. Marceline y mettait plus de passion.

Est-il certain que, dès ce moment, et pendant les trois ans que va durer le nouveau séjour des Valmore à Lyon, Ondine soit tout à fait du côté de sa mère ? De treize à quinze, seize ans, ce sont des années difficiles. Valmore croyait reconnaître en Ondine une fermeté de caractère, une sorte déjà d'austérité, de réserve, qui ne venaient que de lui.

Pendant ces années-là il était impossible à Ondine d'ignorer les sentiments, les opinions, les publications de sa mère. Les réactions que ces publications suscitaient. Si l'on en excepte des traductions et des adaptations faites pour Charpentier dans un but purement commercial, et traitées comme telles, ces publications avaient déjà fait d'elle une figure connue. Balzac lui écrivait, Hugo la félicitait ; lors de son séjour à Bordeaux, elle avait à maintes reprises rencontré Vigny, qui l'admirait comme poète et comme femme, allant jusqu'à la déclarer « le plus grand esprit féminin de son temps ». Plus tard, Pauline Duchambge, qui pourtant aimait sincèrement Marceline, ne put se tenir, pour le plaisir peut-être de paraître au courant, de répandre le bruit d'une intimité suspecte entre les deux poètes — et ce bruit alla jusqu'à Marie Dorval, et ce bruit n'était pas le seul. Il était si naturel, s'agissant d'un poète, d'une femme dont les poèmes les plus connus chantaient l'amour, de lui prêter des aventures que l'on inventait à plaisir. Cela ajoutait un petit parfum de scandale à ces beaux vers, et tempérait une admiration réelle d'un brin de raillerie parisienne. Lorsqu'il s'occupait de la publication des *Pleurs*, Charpentier n'avait-il pas voulu, pour exploiter ces rumeurs et cette curiosité, intituler le recueil : *Mes pleurs*, ce qui donnait au titre une portée toute différente. Bien entendu, Marceline s'y était opposée. Mais cela donne une idée des inconvénients qui accompagnaient sa célébrité ; inévitables pour une femme de cette époque.

Ondine, qui devait devenir plus tard passablement féministe, en était consciente. Mais peu à peu elle s'agaça du fait que sa mère, par son mode de vie, son impulsivité, sa bonté même, toujours prête à secourir mais pas toujours avec discernement, prêtât le flanc à certaines critiques.

J'ai parlé d'une cabale, lors du séjour à Rouen, et ne me suis pas attardée sur ce point. Les raisons en étaient multiples et difficiles à démêler. Mais les deux sœurs, fidèlement aimées, de Marceline vivaient à Rouen et ne pouvaient se targuer d'une réputation sans tache. De là à assimiler les unes aux autres... La jalousie de Valmore avait joué son rôle : il avait demandé, ou interdit, à Marceline de revoir ses amis passés. Mais pouvait-il l'empêcher de voir ses propres sœurs ? Et le calcul était maladroit. Voulant éviter certains souvenirs, certains racontars, Valmore donnait à croire, à ceux qui avaient connu Marceline plus accessible, qu'à cause de son renom elle les dédaignait, à d'autres que cette femme d'une famille modeste et décriée voulait « s'élever », presque un crime aux yeux de cette petite bourgeoisie rétrograde. On n'en était pas encore à l'*enrichissez-vous* de Guizot.

Enfin, Valmore avait débuté à Rouen, avec un vrai succès (les seules réserves, habituelles, avaient été sur sa voix un peu sourde) dans un répertoire romantique. Boulenger attribue l'échec qui devait suivre au fait que « la bataille du classicisme avait été vive à Rouen, et la première d'*Antony,* puis celle de *Richard d'Arlington* y avaient donné lieu à des combats épiques ». Boulenger suit en cela la correspondance de Marceline qui écrit : « Mon mari est l'innocente victime d'une querelle tumultueuse des romantiques et des classiques à Rouen. » Et cette raison peut avoir joué dans la véritable émeute que déclenchèrent les deux dernières représentations de Valmore, licencié sans indemnités, se retrouvant avec son vieux père (qui vivait encore à ce moment-là), trois enfants et sa femme, dans une gêne qui commençait à côtoyer la misère.

Ondine (onze ans à Rouen) voyait cela. Ondine voyait ces embarras d'argent constants, ces déménagements en hâte, ces travaux alimentaires que sa mère, sans plaisir, terminait à ce moment même pour Charpentier (*Une raillerie de l'Amour,* roman sans grand intérêt). Ondine suivait sa famille à Paris, assistait aux efforts de sa mère, aux difficultés de son père, retournait enfin à Lyon pour tomber dans la deuxième et terrible émeute... Comment l'adolescente n'eût-elle pas, dès ce moment-là, rêvé d'une autre vie ?

Elle était frêle et pâle, comme Inès, et si précoce qu'à cinq ans on prédisait à Marceline, si elle la « mettait au théâtre », qu'elle en tirerait une fortune. Les souvenirs du temps où elle avait elle-même débuté lui étaient trop présents à l'esprit pour que Marceline envisageât ce projet, fût-ce un instant. Beaucoup plus tard, Mlle Mars, qui joua dans la vie de Valmore un rôle constamment bénéfique (ce qui doit corriger un peu, ou du moins adoucir, le portrait acerbe qu'en tracent Dumas et Hugo), fit à Marceline la même proposition. Ondine refusa sans hésiter, et de son propre chef. Elle avait, depuis ses quinze ans, « la passion des études », pensait à se faire institutrice, manifestait le plus franc déplaisir à participer aux besognes du ménage, suivait sa propre voie avec résolution. C'était, confiait Marceline à son mari, « un ange de fer ». Telle mère... non, Marceline ne se reconnaissait pas, ou plus, dans cet ange-là.

Si je m'aveugle aisément sur un chapitre, c'est assurément sur celui de l'amour maternel. Je l'ai attendu trop longtemps pour l'avoir reçu en tant que fille ; au moment où enfin il est né ou s'est révélé, c'est moi qui, de cette vieille dame stoïque, un peu amère, et dont il me fallait couper la viande dans l'assiette, était devenue la mère. C'est un rôle dont j'ai l'habitude, que j'accepte facilement, non pas seulement à cause de mes enfants, mais aussitôt que ce manque, cette frustration dont j'ai moi-même souffert se présente chez quelqu'un, je me précipite pour le combler. Il faut que je sois mère pour deux.

Marceline a-t-elle eu ce sentiment ? Serait-ce le lien secret qui nous unit ? Et ces deux rôles étant interchangeables (on les retrouve dans les amitiés et même les amours féminines), souffre-t-on de la différence d'une fille comme de celle d'une mère ? Ma mère, faisant allusion au fait que nous avions en somme commencé d'écrire en même temps, me disait parfois, en des temps d'accalmie, comme je lui montrais mes premiers poèmes, comme elle me lisait des fragments de ses premières pièces : « Nous sommes comme des jumelles », et rien n'était moins vrai, et rien ne me faisait plus plaisir.

Les écrivains ont-ils entre eux un lien de consanguinité ? À la haine que parfois ils se portent, on le croirait assez. Ce n'est que récemment, devant des maladies, des épreuves (détails au bar-tabac), que je me suis dit : « Maman ne se serait pas plainte. Maman l'aurait supporté. » Et je ne me plaignais pas, et je supportais. Et je relisais le texte si beau par lequel Colette attaque *La Naissance du jour* : « Au cours des heures où je me sens inférieure à tout ce qui m'entoure, ... je puis pourtant me redresser et me dire : Je suis la fille de celle qui écrivit cette lettre... celle-ci en dix lignes m'apprend qu'à soixante-dix ans elle projetait et entreprenait des voyages, mais que l'éclosion possible, l'attente d'une fleur tropicale suspendait tout et faisait silence même dans son cœur destiné à l'amour. » Il s'agit bien entendu de la fameuse lettre du cactus rose. Et elle poursuit : « Je suis la fille d'une femme qui, vingt fois désespérée de manquer d'argent pour autrui, courut sous la neige, fouettée de vent, crier de porte en porte, chez des riches, qu'un enfant près d'un âtre indigent venait de naître sans langes, nu sur de défaillantes mains nues. » Ici l'on retrouve Marceline, plus proche de Sido que de Colette qui fut toujours davantage une fille qu'une mère.

Ces lignes, pourrais-je les écrire ? Dirais-je : « Je suis la fille d'une femme d'une froide intelligence, pour qui l'amour même fut un spectacle, qu'attiraient les sciences et la philosophie, qui voyait un monde dans les stries d'un coquillage mais qui ne voyait pas l'attente sur le visage d'un enfant. » Je dirais plutôt : « Je suis la mère d'une femme qui exigeait beaucoup d'elle-même et des autres, qui exigeait tout, l'obtenait, et n'y découvrait jamais la satiété. Je suis la mère d'une femme qui souffrit toujours seule de l'absolu qu'elle portait en elle et qui lui rongeait le foie comme le vautour de Prométhée. Je suis devenue la mère d'une très vieille dame dont les mains tremblaient, qui ne pouvait nouer ses lacets de chaussures qu'au prix d'un long effort et qui ne demandait pas d'aide. Je suis devenue la mère d'une femme dont j'avais enfin perçu la souffrance que je ne pouvais soulager — qui n'a jamais demandé d'aide. » Et là, je n'étais plus ni sa mère ni sa fille, parce qu'elle allait mourir sans m'avoir rien demandé.

Mais non sans m'avoir rien laissé. Son irréductible fierté, son stoïcisme. Son rire. Un ami, plus sincère que compétent, nous dit un jour : « J'aime bien ce que fait Françoise, mais c'est si naturel, on voit que ça lui vient sans peine. Tandis que vous, Suzanne, au moins on sent que vous vous donnez du mal. » Le rire de Maman ! L'amusement d'un écrivain trop orgueilleux pour avoir de la vanité, j'espère qu'elle me l'a laissé. Et sa finesse. Parlant de mes enfants, elle dit, un peu vite : « Tu les élèves comme des sauvages ! », puis, tout de suite : « Non. C'est le contraire. Tu ne les élèves *pas assez* comme des sauvages. Comme s'ils ne devaient pas vivre au milieu des sauvages. »

Car si Jacques emmenait nos enfants au zoo de Vincennes avec un carnet de croquis, si je leur organisais des soirées poétiques où nous choisissions pour nous les lire des textes découverts, si nous leur donnions plus ou moins d'argent de poche selon notre humeur et nos moyens, c'était peut-être, en effet, leur donner une éducation trop civilisée. Une éducation pour une planète pacifique et créative qui n'existe pas. Une éducation irréaliste, encore que pour nous gratifiante. Et encore Maman ne voyait-elle pas Jacques initiant au *Marteau sans maître* Allie qui n'avait pas cinq ans, ou moi écrire un mot d'excuse invoquant une vague grippe (le commode alibi du « virus » n'était pas encore d'usage courant) pour emmener toute la bande voir *Batman* au cinéma, un jour où il n'y avait pas trop de monde parce que, justement, c'était un jour de classe... Mais consciente de cette façon de les faire vivre un peu en marge, de l'autre côté du miroir, elle aurait dit que nous les « contaminions » si l'amour du beau style le lui avait permis.

*Marceline parle de sa mère*
(L'Atelier d'un peintre)

*« Que j'aimais ma mère ! Ma sœur, où est ma mère ? Je me sens à genoux devant son souvenir. Quelle suite, et quelle liaison d'idées fondues ensemble ont, depuis, incrusté fortement son image dans cette scène d'hirondelles et d'orage ! : J'en ai froid... Le mâle abandonné se livra tout à coup à une douleur si frénétique et si puissante, qu'il ... se plongea tout entier dans le nid de ses pauvres jeunes qu'il saisit d'un bec inflexible et déchirant... il précipita les nouveau-nés, de toute la hauteur de son essor où ils s'écrasèrent tous, à mon désespoir... ... Le mâle triomphant, lui, remonta hérissé, frémissant de toutes ses plumes, se poser devant sa femelle pantelante, pétrifiée d'horreur mais qui, furieuse à son tour, se jeta dans l'air sombre, sillonné d'éclairs, et se mit à le poursuivre avec une vélocité prodigieuse... .... Le lendemain il y avait des plumes et du sang par terre, et le nid détaché était tombé sur les pierres. Peu de temps après, je naviguais avec ma mère — seulement ma mère — vers l'Amérique où personne ne nous attendait. »*

*Marceline parle de sa fille*

*Ondine ! enfant joyeux qui bondit sur la terre*
*Mobile comme l'eau qui t'a donné son nom*
*Es-tu d'un séraphin le miroir solitaire ?*
*Sous ta grâce mortelle orne-t-il ma maison ?*

...

*Viens donc, ma vie enfant ! et si tu la prolonges*
*Ondine ! aux mêmes flots ne l'abandonne pas.*

...

*Viens, mon âme sur toi pleure et se désaltère*
*Ma fille, ils m'ont fait mal ! mets tes mains sur mes yeux*
*Montre-moi l'espérance et cache-moi la terre...*

## Ondine parle de sa mère

Ondine à son amie Bathilde Gastellier :

« *Pourquoi lis-tu les vers de ma mère ? Aucune lecture ne m'a jamais fait de ma vie le mal que m'ont fait ces vers. Ils amollissent le cœur, le fondent, le consument. Ils vous rendent toute tendresse, toute faiblesse aussi. Ferme ce livre, crois-moi. Il a rendu amoureux bien des gens qui ne l'étaient point, et malheureux pour longtemps bien d'autres qui auraient guéri. Ils font aimer le mal dont on meurt.*

« *Ne sois pas faible, toi. Tu n'as pas comme elle cet inépuisable fond de gaieté mobile, cette vivace attache à la vie, à des liens de famille. Secoue cette mortelle langueur contre laquelle tu serais sans armes...* »

Critique mêlée d'admiration qui reflète assez bien non seulement les sentiments d'Ondine adolescente mais probablement aussi ceux de Valmore.

Sentiments adolescents dont ma mère s'efforça de ne jamais me laisser m'échapper, et qui pourtant s'atténuèrent. La redoutable image laissait, en transparence, percer d'autres visages.

Une jeune fille de la toute petite bourgeoisie qui n'a pas fait d'études secondaires classiques, une jeune fille aux beaux cheveux, au visage régulier, grave, au regard pénétrant : ma mère à dix-huit ans.

Après l'enseignement primaire et moyen, elle a fait

l'école normale en vue de devenir institutrice *fröbélienne* *.
Mais déjà elle sent qu'elle s'est fourvoyée, et elle
convainc ses parents (dont les moyens étaient très
réduits) de l'autoriser à se présenter à l'examen d'entrée
à l'université. Elle doit, pour ce faire, rattraper six
années en une, n'ayant jamais fait ni latin ni grec. Elle y
réussit brillamment, comme elle fit cinq années de droit
à l'université de Gand.

Miquette rencontra, il y a quelques années, un professeur qui avait préparé cette jeune fille si résolue au
fameux examen d'entrée. Après tant d'années il restait
encore ébloui par tant de volonté et par cette intelligence si brillante.

*Ma mère vue par ma sœur*

« Ma démarche d'historienne de l'art sort des réflexions
de Maman, pendant mon adolescence, quand elle rédi-
geait *Le Journal de l'Analogiste,* de sa conférence éblouissante sur Rubens (à Paris et à Bruxelles), quand, parlant
du « Jardin d'amour », elle me montrait « *ce ballet de corps
assis ou couchés et animés pourtant d'une véritable gravita-
tion* ». Qui mieux qu'elle a parlé à propos de Rubens « *de
ces grandes diagonales régulatrices* », de ce mouvement « *qui
entraîne dans un même tourbillon décors et personnages* » ? Qui
mieux qu'elle a parlé de l'admirable façon que le
baroque a de vieillir (la façade de Saint-Amand-les-Eaux
où « *cette pierre, tourmentée jadis d'un rythme imposé par
l'homme, retourne insensiblement à l'universalité des rythmes
naturels...* » ) ou du charme des « *sculptures érodées ou muti-
lées qu'une légère dégradation, ébauchant le retour à l'informe,
faisait entrer dans l'éternité de son destin* ». Sa sensibilité au
baroque et sa fascination du trompe-l'œil l'amènent à

---

* Fröbel, fondateur du premier jardin d'enfants.

concevoir sa propre esthétique, digne des plus grands, de Wölfflin à Bachelard : « *Je découvrais dans l'énorme jubilation du Baroque la préoccupation constante de brouiller les cartes et de fausser les apparences ... On voyait les arts se dérober mutuellement leurs effets, la peinture emprunter à l'architecture, la sculpture à la peinture* \*. »

### Ma mère, vue par moi — instantané

Se trouvant avec moi sur le palier de son dernier appartement, elle s'appuya, par distraction, d'une main dans l'interstice de la porte tout en me disant avec impatience : « Mais ferme donc la porte ! Ferme ! » J'obéis précipitamment. Elle a quatre doigts de la main droite écrasés.

— Ma main ! dit-elle d'une voix à peine altérée.

Je rouvris. Je tremblais. Je devais être livide.

— Tu ne vas pas t'évanouir !

Jusqu'à l'hôpital où ma sœur et moi l'emmenions, elle n'eut pas une plainte. Elle aima, par la suite, à raconter cette anecdote où elle se moquait à la fois de sa propre distraction et de ma pusillanimité, terminant toujours par ces mots : « Et j'ai vu le moment où c'est elle qui allait s'évanouir ! »

### Duo

Ma sœur : Papa aussi était quelqu'un d'exceptionnel.
Moi : Oui. Tu te souviens qu'il nous racontait toujours

---

\* Suzanne Lilar, *Le Journal de l'Analogiste*, Grasset.

232

qu'ils avaient, sans exception, toujours été premiers de leur classe.

Ma sœur : Oui. Sauf une fois où Papa a été second.

Moi : Sa mère a pleuré.

Nous avons un grand soupir, nostalgie de ces temps héroïques, soulagement peut-être aussi de n'être plus soumises à ce *challenge* : égaler nos parents.

*Ondine encore*

Quels seront les mobiles d'Ondine, qui, pendant les trois dernières années passées à Lyon, devient une jeune fille, pour s'éloigner, très progressivement, très discrètement, de sa mère ? Tantôt elle l'imite, s'essayant aux poèmes, tantôt elle traverse une crise mystique, tantôt elle s'attache à l'une de ses compagnes, Maria, et souffre de son indifférence. Est-ce qu'elle ne trouve pas chez elle suffisamment d'attention, d'amour ? C'est plutôt, me semble-t-il, une absence de compréhension due à la différence totale de deux caractères qui, malgré leur affection, s'opposaient. L'« ange de fer » tenait de son *père* cette intégrité qui allait jusqu'à l'intransigeance. J'ai retrouvé ce trait chez ma mère qui me disait : « Comme tu es humaine ! » avec une admiration à peine teintée de répulsion. Marceline avait souffert par exemple du jugement sans appel que Valmore portait sur Félix, son « petit frère » dont l'ivrognerie et l'indélicatesse révoltaient le probe Valmore. Elle avait une telle capacité d'aimer, fût-ce d'affection, fût-ce de sympathie, que son jugement en était parfois altéré. Ne serait-ce qu'en ce qui concerne Pauline Duchambge dont les ragots lui feront souvent du tort. Et il n'y avait pas que Pauline. Rien qu'à Lyon, où, pourtant, elle se déplaisait, elle avait des amis et des amies à la pelle. Les femmes surtout, ayant aimé, ayant été abandonnées, suscitaient immédiatement chez elle une pitié généreuse, une solidarité même qui était presque du féminisme. Sur ce dernier point, Ondine n'était pas en désaccord avec sa mère. Mais au caractère ferme et froid de son père, elle joignait une intelligence et un discernement bien supérieurs qui la faisaient parfois s'irriter de cette disponibilité constante de sa mère, qu'elle estimait souvent abusée.

Ondine était blonde, mince, un peu trop pâle, mais elle devait avoir hérité quelque chose du charme de sa mère car, quand elle eut dix-huit ans, Mlle Mars, toujours proche de la famille Valmore, voulut à nouveau la faire débuter au théâtre, lui trouvant quelques chances de réussir. La mère et la fille refusèrent encore sans hésiter. Là, nulle dissension. Par contre l'ardeur à l'étude d'Ondine inquiétait Marceline — et son dégoût des travaux ménagers. Il y a un peu de Rousseau chez Marceline : la crainte que trop de science n'altère les qualités du cœur. Dans un poème bien postérieur où elle se remémore « Ondine à l'école » Marceline écrit :

> *Proclamé vainqueur parmi les jeunes filles*
> *Quand votre nom montait dans toutes les familles*
> *... Vos maîtres étaient fiers, et moi, j'étais tremblante.*
> *... Ne sachant bien qu'aimer, je priais Dieu pour vous*
> *Pour qu'il te gardât simple et tendre comme nous...*

Ondine avait partagé les affres (le mot n'est pas trop fort) de Marceline à Lyon où l'on avait réprimé l'émeute, mais où la misère subsistait. « *Lyon sans travail, trente mille ouvriers sans pain et sans feu, à qui l'on envoie à grands cris de trompettes cinquante mille francs d'aumône du haut du trône ... Hélas, ce n'est pas deux francs versés sur leur hideuse misère. Aussi la mendicité monte jusque sous nos toits sombres, et il faut donner, Pauline, donner ou mourir de pitié.* » Ni l'une ni l'autre n'y tenaient plus, elles voulaient retourner à Paris. Le malheur auquel on ne peut pas porter secours est le spectacle le plus déprimant qui soit. Et l'engagement de Valmore allait se terminer. On lui offrait bien Marseille, mais pour y jouer les pères nobles, ce qui ne l'emballait pas : il n'avait que quarante-quatre ans. Marceline n'avait aucune envie d'aller à Marseille. Paris l'attirait à nouveau pour de multiples raisons — c'était tout de même là, surtout, qu'elle était connue et appréciée. Ondine poussait à la roue. C'était à Paris qu'elle pourrait faire les meilleures études et parvenir à son but qui était d'obtenir le brevet d'institutrice. Inès ne disait rien. Hippolyte était en pension, Valmore achevait sa saison.

Marceline, accompagnée de ses deux filles, partit pour Paris en éclaireur, dépourvue de tout sauf de courage.


*Et Latouche ?*


La vie littéraire de Latouche se poursuivait, mais en déclinant.

On a vu Latouche céder complaisamment le sujet de *Trilby* à Nodier, qui en fit un conte et un succès. On aurait pu citer Latouche lisant à Vigny un poème composé par lui sur la vie de Chatterton, jeune poète anglais mort de misère, et Vigny s'en souvenir pour en tirer cette pièce de *Chatterton*, qui fut le triomphe de Marie Dorval et lança le type romantique du poète méconnu, agonisant dans sa mansarde.

C'est dans ces années-là que Charpentier, obéissant à cette mode, et publiant ce volume de Marceline intitulé *Les Pleurs*, et qu'il avait déjà voulu « personnaliser », si j'ose dire, en l'intitulant *Mes pleurs*, devant y renoncer, tenta de créer une sorte d'image de ce style autour de la poétesse de Lyon, en faisant savoir à tous la gêne, proche de la misère, où elle se trouvait. Marceline s'en indigna, sans pourtant en vouloir bien longtemps à Charpentier qui, en désespoir de cause, avait demandé une préface à Dumas dans l'espoir de lancer le livre. Dumas fit sa préface fort obligeamment et avec la plus grande gentillesse, ayant à peine, sans doute, feuilleté le volume, parlant de tout sauf de Marceline, et quand il y fit allusion ce fut en la transformant en cette espèce de femme-fée un peu niaise que certains voulaient voir en elle.

Certes, Latouche eût mieux fait. Il s'occupait à ce moment-là à parfaire son entreprise qui était de se faire tous les ennemis possibles et imaginables. Déjà, la farce d'*Olivier* avait été moins bien reçue qu'il ne le croyait. On avait ri, mais on l'avait critiqué. Ses positions ambiguës entre classiques et romantiques agaçaient. L'indulgence qu'on avait eue pour ce Berrichon si parisien diminuait. « Sa prose est cependant assez spirituelle, mais ses vers sont réellement illisibles », dira Viennet dans ses mémoires. La *Correspondance inédite de Clément XIV et de Carlo Bertinazzi*, publiée en 1827, eut pourtant du succès. En 1828 on en était déjà à la troisième édition. *Fragoletta*, en 1829, dont le sujet était scabreux (la vie d'un hermaphrodite) fut plus critiquée mais eut son petit succès de scandale. Les opinions républicaines de l'auteur perçaient dans cet ouvrage sous-titré : *Naples et Paris en 1799*. On disait encore dans le *Mercure du XIX* siècle : « Cet auteur est accoutumé à voir réimprimer souvent ses écrits. » On pourra retrouver quelques échos de *Fragoletta* dans *La San Felice* de Dumas, dans *Mademoiselle de Maupin* de Gautier, peut-être dans *Les Chouans* et dans la *Séraphita* de Balzac. Mais enfin pourquoi rougir d'exercer une influence ? Pas encore brouillé avec Balzac, Latouche lui reproche pourtant, dans une lettre par ailleurs amicale, quelques emprunts littéraires. Mais c'est pour des questions d'argent qu'ils se fâcheront. Un peu plus tard c'est avec George Sand, qu'il avait mise sur orbite, qu'il se fâchera.

Inévitables dans ce milieu littéraire, ces querelles auraient pu s'apaiser vite. George Sand l'a dit fort honnêtement, Latouche n'avait pas tous les torts. Mais, estimant qu'avec *Olivier Brusson* (un peu oublié), *Clément XIV* et *Fragoletta*, il avait montré son savoir-faire en matière de roman, Latouche se prépara à aborder le théâtre. Le théâtre, c'était là que les romantiques remportaient leurs plus grands succès, les plus contestés aussi. Mais une bonne bagarre n'avait jamais fait peur à Latouche. Il y avait du provocateur en lui, mais aussi beaucoup d'inconscience. Cette inconscience il allait la prouver en faisant paraître, alors qu'il travaillait déjà à sa pièce *La Reine d'Espagne*, un article qui fit grand bruit, en octobre 1829, dans *La Revue de Paris*. Cet article s'intitulait : « De la camaraderie littéraire » et visait sans mesure et sans ménagements la plupart des romantiques et apparentés. C'était, semble-t-il, la première fois que le terme « camaraderie » était employé dans ce sens, aussi Latouche s'en vantait-il en proclamant : « J'ai un barbarisme au soleil. » Abondant en formules à l'emporte-pièce, telles que : « Depuis que nous sommes tous des hommes de génie, le talent devient singulièrement rare », il se servait, sans les nommer, de vers de Sainte-Beuve et de Hugo pour en faire ressortir l'emphase. Hugo oublia, Sainte-Beuve jamais. Le plus paradoxal est que Latouche ne s'en douta pas et fit même, dans un petit ouvrage postérieur, *La Vallée-aux-Loups*, un éloge de Sainte-Beuve qui le haïssait toujours.

Mieux : les Journées de Juillet avaient exalté Latouche aussi bien que Marceline ; et comme elle il avait mis pendant un temps assez bref ses espoirs en Louis-Philippe. Mais, vite désabusé, il retourna à l'opposition la plus acerbe. Il était alors, de fait, le véritable rédacteur en chef du *Figaro*, qui attaquait les personnalités les plus connues dans de brefs articles, tels ceux que cite Balzac dans *Les Illusions perdues*, et que d'un terme déjà vieilli on appelait encore des bigarrures. Ces articulets n'étaient pas signés ; mais, à leur fine méchanceté, on reconnaissait Latouche ou on croyait le reconnaître. On rappelait cette *Biographie pittoresque des députés* qu'il avait donnée en 1820, et qui avait fait rire beaucoup de gens et en avait indisposé tout autant. Politiques, littéraires, il s'était préparé un joli lot d'ennemis, parmi lesquels il fallait compter aussi ses amis ; car, pour citer Nestor Roqueplan et son *Parnasse Satirique* :

*Ses éloges toujours sont des traits de satire*
*Et de ses amis même on l'entendra médire...*

Cette idée répandue et confortée par mille traits paradoxaux, Latouche, ayant préparé le terrain, risqua ce qu'il considérait comme le tournant de sa carrière : *La Reine d'Espagne*.

Dans ses *Mémoires*, Dumas donne un compte rendu épique de la première — et unique — représentation de *La Reine d'Espagne*. Il commence par présenter Latouche d'une façon qui donne une idée assez juste, non de ce qu'il était, mais de la façon dont la plupart des gens le percevaient. « Monsieur de Latouche était un homme d'un talent réel ; il a publié une traduction du *Cardillac* d'Hoffmann et un roman napolitain très remarquable. La traduction — Monsieur de Latouche avait démarqué le linge volé —, la traduction s'appelait *Olivier Brusson* ; le roman napolitain s'appelait *Fragoletta*. Ce roman est une œuvre obscure, mal liée, mais, en certains endroits, éblouissante de couleur et de vérité ... Monsieur de Latouche avait en outre retrouvé, colligé, publié les poésies d'André Chénier. Il faisait facilement croire que ces poésies étaient, sinon de lui, du moins en grande partie de lui. »

On voit ressurgir les critiques adressées à *Olivier Brusson*, et même l'affaire Chénier où Latouche avait été plus imprudent que coupable. Le venin ne vient pas de Dumas qui ajoute ingénument : « Au reste, Monsieur de Latouche faisait de très beaux vers ; Frédéric Soulié, qui avait à cette époque des relations avec lui, m'en disait parfois d'une facture merveilleuse et d'une originalité suprême. » Bon Dumas ! On ne saurait, devant un tel excès de louanges, le soupçonner de mettre la moindre méchanceté dans le récit qu'il fait de *La Reine d'Espagne* :

« Cette comédie avait pour thème l'impuissance du roi Charles II et pour intrigue l'intérêt de l'Autriche à ce que l'époux de Marie-Louise d'Orléans eût un enfant, et l'intérêt de la France à ce qu'elle n'en eût pas.

« C'était léger, comme on voit.

« Il faut dire que Monsieur de Latouche, dans sa riche imagination avait trouvé moyen de renchérir sur les chances de danger qui menacent les auteurs ordinaires. D'habitude, quand un acte est fini, il en est de l'auteur comme du patient que l'on met à la torture ; il se repose en attendant une torture nouvelle.

« Ah bien, oui ! Monsieur de Latouche n'avait point voulu de ce moment de repos ; il avait substitué des intermèdes aux entractes. »

Méchanceté, certes non, Dumas n'en était pas capable ; mais malice, oui. Car le voilà qui dépeint l'intermède qui comprend le Roi allant vers la chambre à coucher de la Reine en robe de chambre, tacitement encouragé par son entourage, deux pages portant son épée et sa culotte, et, au moment où il pénètre dans la chambre tous les assistants criant un « Vive le Roi ! » sûrement stimulant.

J. Boulenger * a vu également sa verve excitée par cette malencontreuse pièce. Il en a eu entre les mains, semble-t-il, un exemplaire annoté par Latouche lui-même, avec autant de courage que d'exactitude :

« Le premier acte avait passé sans protestation — et ici une note nous apprend qu'on commence à tousser. Charles II déclare qu'il a formé le projet de " perpétuer sa légitime dynastie ". Après un an de mariage, prononce Monville [l'ambassadeur], on lui aura monté la tête. — [*En note : Murmures...*] Quelques instants plus tard, le Roi ayant demandé à son confesseur et à son médecin leur avis sur les moyens à employer afin qu'un si utile projet s'exécute au plus vite, à ce mot d'avis les murmures redoublent. »

J'abrège, ne doutant pas de conquérir des lecteurs

---

* *Marceline Desbordes-Valmore, sa vie et son secret, op. cit.*

pour *La Reine d'Espagne* qui fut publiée à défaut d'être reprise. Elle ne le fut qu'une fois, dix ans après, et ne remporta pas plus de succès — l'indifférence avait remplacé l'indignation. Un détail encore : « La duchesse de Mondejar frappe à la porte de la Reine. — Qu'est-ce que c'est, dit la camarera major, vous frappez, je crois ? Mais vous n'avez que le droit de gratter, Madame. » Et Latouche note : « Ce détail de mœurs, exactement historique, excite une vive réprobation. »

Aussi la salle réagit-elle violemment, les uns s'esclaffent, les autres s'indignent ; une partie du parterre se lève et hue. « L'ouvrage n'eut qu'une représentation, et encore manqua-t-il ne pas l'avoir entière », nous dit Dumas qui cite aussi la préface que Latouche écrivit pour la pièce imprimée. La longueur de cette préface, son ton sérieux et presque indigné, révèlent la profondeur de la blessure. Bien que soutenue par quelques Berrichons particulièrement patriotes, la pièce avait croulé de façon retentissante, il n'y avait pas moyen de le nier. Elle ne méritait pas mieux, il faut bien le reconnaître, et les ennemis que Latouche s'était faits comme à plaisir pouvaient dauber sur son échec en se donnant les gants de l'impartialité.

Latouche attribue bien entendu cet éclatant échec à la pudibonderie de l'époque ; il cite ses sources ; il laisse entendre que des raisons politiques s'ajoutent à la désapprobation morale qu'a inspirée le sujet. Il ne semble pas qu'il attribue la virulence extrême avec laquelle il est attaqué (en particulier par Gustave Planche, jeune critique ami de George Sand) à son fameux article « De la camaraderie littéraire », qui lui avait aliéné ceux-là mêmes qui auraient peut-être été tentés de le défendre. Ce Planche lui-même, qui attaquait aujourd'hui l'homme tombé à terre dans un article intitulé « La haine littéraire », avait, à la première parution de *La Revue de Paris*, applaudi des deux mains à cette satire « juste et mordante ». Il ne fut pas le seul à opérer un revirement de ce genre. Latouche, sans le montrer, en fut profondément blessé, et, à dater

240

de ce moment, vécut de plus en plus dans sa petite maison d'Aulnay.

## Conflit

La famille Valmore est rassemblée à Paris en 1839, après un voyage tragi-comique en Italie, attirés par un impresario qui fait faillite, et se rapatriant à grand-peine. Marceline, pendant ce voyage, n'a pas cessé d'écrire. Dans la diligence, dans une église vide, dans une pauvre chambre sans rideaux. Cette « joie de vivre » que lui reconnaissait Ondine a cédé à l'épuisement.

> *Oh ! laissez-moi m'asseoir sur le bord du chemin*
> *Mes enfants à mes pieds et mon front dans ma main*
> *Je ne puis plus marcher...*

Et, une fois rentrée, elle se heurte une fois de plus à l'impossibilité de caser Valmore à Paris. Il faudra bien qu'il reparte, que la famille à nouveau se sépare, et qu'il accepte de reparaître au Grand Théâtre de Lyon.

Nous avons quelques lettres d'Italie (à Mme Bra, la femme du sculpteur) qui nous prouvent que Marceline, en 1838, est toujours en relations et en bons termes avec Latouche. « Dites à Hippolyte de passer chez MM. de Latouche et Dumont, l'éditeur, pour leur dire que leurs envois seraient perdus s'ils ne les affranchissaient jusqu'à la frontière. »

Latouche s'occupe donc toujours de l'œuvre de son amie ; il ne l'a pas englobée dans sa misanthropie croissante. Il s'occupe même de Valmore qu'il recommande chaleureusement — mais, hélas, inutilement — au baron Taylor. Il semble être devenu l'ami de toute la famille, et, quand Valmore repart une fois de plus pour

Lyon, il laisse Marceline et les enfants à Paris sous la protection de cet ami sûr.

Valmore n'est pas aveugle. Quel qu'ait été le passé, il est persuadé qu'il n'a rien à craindre de Latouche. Marceline atteint ses cinquante-trois ans, et Valmore n'est pas sans avoir entendu parler des aventures de Latouche (qui sont plutôt des passades) avec Mlle Fodor, cantatrice, Mlle Blanchard, artiste peintre, Mlle Foa, poète, et d'autres encore. Marceline aussi a entendu ces bruits. Elle n'en continue pas moins à aimer Latouche d'un amour mélancolique et épuré, parfois traversé de remords, de sursauts de passion plus terrestre.

Ondine, une jeune fille maintenant, peut-elle ne pas s'en apercevoir ? D'autant qu'elle commençait à être courtisée. Elle le fut par Sainte-Beuve qui, toujours fluctuant, pensa l'épouser, y renonça, revint encore, redonna quelques espoirs à Marceline qui eût aimé voir ce mariage conclu, et renonça de nouveau on ne sait trop pourquoi. L'absence totale de dot, peut-être ? « Petite de taille, d'un visage régulier avec de beaux yeux bleus, elle avait quelque chose d'angélique et de puritain, un caractère sérieux et ferme, une sensibilité pure et élevée... Le caractère d'Ondine était une des préoccupations de sa mère... La raison parfois silencieuse d'Ondine avait un air de blâme tacite pour les soins et les effusions que sa mère se montrait prête à prodiguer journellement à quiconque la sollicitait *. »

On sent bien comment, tout en s'aimant, ces deux tempéraments si opposés pouvaient se heurter. Ici, de nouveau, l'énigme réapparaît. Latouche fut-il — comme il arrive si souvent — séduit par ce charme de Marceline qu'il retrouvait en Ondine avec trente ans de moins ? Au contraire, fatigué, vieilli, retiré la plupart du temps à Aulnay, où il avait reçu plus d'une fois Ondine et Inès, auxquelles leurs parents voulaient donner le plaisir d'une partie de campagne, se mit-il en tête qu'Ondine

---

* Sainte-Beuve.

242

était sa fille, devait être sa fille, et qu'à ce titre on pourrait bien la lui confier tout à fait, compagnie qui le distrairait et futur bâton de vieillesse ?

La seconde hypothèse semble la plus vraisemblable après la publication par Frédéric Ségu du fac-similé d'une lettre de Latouche adressée à son cousin Charles Duvernet, le 21 août 1839 * : « ... Je suis trop profondément triste pour croire que la vie vaille à présent la peine d'un mouvement, d'un soin ... Depuis que je t'ai vu j'ai perdu une espérance encore. Je voulais vivre de la vie d'un autre et me faire un avenir de l'avenir d'un être charmant : la destinée ne l'a pas voulu. Tu penses bien qu'il ne s'agissait pas d'une femme, mais d'un enfant. Je le crois mien : je voulais m'emparer de son sort. La mère est ingrate et jalouse ; elle l'emmène à cent lieues de moi ! »

On voit que le caractère passionné et puéril de Latouche n'avait pas changé. Tel un enfant gâté, il devient furieux dès qu'il n'obtient pas, et immédiatement, ce qu'il demande. Inconscient, il ne comprend pas l'impossibilité pour Marceline de confier une toute jeune fille à un homme de cinquante-quatre ans. Il n'a officiellement aucun lien de parenté avec elle, et une réputation pour le moins douteuse. Elle commence par être réticente. Latouche prend feu et flamme. Cette femme qui l'aime depuis tant d'années (et il ne pouvait pas ne pas en être flatté et ému) maintenant lui objecte les convenances et les préjugés ! Rougit-elle de l'avoir aimé ? L'aime-t-elle moins parce qu'il n'est plus qu'un auteur passé de mode ? Ces arguments divers lui montent à la tête au point qu'il en vient à la menacer : il révélera à tous ceux qui, aujourd'hui, s'indignent de son insistance, qu'Ondine est sa fille...

L'aurait-il fait ? Probablement pas. Notons tout de même dans la lettre à Duvernet, et chez cet homme si impétueux, une réserve : « Je le *crois* mien. » Il n'a pas dû

---

* C'est cette lettre qui bouleversa Lucien Descaves, occupé à statufier Marceline dans son hagiographie.

y penser bien souvent pendant ses années de gloire, de combats parisiens, de passion politique. Rien, du moins, ne le donne à croire. Francis Ambrière fait état d'une correspondance entre Marceline et Latouche qui se fût poursuivie pendant toutes ces années et que, d'un commun accord, ils auraient brûlée en 1839, l'année justement de ce conflit. Mais il ne cite pas ses sources, et cette hypothétique correspondance faisait-elle allusion à Ondine, à une possible paternité de Latouche ? C'eût été d'une folle imprudence. Sans doute Marceline n'en était pas incapable, mais enfin ce ne sont là que suppositions. Toujours est-il que devant les fureurs et les menaces de Latouche — qu'elle prenait peut-être trop au sérieux — Marceline fut affolée.

Son attachement à sa famille était ce qui passait avant tout pour elle ; elle l'avait prouvé en quittant un amant adoré pour préserver l'équilibre de son foyer. À travers les difficultés innombrables, la gêne, les déménagements multiples, elle s'était toujours efforcée de garder unie cette famille, pour elle trésor sans prix. L'idée que cette unité pouvait être mise en péril, voire détruite, par un mot, une phrase intempestive de Latouche, la terrifia.

Ces craintes n'étaient pas illusoires. En 1888 encore, Maupassant, dans le plus « réaliste » de ses romans, *Pierre et Jean,* montre un conflit entre deux fils d'une même mère mais dont l'un est un enfant adultérin.

« — Je dis ce que tout le monde chuchote, que tu es le fils de l'homme qui t'a laissé sa fortune. Eh bien, un garçon propre n'accepte pas l'argent qui déshonore sa mère.

« — Pierre... Pierre... Pierre... y songes-tu ?... Toi... c'est toi... toi... qui prononces cette infamie ?

« — Oui... moi... c'est moi. Tu ne vois donc point que j'en crève de chagrin depuis un mois, que je passe mes nuits sans dormir et mes jours à me cacher comme une bête, que je ne sais plus ce que je dis ni ce que je fais, ni ce que je deviendrai, tant je souffre, tant je suis affolé de honte et de douleur... »

Ce dialogue ne paraît nullement exagéré. C'est quelque drame de ce genre que Marceline imagine si Hippolyte, son fils chéri, venait à entendre une allusion, un ragot. Et Inès, maladive, jalouse déjà d'Ondine que l'on choie trop !... Et Valmore ? Alors Marceline, poussée à bout, répand le bruit d'un amour qu'éprouverait Latouche pour Ondine, met fin aux visites à Aulnay, et prémunit son mari contre toute révélation que pourrait lui faire Latouche. Elle lui laisse entendre que Latouche visait à séduire Ondine et, au retour de Sainte-Beuve qui a fait un périple en Italie, elle le lui laissa croire aussi. Sainte-Beuve, à qui Ondine plaisait au point qu'il songeait encore à l'épouser, et qui n'avait pas oublié les railleries de Latouche dans l'article « *De la camaraderie littéraire* », s'en éloigna tout à fait.

Ondine elle-même fut mise en garde contre ce faux danger. Faux parce que, s'étant convaincu à tort ou à raison qu'elle était sa fille, Latouche n'eût pas rêvé de la séduire. Partout nous le voyons léger, inconscient, mais aussi intègre et nullement pervers. Mais que pouvait dire Marceline si elle ne voulait éveiller chez personne le soupçon de paternité ? La jalousie toujours prête à se réveiller de Valmore, son œuvre elle-même, dans ce qu'elle avait de plus connu — cette longue plainte amoureuse —, portait témoignage contre elle. Elle se défendit comme elle le pouvait, et je suis loin de voir devant ces mensonges désespérés « la tache la plus noire de son histoire ».

La souffrance de Latouche n'en était pas moins réelle, touchante, désarmante par sa naïveté même. Ne pense-t-il pas à l'interprétation qu'on peut en donner ? Quand il erre, désemparé, aux alentours du domicile des Valmore, quand il vient sonner frénétiquement à une porte qui ne s'ouvre pas (Inès qui se trouve sur le balcon l'a aperçu), ne se donne-t-il pas en apparence tous les torts ? Ceux qui croient à une tentative de séduction sont indignés, et Marceline, qui craint le scandale d'une révélation mélodramatique : « Mais je suis son père ! », le considère de plus en plus comme son « ennemi » et se répand en mises

245

en garde dans des lettres affolées. Elle qui a supporté tant d'épreuves « craque ».

᛫

## *La tache de vin*

Ici je m'arrête, ici je m'interroge. Ne suis-je pas influencée dans l'image que je me fais de Marceline par ce que j'aurais souhaité que fût ma mère ? Son indéniable bonté, ce cœur ardent, cette musicalité du vers, en font un être profondément sympathique, admirable même. Mais le refus qui est en moi de lui attribuer le moindre tort ne dénonce-t-il pas le fantasme, la chimère ?

Je donnai un jour, en compagnie de Marie-Paule, une interview de près d'une heure à une jeune femme pour un magazine féminin. Elle me parut charmante, ses questions n'étaient pas sottes et d'une agréable vivacité.

— Elle est intelligente, cette jeune femme, dis-je quand elle eut pris congé.

Marie-Paule approuva :

— Oui, elle est très bien. C'est dommage qu'elle ait ce handicap.

— ?...

— Enfin, Françoise, tu l'as vue !

Je l'avais vue, et même longtemps, et même de près, elle était assise à un mètre de moi.

— C'est bien toi ! dit Marie-Paule avec une sorte de découragement. Tu n'as pas vu qu'elle avait sur la joue droite une tache de vin ? Une ÉNORME tache de vin ?

Je ne l'avais pas vue. J'avais vu l'intelligence, la gentillesse, je n'avais pas vu, absolument pas, la tache de vin. Est-ce que sur le visage familier, tutélaire et charmant de Marceline, je n'aperçois pas la tache de vin ?

Est-ce à ce moment où Marceline, devant les exigences de Latouche, se réfugie dans ce mensonge d'un amour

246

déplacé, est-ce là la faute, la « tache de vin » que plusieurs critiques masculins se sont hâtés de dénoncer ? Sans parti pris il faut bien reconnaître que la situation de Marceline était inextricable. Aux préjugés du temps, à l'amour passionné qu'elle portait à ce groupe familial qui devait être préservé à tout prix, il convient d'ajouter la réelle et profonde tendresse réciproque qui régnait entre Ondine et Valmore, qu'il fût ou non son père. Il l'avait élevée, il était fier d'elle, il croyait retrouver en elle ses propres traits de caractère. Et elle que la « bohème » et l'imprévoyance de sa mère agaçaient un peu, surtout à cet âge critique, trouvait dans l'équilibre un peu rigide de son père un contrepoids naturel à un mode de vie que, secrètement, elle blâmait. Peut-être aussi les échecs de son père au théâtre, son courage à les supporter, cette blessure qu'elle sentait en lui sans bien la comprendre, ajoutaient-ils encore à son attachement une tendre pitié de femme.

Ainsi, pour Marceline, celui qui parlait de détruire ce qu'elle avait si péniblement édifié, est-il devenu l'« ennemi ». Elle évite tout contact avec lui ; elle met en garde contre lui tous ses amis — et se coupe ainsi de toute possibilité de le revoir jamais. Peut-on croire qu'elle n'en souffre pas ? Peut-on croire qu'autour d'elle on ne s'aperçoit pas de cette tristesse angoissée ?

Le refroidissement entre la mère et la fille se fait plus net. Qu'a pu penser du reste Ondine en voyant l'« ami de la famille » auquel on l'avait confiée si souvent, brusquement repoussé, fui, banni de la maison autour de laquelle il errait sombrement ? Quoi qu'elle en pensât, elle n'en dit jamais rien, fût-ce dans le journal intime où elle s'épanchait.

À une génération de distance on retrouve le silence dont Marceline usa envers Catherine-la-Fileuse. Ondine ne fait plus non plus allusion à Latouche. Elle passa des examens qui devaient mener au brevet de maîtresse d'études qu'elle ambitionnait. Elle restait fragile, elle se fatiguait vite. Ce fut le prétexte — ou la raison — pour lequel une des meilleures amies de Marceline, l'ancienne cantatrice Caroline Branchu, conseilla un séjour à Londres ou, pour mieux dire, une consultation auprès du docteur Curie * qui tentait de lancer l'homéopathie, et auprès duquel s'était établie Paméla, la fille de la cantatrice. Paméla connaissait Ondine, l'appréciait, se faisait une fête de la recevoir, de lui faire visiter Londres et de l'initier aux bienfaits de l'homéopathie dont elle était férue. Marceline consentit. Un peu de repos pour Ondine, un peu d'espace entre la mère et la fille ne pourraient qu'être salutaires, pensa Marceline. Et puis ce n'était qu'une absence de deux ou trois semaines.

L'absence devait durer près de deux ans.

Ondine partit, revint, repartit. Il y avait à cela diverses raisons dont sa santé était la moins fondée. Le climat londonien, pour une jeune fille à la poitrine faible, ne paraît pas spécialement recommandé. Et il ne fut jamais question d'envoyer à Londres Inès déjà sérieusement atteinte. Mais Ondine, sous la double influence de Paméla Branchu et d'Augustine Curie, que liait la plus étroite amitié, croyait que l'homéopathie la guérirait, et était décidée à guérir. L'incertitude de la médecine du temps ne pouvait que renforcer cette conviction. Autour du docteur Curie une véritable dévotion à l'homéopathie régnait. On ne parlait que cures miraculeuses, que guérisons peu vraisemblables. Le traitement aurait été jusqu'à guérir une femme atteinte d'un cancer du sein, et que les autres médecins déclaraient perdue. Qu'Ondine ait cru en ce qui était, pour le moins, une exagération, n'a rien d'invraisemblable, puisqu'on verra, quelques années après, le docteur Veyne, qui soignait Marceline atteinte de la même maladie, préconiser contre le cancer l'eau de laitue.

Insidieusement, d'autres raisons jouèrent. Le changement d'atmosphère, un mode de vie différent, non plus « bohème » le moins du monde, mais au contraire à la fois mondain et rigide, séduisirent un temps Ondine. Elle continuait à étudier avec ferveur et n'abandonnait pas

---

* Qui sera le grand-père de Pierre Curie.

son projet préféré : ouvrir, à plus ou moins long terme, une maison d'éducation. Chez les Curie, au moins, elle se sentait comprise, ses aspirations s'harmonisant avec l'aventure prestigieuse, à la fois médicale et spirituelle, qu'ils croyaient vivre.

L'admiration de cette nouvelle convertie était précieuse aux Curie, et en particulier à Paméla qui faisait depuis longtemps partie de la famille. Elle était décidée à ne pas laisser repartir Ondine, qui, donnant des leçons aux enfant Curie, étudiant pour son propre compte, participant à l'exaltation de ce petit groupe fervent (au point d'envoyer à son père, à son frère, à des amies, de véritables « ordonnances » homéopathiques), se montrait à la fois utile et agréable. Aussi, aux velléités de Marceline qui demandait le retour de sa fille, Paméla, « mélange de hyène et de séraphin », répondait en l'affolant, lui décrivant Ondine tantôt si malade que presque perdue, tantôt miraculeusement sauvée, mais en aucun cas en état de regagner la France.

D'abord crédule, « S'il faut que ma chère Ondine vous reste pour améliorer sa santé, je veux tout ce qu'on voudra », Marceline se rendit bientôt compte que ces hauts et ces bas étaient peu vraisemblables, et que ces prétextes n'allaient pas sans une certaine complicité d'Ondine. Elle se sentit rejetée. Elle souffrit. « Quoi ! cet amour-là aussi fait le même mal ! »

Voilà un des rares points sur lesquels j'avais un peu d'avance sur Marceline.


« *La mère, l'amante, ont la même
caresse dans le chant* \* »


Parce que tous mes rapports, d'amour ou d'amitié, se sont plus ou moins imprégnés de cet amour maternel

---

\* Robert Sabatier, *Histoire de la poésie française*, Albin Michel, tome 5.

qui m'avait si longtemps manqué. Parce qu'il m'avait manqué, je ne pouvais pas le refuser à qui me le demandait, et, lentement, cette dépendance qui n'était pas à sens unique dégradait l'amour ou l'amitié. J'étais à bout de forces, j'étais furieuse de m'être, encore une fois, laissé prendre. Pendant plusieurs mois je sortis souvent (au sens ancien du mot) avec mon ami Jérôme (je précise que c'est mon contemporain, à quelques mois près) et, au bout de quelque temps, je constatai qu'il n'avait jamais d'argent sur lui.

— Tu m'offres un esquimau ?

et, devant la caissière du cinéma, il regardait ailleurs, l'air désœuvré, avec beaucoup de naturel, pendant que je prenais les tickets. L'avarice, la mesquinerie ne sont pas rares, y compris parmi les gens aisés, ce qu'était Jérôme. Mais il envoyait des fleurs, apportait aux enfants des chocolats dans de somptueux emballages. Le jour où il me demanda de le recevoir chez moi avec une jeune fille sur laquelle il avait des vues matrimoniales, (et il venait de m'envoyer des pivoines pour la fête des Mères), c'en fut trop. Brusquement je ne pus plus le supporter. Ses yeux un peu ronds, sa bouche un peu petite, ses cheveux blondasses, je ne pus plus les voir sans dégoût. Avoir des enfants, oui, voire en adopter, j'étais pour, mais pas des enfants de mon âge !

Et puis je retombais dans mon propre piège, et la plus sincère tendresse s'infléchissait comme une plante à la tige fragile, qui penche vers la terre. Et cette terre originelle était amère et froide, et pourtant j'y retournais toujours et c'était toujours le « même mal ».

Ainsi retournèrent à ces eaux mêlées, au bout de quelques jours, de quelques mois ou de quelques années, les attachements les plus fondés. J'en étais pour la plus grande part responsable, je le savais sans pouvoir maîtriser cette insensible régression. Ce qui en demeurait de meilleur était un équilibre fragile, une tendresse sans cesse menacée, vacillante, une flamme sur le point de s'éteindre ou de me brûler les doigts. Une insécurité.

Voilà un sujet presque tabou et qui pourtant a hanté Marceline toute sa vie. Francis Ambrière tient qu'elle gérait mal son budget, Sainte-Beuve en parle avec une humanité bien rare chez lui. Toujours est-il que le ménage Valmore est loin de rouler sur l'or et le sera toujours. Il n'est pas criminel, de la part d'Ondine, de le savoir et d'en souffrir. Mais quand on compare la réflexion de Marceline, à propos de Mlle Mars pour laquelle elle avait la plus sincère amitié, sur la demeure de la comédienne « suffocante de luxe » et le propos satisfait d'Ondine, écrivant à une amie lors de son séjour prolongé chez les Curie : « Tout est superbe ici, il y a le grand confort et plus encore... », on sentira encore davantage ce qui les séparait. Non que l'on puisse accuser Ondine de cupidité — tout au plus est-elle sensible, comme elle le dit, au « confort » dont elle jouit chez les Curie, et à leur « position » dans la société londonienne. Il y a chez Ondine un désir de respectabilité que heurte le désordre de sa famille. La solidarité généreuse de Marceline pour tous les membres de cette famille (elle ira jusqu'à recueillir chez elle son beau-frère Drapier, ruiné et « de manières frustes »), sa désapprobation secrète pour la vocation de sa fille — il faut dire pour être équitable que cette inquiétude qui portait sur la science, destructrice croyait-elle des qualités de cœur, Marceline l'éprouvait même pour son fils Hippolyte —, tout cela contribuait à créer une atmosphère antipathique à Ondine et contrariait ses ambitions.

Toutefois, quand son père s'en mêla à son tour et lui écrivit pour hâter son retour, Ondine s'inclina. Elle n'avait jamais projeté de vivre à demeure chez les Curie, et, leurs fillettes grandissant, elle se serait trouvée tôt ou tard dans cette « situation bâtarde » que redoutaient pour elle ses parents. Le départ fut remis plusieurs fois, sur l'initiative de Paméla Branchu qui ne voulait pas lâcher son amie, qu'elle considérait aussi comme une sorte de disciple. Ce fut finalement Marceline qui se déplaça pour aller chercher sa fille, ce qui n'alla pas sans drame. Ce fut presque un enlèvement, auquel Ondine se prêta ; elle avait trop de bon sens pour ne pas sentir la dégradation de sa situation chez les Curie, et ne pas juger les excès de Paméla. Mais elle trouva que ce départ brusqué, inévitable, manquait de dignité. D'autant que les Valmore devaient quelque argent à Paméla — à qui n'en devaient-ils pas ?

C'est à propos d'Arago que Marceline eut un des plus beaux mots d'amitié que je connaisse. Comme on lui suggérait, dans un embarras plus grave que les autres, d'emprunter le nécessaire à cet ami fidèle mais lui-même assez démuni, Marceline répondit : « [De l'argent ?] Mais s'il en avait, j'en aurais. » Autre chose était de devoir à une personne hostile et devenue malveillante. Mlle Mars, à peu près seule au courant de la situation, en saisit le côté pénible et se fit un devoir de prêter aux Valmore de quoi rembourser Paméla. Une fois de plus elle leur témoignait cette fidélité qui adoucit notablement la réputation que certains lui ont faite. Marceline en fut reconnaissante. Généreuse, prompte à secourir, elle trouvait naturel aussi qu'on l'aidât, et elle avait trop de noblesse de caractère pour en rougir. Mais Ondine était humiliée par ce système qui consistait à emprunter aux uns pour rembourser les autres, et elle laissait percer sa désapprobation.

Voilà donc qu'Ondine était revenue, qu'Ondine était là. Était-ce suffisant pour consoler tout à fait Marceline ? Même si elle se taisait, Ondine ne pouvait pas ne pas comparer la gêne et le désordre de sa famille avec la prospérité et la bonne tenue de la maison Curie.

Elle n'en passa pas moins son diplôme de maîtresse d'études et peu après, résolue à ne plus peser financièrement à sa famille, entra comme maîtresse d'internat à l'Institution Bascans. Voulait-elle aussi échapper à un mode de vie qu'elle supportait de moins en moins ? C'est probable, et Marceline en souffrit. Elle en aurait souffert davantage si les soucis de Valmore, évincé de l'Odéon, les échecs d'Hippolyte au baccalauréat (qu'il finit par passer à vingt-six ans) et surtout la santé d'Inès qui allait toujours déclinant, ne l'avaient absorbée.

Elle continuait à publier, sans goût et sans beaucoup de profit. Elle constate avec tristesse (années 1849 et 1850) qu'on ne lit plus de vers, et elle a ce cri : « Ne plus pouvoir vivre du travail de ses jours et de ses nuits, n'est-ce pas étrange ? » Ondine ne comprenait pas cette souffrance d'un poète dont le talent était toute la richesse. Pour un peu elle eût dit que, avec un peu plus d'ordre et d'organisation, ses parents eussent pu s'en tirer. Ce jugement n'excluait pas la tendresse, mais y jetait une ombre. La mère et la fille se jugeaient incomprises. Marceline, se trouvant tout à fait innocente du désordre de ses finances et incapable de refuser à qui lui demandait secours, ne pensait pas, ce faisant, léser ses enfants. Ondine, consciente du travail assidu qu'il lui avait fallu pour acquérir une relative indépendance et soulager ses parents d'une charge qu'ils assumaient avec tant de peine, trouvait qu'on (« on », c'était surtout sa mère) lui en était bien peu reconnaissant.

À l'Institution Bascans où elle était logée, Sainte-Beuve continuait à lui rendre visite, comme il l'avait fait chez ses parents. Hésitait-il encore ? Marceline le croyait, Ondine ne le croyait plus. Ses amies se mariaient ; elle, à vingt-cinq ans, se qualifiait déjà de « vieille fille ». Attribuait-elle la reculade finale de Sainte-Beuve au fait que ses parents étaient dans l'impossibilité de lui constituer une dot ? Cela n'aurait rien d'étonnant.

L'argent est autre chose que l'argent et, tout compte fait, sans être particulièrement intéressé, Sainte-Beuve a pu trouver que l'alliance n'était pas assez brillante pour compenser le changement de ses habitudes et de son train de vie. Il avait été élu à l'Académie en 1844.

L'argent est autre chose que l'argent.

Mon père me logeait gratuitement dans un appartement qu'il possédait lorsque j'obtins le prix Femina en 1959. C'était tout, et c'était beaucoup. J'avais déjà trois enfants. Jamais je n'avais pensé qu'il dût faire davantage ; j'avais un métier, et près de trente ans. J'eus ce prix, j'en fus très heureuse. On m'interrogea sur tout et sur rien, et un journaliste me dit :

— Avez-vous un projet ? Allez-vous faire un achat ?

A quoi je répondis, en toute innocence, ce qui était la vérité :

— Avant tout je vais acheter une machine à laver.

Deux jours après, cette information — ayant paru ou pittoresque (?) ou « très féminine » — s'étalait un peu partout, et mon père me téléphonait, en proie à une véritable fureur :

— Qu'est-ce que tu es allée raconter là ? Si tu avais besoin d'une machine à laver, tu n'avais qu'à me le dire ! Je suis tout de même encore capable de te payer une machine à laver ! Tu me rends ridicule et odieux !

Et, confuse, désolée, alors que je croyais, en lui demandant le moins possible, lui montrer mon désintéressement (et, soyons juste, à l'instar d'Ondine, mon indépendance), je vis que j'avais — du moins il le croyait — nui à son « standing » sinon à sa réputation. Plus tard je vis que je lui avais, aussi, fait de la peine en ne lui demandant pas, tout naturellement, ce dont j'avais besoin. J'avais manqué de simplicité. Comme Ondine.

On en manque souvent quand il s'agit d'argent. On s'aveugle sur sa signification vraie. Je me souviens tout à coup d'une rupture dans un taxi. Même les chagrins s'oublient, et j'aurais oublié celui-là et l'homme qui me le fit (qui paraissait lui-même bouleversé) si, en descendant de la voiture et comme il n'avait pas de monnaie, il n'avait remarqué machinalement, comme je payais le chauffeur :

— Je te l'ai déjà dit, tu donnes toujours trop de pourboire...

Mes larmes qui coulaient s'arrêtèrent.

Je n'aimais pas l'argent, j'aimais en gagner : mon travail existait, ma vitalité se démontrait. Il y a quelque chose de magique à gagner de l'argent avec ses rêves. Quand cette magie s'effrite et disparaît, on sent, comme Marceline, ses « pauvres ailes » se replier.

Elle s'y résignait parfois, et c'est alors la douce, la tendre Marceline qui soupirait : « Que je voudrais ne plus l'aimer ! » et celle, infiniment lasse, qui fléchissait un moment : « Toujours vivre, toujours ! On ne meurt donc jamais ? » Mais il est aussi une Marceline qui se redresse, qui se révolte, qui écrit : « Les riches de cette époque viennent vous raconter leurs misères avec une candeur si profonde et des plaintes si amères que vous êtes forcé d'en avoir bien plus de pitié que de vous-même. Il m'a déroulé l'autre fois ses affreux empêchements à cause d'une maison qu'il fait bâtir. Elle devait lui coûter cent mille francs, je crois, et le devis s'élève présentement au double, ce qui, avec l'éducation de son fils, lui fait *perdre la tête*... Que dire à ces fortunés ? Que vous avez deux chemises et pas de draps ? Ils vous diront : Ah ! que vous êtes heureux ! Vous ne faites pas bâtir. »

Cette causticité qu'on n'attend pas chez Marceline est-elle un héritage de Latouche ? Ce n'est, assurément pas, ce « gémissement de colombe » auquel Sainte-Beuve la limite.

J'avais à une époque un ami bien plus riche que moi, diplomate en poste à Londres, qui me disait avec cette « candeur si profonde » :

— Mais pourquoi ne viens-tu jamais déjeuner à Londres ? Avec l'avion, ce n'est plus rien du tout.

Et je ne lui répondais pas qu'avec quatre enfants encore petits et des professions artistiques... Il m'aurait volontiers offert le billet. Je n'aurais pas pu l'accepter.

Notre amitié en eût été embarrassée. Il continua à me dire :

— Que tu es casanière !

Je disais oui. Mais n'avais-je pas, moi aussi, mes aveuglements ?

J'avais, un peu plus tôt, un peu plus tard, un ami hérité d'un autre ami parti au loin. Il venait dîner le mardi et s'en retournait dans une banlieue lointaine, où il avait été contraint d'aller habiter après une faillite, une longue période de chômage, une maladie. En s'en allant :

— Tu as fini le journal ? me demandait-il.

J'ai mis des mois à comprendre que, pour lui, acheter tous les jours un journal était une dépense qui comptait, presque une impossibilité. Dans un roman, dans une nouvelle, j'aurais compris tout de suite.

Aussi, bien que je n'aie jamais été très riche, ce qu'on appelle « une modeste aisance » suffisait à faire barrière auprès de deux amis bien différents. Il n'y a personne au monde dont j'aurais osé dire : « S'il en avait [de l'argent], j'en aurais. » Liberté de Marceline. Liberté du cœur, des sentiments, qui se retrouve partout, dans l'extrême variété du ton et de la forme.

« Tant de diversité, tant de liberté dans l'écriture, émerveille, et aussi que, partout, toujours, on reconnaisse la même personnalité, la même voix à travers tant de voix diverses, une musique douce, ineffable, unissant le tout dans son harmonie mystérieuse *. »


## J'écris ton nom


Oui, le mot liberté est celui qui convient le mieux à cette femme ligotée par ses obligations, par celles aussi que sa sensibilité toujours en éveil lui impose, par la

---

* *Histoire de la poésie française,* tome 5, *op. cit.*

gêne, par le mariage même, et par la santé défaillante de ses filles, souci perpétuel et lancinant.

Et de toutes les libertés qu'elle s'accorde, celle que j'admire le plus est celle qu'elle prend avec une idée trop théorique de la pureté. Franche, elle n'hésite pas à mentir si la situation l'exige. Opposée au régime, elle accepte et même sollicite des subventions, des aides pour son œuvre — mais en sachant s'arrêter : le poste de lectrice de la duchesse d'Orléans, offert à Ondine, la mère et la fille sont d'accord pour le refuser. Elle sait qu'elle est sur la terre, lieu de désharmonie, et qu'il faut parfois composer. Elle ne se fait pas ce genre de scrupule qui devient vite une affectation ou une lâcheté. Ni ces cas de conscience qui sont encore un luxe.

Ainsi refusai-je de signer une pétition pour les sans-papiers parce que je craignais de nuire à un ami qui se trouvait dans cette situation et pour lequel j'avais sollicité les autorités compétentes. Mais c'était aussi parce que solliciter d'une part et signer de l'autre me paraissait inélégant (impur ?).

Le motif était sans bassesse. Il n'était même intéressé qu'au second degré. Cependant, si je n'avais pas espéré (pour un autre, soit, mais tout de même) une faveur, j'aurais sûrement signé cette pétition. Cela n'aurait sans doute pas servi à grand-chose. Tout de même le souvenir accroche dans ma mémoire, comme un ongle accroche dans un tissu rugueux. Rien n'est lisse. Rien n'est tout à fait pur.

Pas même ce scrupule : Marceline l'aurait-elle eu, ce scrupule ? Elle aurait pensé avant tout au malheureux, aurait pénétré dans n'importe quelle administration, aurait harcelé le fonctionnaire compétent, aurait obtenu sans doute quelque chose. Des scrupules, si raffinés soient-ils, ne sont qu'un cadeau qu'on se fait à soi-même.

Citant *La Couronne effeuillée,* un des poèmes les plus connus et les plus touchants de Marceline, Jacques Boulenger dira son admiration pour « cette belle pièce, si chrétienne ». Anatole France (cité par Marc Bertrand) la jugeait une des plus belles poésies jamais écrites, tandis que Gérard d'Houville parle d'un « divin poème où elle semble partir pour le royaume de Dieu, avec toute la grâce et le deuil d'une reine douloureuse ». Sainte-Beuve loue aussi ce poème, avec cette restriction, déjà faite précédemment : « ... Elle a en elle cette tendresse qui transportait les Thérèse et les Madeleine ... [mais] ... je n'oserais répondre de l'exacte théologie et de l'orthodoxie de cette pièce... »

L'orthodoxie... Là encore Marceline, profondément croyante et quelque peu anticléricale, s'en est bien peu préoccupée. Marceline n'est pas « édifiante », et ne se soucie pas de l'être. Elle est dans sa foi comme un oiseau dans l'air, soutenue, insouciante. Dieu est toujours présent dans tout amour.

> *Le temps va comme il veut*
> *L'amour s'est arrêté.*
> *Ne me reviendras-tu que dans l'éternité ?*

Dieu pleure avec les innocents. Mais il faut se détacher de l'amour terrestre, ou du moins le transcender :

> *Attends, nous allons dire adieu*
> *Ce mot seul désarmera Dieu.*

Lacaussade, auteur d'une édition posthume en trois volumes des *Œuvres poétiques de Marceline Desbordes-Valmore,* précise : « Marceline se résignait au Purgatoire, mais se refusait à l'Enfer. » Ces volumes, il est vrai, comportent des lacunes considérables... et certains poèmes ont subi d'impardonnables mutilations *, Lacaussade cédait à l'intolérance du temps. Boyer d'Agen allait dans le sens opposé et, pour un peu, eût béatifié son idole.

Hippolyte, après la mort de sa mère, eût voulu écarter

---

* Francis Ambrière, *Le Siècle des Valmore,* tome 2.

des œuvres tous les poèmes amoureux. Ainsi cette femme qui fut tant, et si sincèrement, aimée inspire-t-elle à ceux-là mêmes qui l'aimèrent et l'admirèrent une sorte d'effroi, tant il est impossible de l'enfermer dans une classification quelconque.

La foi pourtant, la foi vraie, elle l'avait, celle qui voit la mort comme un accomplissement. Si les hommes meurent, c'est :

> *pour les délivrer de leur lourd vêtement*
> *Comme on ôte le sable où dort le diamant.*

Celle qui, comme le prescrit le poème valaque que Marceline aimait, « *donne jusqu'à la mort* », mais aussi celle qui se révolte et n'empêche pas le poète d'écrire (à son ami Lepeytre qui vient de perdre une petite fille) : « Êtes-vous aussi lâche que moi dans les tortures que Dieu inflige à tout ce qu'il a jeté sur terre ? » Il y a de la révolte dans ce « jeté ».

Comment n'y en aurait-il aucune trace dans ces dernières années de Marceline, marquées de tant d'épreuves ? Depuis 1844, Inès ne se levait pour ainsi dire plus. Marceline se forçait à espérer, on ne peut l'exprimer autrement. Des médecins les plus compétents aux remèdes dits « de bonne femme », elle essaya tout. Inès s'affaiblissait de mois en mois, amère, ironique, ce qui ajoutait à la douleur de sa mère et de sa sœur. À Ondine elle écrivait ces lignes : « Tu auras un de ces jours la visite de Monsieur Castaing, qui est venu jeudi soir et que je n'ai pas eu le plaisir de voir. Je me livrais à mon exercice habituel : je vomissais. Je te donne là un détail peu poétique, mais tu as assisté si souvent à l'action que je crois pouvoir t'en faire la narration sans craindre de te donner des maux de cœur. Le tien résiste à plus fort que cela. »

Non seulement Inès se moquait d'elle-même, dans une amère autodérision, mais elle semblait insinuer que sa sœur n'en serait pas bouleversée. Elle avait toujours eu le sentiment de n'être pas la préférée ; Hippolyte était le fils que Marceline avait tant désiré, Ondine la fille la mieux douée (la question de savoir si sa mère l'aimait aussi en souvenir de Latouche ne sera pas élucidée). Inès était cependant entourée. Balzac lui enverra des fruits, des fleurs, du vin, Mme Récamier un bouquet. Marceline la veilla quatorze nuits, pour la voir s'éteindre le 4 décembre 1846. Elle fut dans un désespoir d'autant plus grand qu'il ne lui échappait pas qu'Ondine restait, elle aussi, fragile et exposée.

« La vie sera maintenant plus facile, écrit Hippolyte à son père qui se trouvait à Bruxelles, c'est énorme ce que nous avons dépensé pour sa maladie, pour sa fin. » De telles phrases ne devraient-elles pas être citées dans leur contexte, ou justifient-elles le jugement sévère que Valmore portait sur son fils ? Sans doute parlait-il différemment à sa mère qui « serait morte d'abandon et de douleur si mon cher Hippolyte ne m'avait sauvée des détails matériels de l'existence ». Cette responsabilité toute nouvelle, et sans doute angoissante pour le jeune homme surprotégé qu'avait été Hippolyte, peut peut-être expliquer le ton de cette lettre au père. Peut-être se raidissait-il pour soutenir sa mère et Ondine, plus accablée qu'on ne l'eût cru.

Sombre, sombre période où Marceline déménage encore, vend des meubles pour parer au plus pressé ; Valmore s'inquiète de loin, sachant le peu d'esprit pratique de sa femme, sachant aussi que le contrat de « chef de la scène » qu'il a décroché à la Monnaie ne sera pas renouvelé. Et Hippolyte, bachelier, est enfin casé au ministère de l'Instruction publique, mais comme surnuméraire, cet apprentissage du fonctionnariat (Dumas devait le faire aussi) qui ne lui permettait pas d'être payé avant des mois, peut-être des années.

À Bruxelles, Valmore pensa un moment au suicide. Marceline lui répondit par retour avec un élan, une tendresse qui ne permettent pas de douter des sentiments qu'elle portait à son mari. Elle prenait aussi de bonnes résolutions : se restreindre, rembourser petit à petit ses fournisseurs... Pour ses amis, « c'est de l'amitié pure et ils n'en ont nul besoin », disait-elle ingénument. Ayant tant donné, elle savait recevoir. Que la probité rigide de son mari s'en offusquât, elle le comprenait, l'admirait même. Mais la mort d'Inès, les difficultés sans cesse renouvelées, la vogue qui délaissait son œuvre, l'âge qui venait l'avaient fragilisée.

Elle n'arrivait plus à trouver de débouchés pour son œuvre, Valmore, revenu de Bruxelles, était à nouveau chômeur. Sans doute quelques événements heureux vont encore se produire : Ondine, après 1848, protégée par Armand Marrast, recueille le fruit de ses efforts persévérants : elle est nommée « inspectrice des institutions et pensionnats de demoiselles du département de la Seine ».

Mais il était dit que cette malheureuse famille vivrait toujours dans l'insécurité. Valmore, auquel Buloz, directeur de la Comédie-Française et ami éprouvé, avait promis un poste de régisseur général, se trouva destitué par la révolution de Février. Pour comble, l'immeuble rue de Richelieu, où la famille résidait, fut frappé par un arrêté de démolition et les travaux commencèrent pendant que les Valmore cherchaient désespérément les fonds nécessaires à un autre déménagement. Heureusement ils trouvèrent un appartement acceptable juste en face de l'ancien, rue de Richelieu, et, de surcroît, ils se trouvaient réunis. Marceline avait soixante-deux ans. Elle abordait la vieillesse.

La vieillesse est-elle moins dure a supporter pour un écrivain ? Marceline à Pauline Duchambge : « Tu dis, chère âme fidèle, que la poésie me console. Elle me tourmente, au contraire, comme une amère ironie. C'est l'Indien qui chante tandis qu'on le brûle... » (Marc Bertrand *). La mort de sa sœur Eugénie l'a marquée. Celle de son frère Félix lui succède presque

---

* Édition complète par Marc Bertrand, *op. cit.*

immédiatement. Mais voilà tout de même une joie : Ondine se marie ! Qui l'eût cru ? Elle épouse Jacques Langlais, avocat, qui a été celui de Louise Colet. Louise s'était liée avec Marceline, et toutes deux avaient poussé à la roue de ce mariage. Un moment de panique : Langlais, veuf avec deux petits garçons, hésitait. Allait-il renouveler l'affaire Sainte-Beuve ? Non. Après quelques tergiversations, le jour de Noël 1850, Langlais demandait la main d'Ondine. Le mariage eut lieu en janvier 1851, civil et religieux. Marceline eut à peine un mois pour s'en réjouir : fin février Latouche mourait.

À peine modulable, c'est cela la vieillesse pour presque tous ; fatigue, infirmités souvent, disparitions d'êtres chers presque toujours. Et avec les proches, les parents, les amis, ce sont des fragments de notre propre histoire qui s'effondrent. « Pourquoi ne lui ai-je pas demandé ceci ? Dit cela ? » Les moins sensibles subissent ce deuil de la mémoire, ce regret de n'avoir pas *su*.

Est-ce à un sentiment de ce genre qu'il faut attribuer la lettre adressée par Sainte-Beuve à Marceline alors qu'il préparait l'un de ses feuilletons du lundi qu'il souhaitait consacrer à Latouche ? Francis Ambrière qualifie cette lettre qui demande des renseignements sur le disparu de « rare indélicatesse » et Frédéric Ségu stigmatise « cette hâte qui dut paraître douloureuse à l'amante meurtrie ». L'article que tira Sainte-Beuve des renseignements et souvenirs pris à diverses sources laisse transparaître, du reste, la rancune cachée, le désir d'interpréter malignement des faits qui, hélas, s'y prêtaient, et celui d'atténuer autant qu'il le pouvait des éloges qu'il ne pouvait tout à fait esquiver.

Mais le témoignage plein de compréhension et même d'amour que lui envoya Marceline (le décevant secrètement) ainsi que celui plein d'indulgence de George Sand, qui avait, elle, consacré trois articles à Latouche, n'influencèrent pas le critique. C'est presque ironiquement qu'il fait allusion à « ces deux charités de femmes » qui ne lui font rien retirer de ce qu'il a écrit : « Et si l'on me pressait, j'aurais plutôt à y ajouter. » L'ironie d'autrefois que Latouche avait manifestée au sujet des *Poésies* de Joseph Delorme était sûrement à la base de cette haine cuite et recuite du critique. La jalousie y est aussi pour quelque chose ; car, après avoir renoncé à épouser Ondine, Sainte-Beuve n'en avait pas moins flétri des termes « odieux amour » les sentiments de Latouche pour la jeune fille dont il n'a jamais cru que l'ermite de la Vallée-aux-Loups fût le père. Même antipathie, d'ailleurs, pour Langlais, qui ne lui a nui en rien mais qui s'est décidé, lui, au mariage que Sainte-Beuve avait sincèrement désiré sans avoir le courage de s'y résoudre.

Les larmes de Marceline coulèrent presque en même temps pour Latouche et pour Félix, le petit frère indigne mais aimé, les unes cachant les autres. Mais cette fameuse lettre répondant à celle de Sainte-Beuve (qu'elle croyait abusé sur le compte de Latouche, mais dont elle ne discernait pas la malice) montre que, en dépit de tous ses chagrins, l'esprit restait noble et maître de soi. Déjà George Sand avait écrit avec pénétration : « cette âme n'était ni faible, ni lâche, ni envieuse, elle était *navrée*, voilà tout ». Cette blessure qu'avait faite à l'âme hypersensible de Latouche la *vie inacceptable*, Marceline l'a définie en plusieurs pages de texte qui rachetaient largement les fables qu'elle avait répandues au moment où elle craignait que Latouche ne se proclamât ouvertement le père d'Ondine.

*« Je n'ai pas défini, je n'ai pas deviné cette énigme obscure et brillante. J'en ai subi l'éblouissement et la crainte ! C'était tantôt sombre comme un feu de forge dans une forêt, tantôt léger, clair, comme une fête d'enfant. Un mot d'innocence, une candeur qu'il adorait, faisait éclater en lui le rire franc d'une joie retrouvée, d'un espoir rendu. La reconnaissance, alors, se peignait si vive dans ce regard-là, que toute idée de peur quittait les timides. C'était le bon esprit qui revivait dans son cœur tourmenté, bien défiant, je crois, bien avide de perfection humaine à laquelle il voulait croire encore.*

*« Il semblait souvent gêné de vivre et, quand il se dégoûtait de*

*l'illusion, quelle amertume revenait s'étendre sur cette fête passa-*
*gère ! Admirer était, je crois, le besoin le plus passionné de sa*
*nature malade [...] L'apparition seule d'un défaut dans ses idoles*
*le jetait dans un profond désespoir [...] Quelle organisation fut*
*jamais plus mystérieuse que la sienne ! Pourtant, à force de*
*charme, de douceur sincère, mon oncle qu'il aimait tout à fait,*
*mon oncle, d'un caractère droit, pittoresque et religieux, le jugeait*
*simple, candide, affectueux. Il l'a été ! Il l'a été, et heureux, et sou-*
*lagé aussi de pouvoir l'être par cette affection tout unie. »*

Comme on comprend Latouche après avoir lu ces
lignes ! Comme on comprend l'amour de Marceline
confrontée avec une nature aussi complexe que riche.
Marceline a conjuré le désespoir par l'écriture et la charité. Un peu plus de succès, un peu plus d'équilibre,
Latouche y fût-il parvenu ?

Il ne fut pas seul pour mourir. Après le triste épisode
d'Ondine qui rompit tous ses rapports avec la famille
Valmore, il eut encore, comme il le dit lui-même à
George Sand, « une sainte, un ange gardien » : Pauline
de Flaugergues qu'il semble avoir rencontrée longtemps
auparavant, au moment de l'affaire Fualdès. Elle écrivait
elle aussi. Après la mort de son père, Pauline songea
à prendre le voile. Elle y renonça pour se consacrer à
Latouche, au moment où il atteignait ses cinquante-cinq
ans. Pauline en avait quarante et un. L'amour de la poésie, celui de la nature, unit bientôt ces deux êtres désem-
parés et, après la mort de Mme de Latouche, ils vécurent
tout à fait ensemble. Malgré ce « mal physique et moral »,
ces « crises de violence, voire de brutalité » du malade,
rien ne découragea Pauline qui soigna et réconforta
l'hémiplégique jusqu'au dernier jour.

Marceline parlait à ce mort comme elle avait écrit à
l'oncle Constant déjà dans la tombe. Pauline allait tous
les jours, par tous les temps, au cimetière où il lui arrivait
même de passer la nuit. Un homme vulgaire n'eût pas
été aimé ainsi. En pensant à la rupture de 1821 dont elle
ne s'était jamais consolée, Marceline disait à Pauline
Duchambge — amie de toujours en dépit de ses racon-

tars parfois nuisibles — qu'elle se survivait à elle-même pour son fils, pour son mari, pour Pauline elle-même. Et, parfois, dans ces crises de doute comme en amènent l'âge et le retour sur soi-même, elle se demandait si elle avait bien fait ; sans doute avait-elle entendu parler du dévouement ultime de Pauline de Flaugergues, et peut-être l'enviait-elle, aussi ?

> *Quittez mon cœur, doux souvenir*
> *Je ne peux plus vous retenir,*

mais elle revenait toujours à la tendre mélancolie qui est la note que l'on a préférée dans son œuvre :

> *Allez en paix, mon cher tourment*
> *Vous m'avez assez alarmée*
> *Assez émue, assez charmée.*
> *Allez au loin, mon cher tourment*
> *Hélas, mon invisible aimant !*

Elle adressait ces vers à un Latouche dont elle croyait avoir vu le fantôme (Ambrière affirme : « Elle avait réellement *vu* Latouche. »). Elle était convaincue, comme du reste son amie Pauline, que les morts errent longtemps autour de ceux qu'ils ont aimés. Et elle lui posait la question qui, parfois, la tourmentait : ne l'avait-elle pas sacrifié à cet amour du foyer, si important pour elle ?

> *Ah ! je crois que sans le savoir*
> *J'ai fait un malheureux sur terre*
> *Et vous, mon juge involontaire*
> *Vous êtes donc venu me voir*
> *Pour me punir, sans le savoir.*

Ce n'était pas à un fantôme altéré de vengeance qu'elle s'adressait ainsi ; elle n'était pas capable d'imaginer ce qu'elle était incapable de ressentir. Latouche mort n'était pas absent pour elle. Passé seulement dans un autre monde, et non seulement elle lui parlait encore, lui pardonnait, se demandait si elle n'avait pas eu des torts envers lui, mais — qu'elle ait *vu* ou non son fantôme — elle était profondément persuadée que, comme « ses » autres morts, quelque chose de lui survivait.

Dans un poème qui date des fiançailles d'Ondine, *La Fiancée du veuf*, Marceline montre clairement sa croyance en une survie et sa notion de l'existence terrestre : passage et Purgatoire.

> *Épouse, aujourd'hui fortunée,*
> *Pour l'épouse aux cieux retournée*
> *Pourquoi pleurez-vous à genoux ?*
> *Qu'a-t-elle besoin de prières*
> *Au sein de son Dieu, de son père*
> *C'est elle qui pleure sur nous.*

Marceline fait ici allusion en toute simplicité à la première femme de Langlois qui laissait deux enfants, deux garçons dont Ondine s'occupa avec dévouement tant qu'elle le put, et auprès desquels Marceline continua ce rôle bénéfique après la mort d'Ondine.

Elle pratiquait ainsi une fois de plus cette « ardente charité que je vois si rare et qui *remplace* [c'est moi qui souligne] Dieu sur la terre ». Elle écrit ces mots à Caroline Branchu, l'ancienne cantatrice, son amie de toujours. Y a-t-il là comme une ombre d'hérésie — qu'on retrouverait dans d'autres poèmes — ou un simple élan du cœur qu'on ne mesure pas ? Il faut en tout cas signaler que la charité de Marceline est aussi éloignée de l'aumône-alibi qui donne bonne conscience que des vagues effusions généreuses de certains. C'est une compassion agissante qui ne s'économise pas, ne se lasse pas, ne se décourage pas, « excuse tout, croit tout, espère tout, supporte tout ». Si proche est-elle de la définition de saint Paul que l'on comprend la tentation de ses amis chrétiens : l'intégrer dans une structure d'Église qu'elle repoussa pourtant toujours avec douceur et résolution. Je crois que mon attachement pour Marceline s'accroît du fait qu'elle a évité, volontairement ou non, une belle carrière d'écrivain catholique.

Cela peut paraître curieux, car je suis catholique moi-même. Le suis-je ?

Je me convertis et me fis baptiser à l'âge de vingt-trois ans. Sans coup de foudre ni illumination claudélienne, dans la seule mais ferme conviction que l'Esprit se faisait chair — ce qui entraînait, évidemment, l'évidence moins exaltante que la Parole se faisait Église. À travers cent désillusions, contradictions, et souvent en contravention avec elle, je suis pourtant restée membre de cette Église.

Je connus un écrivain catholique et respectable qui refusait de recevoir sa fille qui ne s'était pas mariée religieusement. Je connus un prêtre belge qui me demanda en confession comment je votais. Je fus invitée à Rome à une réunion donnée en privé par des amis communistes ; une veilleuse brûlait devant la statue de la Vierge. Je vis mourir une amie d'une tumeur au cerveau, rayonnant exemple de foi et d'espérance. Je lus la presse religieuse contemporaine de l'affaire Dreyfus. Je lus la presse religieuse contemporaine de la guerre d'Algérie. Ces hauts et ces bas m'affectaient en secret ; je dis en secret car de mon appartenance je ne fis jamais étalage. Je ne voulais pas pour autrui faire partie de ce scandale et de cette perplexité que cause la confrontation d'une foi affichée et d'une vie discordante. Je ne voulais pas pour moi-même de cet emprisonnement progressif que cause l'étiquette « écrivain catholique ». Alors ? Fidélité, habitude ? Tendresse désabusée pour ceux qui véhiculèrent jusqu'à nous la Parole, couverte de bleus et de bosses, parfois méconnaissable ?

Je pratiquais avec une pensée, toujours, pour ceux qui, dans le monde, pratiquaient d'autres rites. Une pensée de sympathie pour tous ceux qui croyaient en une transparence. Ici je retrouvais cet écrivain exceptionnel et trop mal connu, ma mère : « ... *L'absolu peut être saisi dès ce* *monde (et peut-être uniquement __de__ ce monde) dans les expériences privilégiées. Il s'agit d'états hors série où la conscience éprouve que les parois du monde cèdent, laissant apparaître entre les choses, dans leur intervalle, leur entre-deux, voire leur interstice, une Réalité autre, une surréalité, cette expérience étant en général vécue comme un bonheur, comme un Retour\*. »*

Les superstitions même rencontraient mon indulgence, et je les comparais aux « mauvais » romans que parfois j'étais contrainte de lire, ou que parfois par désœuvrement je lisais : tout imparfaits qu'ils fussent (ou puériles, les superstitions), c'était comme un très lointain écho d'une révélation incomplète.

Une jeune femme, amie d'une amie, mourut en réclamant, à l'affolement de ses proches, un médecin au nom slave ⁄₋ disons le docteur Stavisky — dont on n'avait jamais entendu parler. On téléphone à l'hôpital, au médecin traitant, à tous ceux qui, de près ou de loin, ont pu s'occuper de la malade. On ne trouve pas trace du médecin qu'elle semble réclamer. Elle meurt. On veut l'inhumer dans la petite ville dont elle est originaire ; une inondation rend provisoirement le cimetière inaccessible. Les obsèques ont donc lieu, provisoirement aussi, dans la banlieue parisienne. À côté de la tombe de la malheureuse jeune femme sa famille peut apercevoir une dalle portant ces mots : « Docteur Stavisky ».

Cette anecdote n'a rien d'édifiant. On ne peut en tirer ni leçon ni morale. C'est un de ces mystères absurdes qui ouvrent une faille dans la matière compacte.

Ainsi de certains romans, de certains poèmes privilégiés, ainsi du mystère de Marceline. Voici ce qu'avant tout j'aime en elle : rien de cette œuvre, de cette vie, rien ne peut être *exploité*.

---

\* *Les Moments merveilleux*, dans *Cahiers de Suzanne Lilar*, texte cité.

Lucien Descaves : « *Ah ! ce n'est pas elle qui évite les répétitions, surveille sa syntaxe, discipline ses métaphores, pleure au compte-gouttes, craint le ridicule d'un sanglot ou le reproche d'une obscurité, se garde d'une impropriété comme d'une inconvenance. Elle est en littérature comme en amour, comme en tout, une paria.* »

Je repense ce matin à *Dickie-Roi* * et à la véritable indignation que ce livre a suscitée chez certains critiques. C'était en partie ma faute *:* faute de composition, faute aussi d'appréciation de ce qui est « acceptable ». J'aurais dû faire passer le sujet à travers les yeux d'un personnage culturellement correct, comme ils l'étaient à l'époque (même si le correct en cette matière a basculé complètement, mais c'est le même, pédant, raisonneur masqué aujourd'hui d'inceste, de viol et de provocation sans portée, comme il le fut de citations latines et de morale chrétienne mal comprise et mal appliquée, il y a longtemps. J'admirais la passion de ce monsieur d'il y a un siècle qui voulait crever de son parapluie une toile impressionniste. Aujourd'hui je le verrais avec moins d'indulgence : il y a des époques où crever les tableaux avec un parapluie devient conventionnel, voire obligatoire).

J'aurais dû, dis-je, cette histoire d'un chanteur « de charme » sans grand talent, la faire raconter par un personnage qui eût créé la distance, le second degré, la connivence. « *J'écris cela, mais avec des guillemets.* » J'écris cela, mais sans croire réellement que quelqu'un qui n'a pas de talent artistique, qui ne fait pas partie de cette culture dont je fais partie moi-même, puisse avoir un intérêt, et même une valeur « humaine ».

C'était pour moi un personnage un peu christique, dans le style noble victime, et le fait, pourtant démontré,

---

* *Dickie-Roi*, Grasset.

qu'entre la valeur artistique et la valeur « spirituelle » (à force de me débattre dans des notions *incorrectes*, je vais devenir un champion du guillemet) il n'y a pas de rapport direct, me paraissait tellement évident que je n'avais pris aucune précaution pour le dire. On me le fit bien voir que ce n'était pas évident. Comme j'avais moi-même écrit des chansons (au désespoir de mon attaché de presse de l'époque) et que l'on m'attribua le seul motif d'avoir voulu « gagner de l'argent » (parce que attaché de presse, auteurs amis et même éditeurs n'avaient jamais eu une pensée pareille), sans que l'on me fît crédit d'un peu d'amusement, du plaisir d'un travail qui rompait ma solitude, de mon affection pour Marie-Paule et Michel, mes complices en l'occurrence, cela aggravait mon cas. De plus, avant qu'on se fût rendu compte de mon erreur d'écrivain (ne pas avoir créé un personnage-témoin qui aurait fait passer la sauce) et de ma faute morale (avoir considéré la culture, pain quotidien de ces gentils phari-siens, comme une valeur *relative*), j'avais traité avec la télé-vision pour un feuilleton qui ne fit que prolonger l'indignation — et le plaisir d'être indigné par quelqu'un qui, jusque-là, n'avait mérité que de bonnes notes.

Ça a duré près d'un an. Du journal littéraire au pro-gramme de télévision, je me voyais vouée aux gémonies tous les deux ou trois jours. Je ne perçus pas tout de suite où était mon erreur, ma double erreur, ma triple erreur. Erreur de composition, je l'ai dit ; manque de prudence (mais c'était encore le temps de l'innocence, le temps où je ne me demandais pas : peut-on dire ceci ? Et : comment faudrait-il le dire ?), excès de prudence aussi ou, plutôt, excès de modération. Si j'avais fait de mon pauvre chan-teur un rockeur crachant au visage de la société, cela aurait fait plus sérieux. J'aurais eu quelques partisans. L'indignation même eût été d'une nature plus élevée, une promotion, presque. Essayez vous-même. Si vous murmurez, même avec conviction « La culture n'est peut-être pas une valeur absolue » : indifférence, voire mépris.

270

Mais si vous hurlez (crachez, taggez) « Mort à la culture ! », c'est tout de suite plus littéraire.

Bref, une erreur. Une erreur sur laquelle j'ai beaucoup réfléchi par la suite, car, compte tenu de l'exécution de mon innocent projet, qui laissait à désirer, mea culpa, étais-je sur le fond entièrement de mon parti ?

Le nombre d'heures que j'ai passées, de mes dix à mes soixante-dix ans, à lire et à écrire est considérable. Le nombre de voyages que je n'ai pas faits, de soirées auxquelles je n'ai pas assisté, de pièces de théâtre que je n'ai pas vues (ou alors en matinée), d'amis auxquels je n'ai pas écrit, qui m'invitaient dans des maisons de campagne que je n'ai jamais visitées, tout cela pour ne pas me déconcentrer, ne pas me fatiguer, pour pouvoir écrire le lendemain, est considérable. La joie que j'en ai tirée, depuis celle de sentir un personnage que l'on a eu du mal à approcher, enfin, bouger, jusqu'à celle qui consiste à découvrir dans une bibliothèque un fait ignoré, une citation inattendue, la confirmation d'une hypothèse, a été, est toujours considérable. J'écris parfois aux auteurs de livres que j'ai aimés, ce qui paraît-il ne se fait pas. De rares fois j'ai reçu des lettres d'auteurs qui avaient aimé un de mes livres, et ce sont celles qui m'ont fait le plus de plaisir. Alors est-ce que je m'en vais dire, croire, que cette culture, que cette littérature à laquelle j'ai consacré les trois quarts de ma vie n'était qu'une valeur relative, ne valait pas le coup en somme ? Est-ce que je le pense, toute question de valeur littéraire mise à part ?

J'étais bien jeune encore quand, après le succès du *Rempart des Béguines* qui m'avait épouvantée, je me trouvai dans l'incapacité momentanée d'écrire. J'avais eu de la chance, je n'en aurais plus. J'avais pu écrire un livre, je ne pourrais pas en écrire un second. Autour de moi j'entendais dire et répéter qu'on attendait l'écrivain à son second livre. L'idée seule qu'on « m'attendait » suffisait à me terrifier. Mais la souffrance la pire, c'était de ne pouvoir pas écrire. Essayais-je, un vertige s'emparait de moi. Toute idée, toute esquisse me paraissait nulle. Je revoyais alors mes parents, je me trouvais même dans une maison qui leur appartenait, près de la mer du Nord. J'avais un amant, j'avais un enfant encore tout petit. Pourtant l'idée de vivre sans écrire, sans pouvoir écrire, ne m'était pas supportable. Bien ou mal, j'écrivais depuis mes douze ans, peut-être plus tôt. L'écriture était le recours suprême, la drogue, l'alcool, l'amour-passion. Le soulagement instantané de l'angoisse, du doute. Il ne m'était pas possible, me semblait-il, de vivre, de supporter la vie sans écrire.

Après un certain nombre de tentatives qui se heurtaient toujours au même mur, je décidai d'en finir. Je devais être un peu folle. Je l'ai toujours été. Juste un peu, ce qu'on appelle familièrement « marcher à côté de ses pompes », mais, politesse et panique se conjuguant, j'évite de le laisser voir. Je m'en allai vers ces longues digues qui s'allongent dans la mer du Nord et que l'on appelle des brise-lames. Mon projet était de marcher jusqu'au bout, là où la mer devient profonde et a des remous, des courants sur lesquels on peut compter, et de m'y jeter. Je ne pensais pas à mes parents, ni à mon enfant, ni à l'ami qui m'aimait bien. Je n'avais pas pensé à écrire un mot, à laisser un message. J'étais tout à fait calme. Malheureusement la mer l'était aussi, ce jour-là. Quand je fus au bout du brise-lames, je m'en avisai, et la pensée me vint que, sachant très bien nager et étant dans toute la vigueur de la jeunesse, la noyade risquait de durer très longtemps. L'idée me déplut. Je revins sur mes pas. J'avais vingt ans.

Je me souviens très nettement de cette journée. Du temps gris, plat, pas un seul souffle de vent, des petits saules rabougris du chemin de la mer, immobiles, un monde sans couleur, sans relief, un monde où je ne pouvais plus écrire. (Des amis m'ont décrit ainsi leurs sentiments après la perte d'un être cher, un abandon, une trahison.) Je ressentais cela, mais c'était l'abandon, la trahison de ce que je portais en moi de plus vivant, la perte de mon identité même. Toutefois je remis à quelques jours ma résolution. Le blocage disparut. J'écrivis, depuis ce jour, vingt-cinq ou vingt-six livres sans doute d'intérêt et de valeur inégaux, mais je les écrivis toujours avec passion et honnêteté. Cela suffit pour combler une vie.

Et après cela je m'en vais soutenir que la culture n'est pas tout, que la littérature n'est pas tout, que la qualité artistique n'est pas tout ? Lancez-moi des pierres ! Du reste, ça a été fait.

J'avais complètement oublié ce jour, cette détermination d'une morne folie, cet inexplicable désespoir de la stérilité, quand, bien des années après, je me retrouvai à l'hôpital pour un accident féminin. J'étais enceinte, et je souffrais d'une rétroversion de la matrice. Ordinairement ce défaut de conformation se corrige tout seul. Le poids du fœtus qui augmente finit par ramener son contenant à sa juste place et le processus se poursuit. Là, il ne se poursuivit pas. Je restai quelque temps à l'hôpital, puis on me dit que cette petite vie obscure, non aboutie, s'était éteinte. Je portais un enfant mort. En moi, un enfant mort. Une infirmière qui aimait que l'on portât un intérêt intelligent à sa propre physiologie, m'expliqua ce qui s'était passé, et conclut : « En somme, le fœtus meurt de faim. » Ce jour-là, bizarrement, je me souvins de cette journée grise, de ce monde gris, et j'ai su que, comme l'enfant que j'avais perdu, l'écriture que je croyais perdue était pour moi jaillissement, source, vie. Peut-être que je me trompe et que je porte en moi des livres morts que je n'ai pas su ou pas osé écrire. Peut-être.

Et pourtant...

Ce livre, ce *Dickie-Roi*, le plus critiqué, peut-être le moins bon de mes livres, il avait pour moi une signification telle qu'elle m'aidait à supporter l'horreur de cette mise en examen interminable (à laquelle, évidemment, chaque diffusion de l'épisode du feuilleton redonnait vie), et c'était le cauchemar de l'examen loupé, de la soirée où l'on se retrouve en chemise, de la rue où l'on court sans avancer ; le cauchemar d'être rejeté, de ne pas être aimé.

Et pourtant, quand je prenais le métro pour aller à la Maison de la Radio faire une émission où l'on me demanderait avec malice et compassion ce que je pensais de ce tollé, quelque chose me soutenait, me tenait droite, m'aidait à faire bonne figure. Une conviction très secrète, très particulière, quelque chose comme une conviction morale que ce que j'avais voulu dire n'était pas, quelles que fussent les maladresses et les gaucheries de la forme, n'était dans son fond ni faux ni répréhensible. Quelque chose qui murmurait en moi, parfois, que la forme supérieure de l'amour, de la prière, de la poésie, c'était le silence. Et que ce silence pouvait passer à travers les mots les plus usés, les plus banals, aussi bien qu'à travers les formes les plus élaborées de cette culture vengeresse qui dressait devant moi son front courroucé. (À cette époque, un critique ami, mais indigné, non seulement se répandait en articles, échos et allusions malignes à mon échec dans une multitude de journaux, mais encore me les envoyait de crainte que je n'en aie pas eu connaissance.) Il faut le faire. Et le supporter.

Le murmure cependant était là. Il devait reparaître à l'occasion, cette éprouvante période passée. Il revient notamment lorsque j'écris à propos des premiers poèmes de Marceline : ils sont mauvais sans être médiocres. Il se fait là dans mon jugement comme une scission sur deux plans différents. Mais ce n'est pas tout à fait non plus la forme et le fond, séparation classique que l'on pourra appliquer à certains textes de Marceline plus tard. C'est une simplicité, une sincérité de sentiment, l'absence totale d'affectation, je cherche un qualificatif devant ce qui s'émeut en moi et qu'on ne peut pas qualifier. Est-ce une émotion morale, spirituelle, une sensiblerie comme celle qui fait que l'on est remué par des musiques de second ordre (encore que sensiblerie est une bien simple étiquette, mais stop), une obscure connivence comme celle qui vous rend tout à coup sensible au charme d'un visage, d'une voix, à l'exclusion des autres ? L'amour, en somme ? Celui qui fait dire : « Mais qu'est-ce qu'elle lui trouve ? »

Cela va plus loin encore, comme bien entendu l'amour (et Marceline ne fera que l'apprendre et nous l'apprendre tout au long de sa vie) ; et je crois bien que c'est une émotion où le « spirituel » — mot bien difficile à prononcer aujourd'hui — s'unit à l'esthétique. C'est peut-être une approche de la poésie.

### La fin de l'histoire

On raconte une histoire, il y a forcément un moment où l'on s'arrête. La vie s'arrête comme l'histoire, parfois de façon aussi décousue. Parfois, comme la musique qui s'achève en *shuntant* elle laisse un sillage. La maison de ma sœur est une histoire qui lui survivra. « Et dans le livre d'images tout était vivant, les oiseaux chantaient, les gens sortaient du livre pour parler à Élisa et à ses frères, mais lorsqu'elle tournait la page, ils couraient se remettre en place pour ne pas faire de désordre dans les images *. »

Ne faisons pas de désordre dans les images. Racontons les dernières années de Marceline, les nôtres, et refermons le livre.

Ces dernières années sont marquées de « douleurs infinies ». Ondine, après une grossesse difficile, perdait bientôt un petit Marcel âgé de trois mois. Puis son état s'aggravait. Elle avait voulu nourrir le fragile enfançon. Elle finit de s'y épuiser. Elle ne voulait voir personne, pas même le médecin. Elle finit par recevoir Camille Raspail (fils du malheureux prisonnier) à la supplication de sa mère. Mais malgré les propos prudents du jeune méde-

---

* Hans Christian Andersen, *Les Cygnes sauvages.*

cin (qui diagnostiquait « un engorgement des deux poumons ») elle se savait perdue. Elle aurait consenti pour rassurer les siens à voir le fameux docteur Chomel, mais il n'était pas à Paris. Du reste elle allait s'affaiblissant, et n'avait aucune illusion. Elle mourut en février 1853. Son mari, qui l'avait tendrement aimée, et sa mère, furent au désespoir.

Des témoignages (discutables ?) semblent indiquer que Marceline ne fut pas présente à l'enterrement d'Ondine. Colette, on le sait, ne le fut pas aux funérailles de Sido. Il y a différentes façons de pleurer une morte. Marceline, en abordant « la région des douleurs infinies », réagit en renouant « avec une tâche d'assistance aux persécutés » dont les circonstances l'avaient détournée (Francis Ambrière). L'année suivante (novembre 1854), elle perdit encore sa sœur Cécile à laquelle elle faisait une bien modeste pension de huit francs par mois (comment s'étonner, comme certains biographes, qu'elle n'arrivât pas à boucler son budget ?). Et voici la suite : son beau-frère Drapier, chômeur, découragé, sexagénaire, lui retomba à nouveau sur les bras, et elle épuisa ses dernières forces en démarches pour faire admettre le malheureux dans un hospice parisien. Contre toute vraisemblance, elle y réussit.

Ces dernières années, littérairement, ne comptent guère. Marceline n'arrive plus à publier. Elle continue à secourir les uns, les autres, et même à se livrer à l'étude. Parfois, dans sa correspondance, elle se plaint de la cherté des loyers à Paris, et même des trajets (récemment modifiés) des bus de l'époque. Mais elle marche. Elle continue. Elle va même, durant ces dernières années, écrire un texte profondément émouvant, qui ne sera publié qu'après sa mort, ces *Petits Flamands* dont j'ai déjà parlé.

Rien ne m'est plus cher que ce livre où on trouve Marceline tout entière : mélancolie, fierté, tendresse infinie pour tout ce qui est vivant. Celle qui écrivait, pendant l'adolescence difficile d'Ondine, « Son âme semble habitée par des milliers d'oiseaux qui ne chantent pas ensemble » ; celle qui, après la mort d'Inès, après celle d'Ondine, trouvera la force encore de prendre la plume et d'écrire à un ami, le docteur Veyne, pour qu'il soigne, atteint du même mal, un jeune musicien fils d'une concierge rencontrée par hasard « et depuis ce temps, écrit Marceline, je me trouve mêlée à sa triste étoile ». Qui aurait cette douceur et cette force d'âme ?

Et qui, arrivé à cet âge qui est à peu de chose près le mien, est aussi peu préoccupé du sort de l'« œuvre » que Marceline ? « Il faut faire de la vie comme on coud, point par point », écrit-elle. Et elle apprend l'espagnol ; elle lit Virgile et Platon dans des traductions et trouve encore en elle assez d'enthousiasme pour en recommander chaleureusement la lecture à son amie Pauline.

Ma mère, à quatre-vingt-dix ans : nous recevant, ma sœur Marie et moi, en début de matinée, après nous avoir installées devant une assiette de soupe plus réconfortante à son avis qu'un café, debout, entama la lecture d'un passage de Plotin qu'elle voulait nous faire admirer. La scène avait quelque chose de touchant, de noble et de comique. Maman n'en était pas du tout inconsciente. Avec les éléments qu'elle avait sous la main : Marie, moi, la soupe, Plotin, elle composait un tableau inattendu qui rejoignait son souci constant de composer les scènes de la vie, d'en faire une œuvre, une suite de « moments ». Ce n'est pas pour rien qu'un de ses derniers textes s'intitule *Les Moments merveilleux*.

Ma grand-mère, largement octogénaire : devenue veuve, elle occupait ses loisirs à peindre de gigantesques bouquets de fleurs, se levant dès l'aube, malgré son âge avancé et l'interdiction du médecin, pour s'en aller dans les rues de Gand, traînant derrière elle, sur une sorte de petit chariot, son matériel, pour aller faire un paysage. Et je me souviens du jour où, venant déjeuner chez nous, ma grand-mère, rougissante, agitée, son petit corps (elle était frêle) habité d'un enthousiasme juvénile, s'écria de but en blanc, à notre grande surprise : « Vous ne savez pas ? Je change ma manière ! » Elle venait de découvrir Van Gogh.

N'y a-t-il pas là de quoi plier le genou ? Cette force de vie, cette joie, inspire ce qu'il faut bien appeler du respect. La valeur de ces bouquets gigantesques (ou qui me semblaient tels) n'y a rien à voir — je note pourtant qu'elle parvenait à en vendre. Ma mère elle-même, si critique à tous ses proches, admirait. Et me citait le passage de Colette où celle-ci, avec une tendre admiration, décrit Sido s'échappant elle aussi de la maison trop étroite et allant, au mépris de toute prudence, fendre du bois dans le jardin. Il est bon d'avoir eu telle mère, telle grand-mère. Leur souvenir vous interdit tout attendrissement sur vous-même.

Marceline écrivant au docteur Veyne après la mort de ses filles ; Marceline souffrant d'un cancer que la médecine de l'époque ne peut ni soigner ni même déceler, (« on m'a couverte de papier chimique », écrit-elle à Pauline Duchambge) et prenant cependant la peine d'écrire à son ami Briseux pour le supplier de ne plus boire ; Marceline mourante est toujours la même et m'est présente comme ma mère, ma grand-mère, composant cette image de la Femme, ambiguë, admirable, qui n'a pas cessé de me hanter.

Je ne suis pas cette femme, ni la maléfique Reine des Neiges d'Andersen que Maman figura parfois, me glaçant le cœur, ni la jeune fille ambitieuse d'une intelligence exceptionnelle qu'elle fut aussi, ni la vieille dame stoïque et désabusée ; je ne suis pas ma grand-mère, ingénue, enthousiaste et elle aussi stoïque à sa façon ; je ne suis pas l'ange hétérodoxe, l'aérienne Marceline. Si, arrivant à la fin de mon âge, je cherche à regarder l'ouvrage cousu « point par point », je ne trouve pas à me définir autrement : je suis, j'ai été, un écrivain. Il serait peut-être plus exact du reste de dire que je suis devenue un écrivain.

J'étais partie pour la Belgique. J'étais assez souffrante pour y trouver un réconfort : on ne saurait demander à quelqu'un de sérieusement malade de répondre à son courrier, de payer ses factures, d'appeler l'électricien. C'était le moment rêvé pour rassembler mes forces et écrire sur la Guadeloupe. J'avais une montagne de notes, de projets, de documents. J'écrirais, je suivrais un traitement, je dormirais. Beau projet.

Là-dessus se produisit ce qu'on appela en Belgique l'« affaire des enfants disparus », l'atroce tragédie de la cruauté et de l'indifférence. L'horreur, l'indignation m'envahirent. Je m'aperçus que j'écrivais, non sur l'affaire (ce qui avait été fait par beaucoup, et souvent avec tact) mais autour *. Il n'était plus question, pour l'instant, de la Guadeloupe. Quelque chose avait pris le dessus : réalité ou littérature ?

Longtemps je n'eus de ce qu'on appelle la réalité qu'une vision indistincte, le bruit assourdi de la rue qui vous parvient à peine à travers un double vitrage. On se fie à cela, on se protège avec cela. On croit qu'on écrit. On découvre un code, un maître mot qui ouvre la caverne : Aladin. On sera désormais moins vulnérable, on supportera les grimaces des dangereux passants, on déléguera un autre soi-même moins fragile pour accomplir les indispensables formalités de la vie, celle des autres. On croit qu'on écrit.

Et puis, peu à peu, derrière cette vitre où on œuvre — mon Dieu assez paisiblement —, on s'aperçoit que l'air manque, que les pulsations du cœur se ralentissent, que le sang se fige faute de circulation (il y a des chefs-d'œuvre *figés*). On s'aperçoit qu'on a besoin d'un son de

_____
* *Sept Démons dans la ville*, Plon.

279

voix, d'un visage, d'un choc, d'une blessure, d'une impureté. Le va-et-vient s'instaure, on sort de plus en plus souvent, et bien sûr on prend des coups, on rapporte des hématomes dans cette *chambre à soi* qu'on s'est créée ; la communication se fait, le sang circule ; on fait des erreurs qu'on n'aurait jamais, derrière la vitre, faites, des fautes, des excès, ô sainteté de l'imperfection, ô syntaxe de Marceline, et, bon ou mauvais, Dieu reconnaîtra les siens, on est un écrivain.

Ai-je cherché, parvenue à ce point, une aide, un conseil, dans l'œuvre si souvent relue, dans la correspondance touchante et vraie de Marceline ? Deux femmes, deux mères, deux Flamandes, et aussi deux écrivains, cela a forcément des points communs. Je les cherche, et je les perds au fil de sa vie et de la mienne. Je la raconte, et je me trouve, dans une situation analogue, agir tout autrement. Marceline est mon amie, mon révélateur, ma pierre de touche ; elle n'est pas mon modèle : elle est inimitable (et Baudelaire, Barbey, Mallarmé, Rimbaud même, et Aragon, l'ont bien vu). Elle me révolte, me bouleverse, m'exaspère parfois — et je ne cesse pas de l'admirer pour autant. Elle me déconcerte parfois —, alors je me retourne vers mon passé (étais-je ainsi ? Ai-je vraiment dit, écrit cela ?) et je me déconcerte moi-même.

Elle n'est pas, non, mon modèle, elle est peut-être dans cet au-delà où le sacré et la poésie se rejoignent, du moins le croyait-elle, mon intercesseur.

Cet ouvrage a été composé par
Graphic Hainaut (59163 Condé-sur-l'Escaut)
et imprimé par la Société Nouvelle Firmin-Didot
Mesnil-sur-l'Estrée
pour le compte des Éditions Plon
Achevé d'imprimer en décembre 2000

*Imprimé en France*
Dépôt légal : décembre 2000
N° d'édition : 13300 - N° d'impression : 53882